TERESIO BOSCO

DON BOSCO

Sein Lebensweg – sein Lebenswerk

übersetzt von
Johanna Schepping, FMA

DON BOSCO VERLAG

Die italienische Ausgabe erschien unter dem Titel: Don Bosco. Una biografia nuova im Verlag LDC, Leumann (Torino).

Das Umschlagbild zeigt eine Foto-Grafik nach einem alten Foto von Francesco Serra, 1861: „Don Bosco unter seinen Jugendlichen".

Bildnachweis:
Edmund J. Lutz: Seite 47 (u.), 103 (o.) und 209
Leonard von Matt: Seite 53, 103 (u.) und 227
Archiv: 47 (o.), 103 (u.), 119 und 217

verlags gruppe engagement

3. Auflage 1997 / ISBN 3-7698-0571-2
© by LDC, Leumann (Torino)
© by Don Bosco Verlag, München
Gesamtherstellung: Salesianer Druck, Ensdorf

Inhalt

Vorwort zur deutschen Ausgabe	11
1. Weg-geschickt	13

Ein schwerer Gang
Ein Traum, der den Weg weist
Seine Erinnerungen

2\. Hunger und Aufruhr — 18
„Du hast keinen Vater mehr"
Eine schlimme Jahreszeit
Ein Ereignis, das die Welt verändern sollte
Ein siebenundzwanzigjähriger General
Kein Zurück mehr

3\. Die Jahre zu Hause — 23
Der Mittelpunkt der Familie
Mut ist schon recht, aber . . .
Die „Rute" in der Ecke
Der Teufel auf dem Dachboden
O je, der Ölfleck!

4\. Bewegte Kindheit – unruhige Zeit — 30
Die Füße des Armen
„Banditen" im Wald
„Meine Mutter lehrte mich beten"
Schule und Freizeit
Eine ganz kleine Amsel
Seine Heimat
Umwälzungen in Italien

5\. Der kleine Seiltänzer — 38
Trompeten auf dem Hügel
Vorführung auf der Wiese
Erstkommunion
Der dunkelste Winter meines Lebens

6\. Drei Jahre auf dem Hof und eines im Pfarrhaus — 44
Verlorene Jahre?
Onkel Michele
Vier Soldi für eine Predigt
„Mit ihm starb jede Hoffnung"

7\. Castelnuovo — 51
Das nannte man „Pension"
Der Esel aus Becchi
Abstand halten oder aufheben?
Die Hobbys des Giovanni

8. Ich muß studieren 57
Zwanzig Lire auf der Baumspitze
Widerwillen gegen Betteln
Auf dem Weg nach Chieri
Lang und traurig wie die Fastenzeit

9. Jugendjahre in Chieri 61
Eine Säule inmitten der Kleinen
Die mißlungene Ohrfeige
Club der Fröhlichen
Vier Herausforderungen des Akrobaten
Das erstemal in Turin

10. Die Zeit der Freundschaft 68
Zwei Ohrfeigen für Luigi Comollo
Der menschliche Knüppel
Der Abend im Billardsaal
Giacomo-Levi, genannt Giona
Die Äpfel der Blanchard

11. Die Entscheidung 73
Die schlichte Bäuerin
Einer der seltsamsten Träume
„Warum berätst du dich nicht mit Don Cafasso?"

12. Im Priesterseminar 76
So nicht!
„Unvergeßliche Worte"
Ein strenger Stundenplan
Der willkommene Donnerstag
Unter der reichen Jugend

13. Nun ist er Don Bosco geworden 80
Umwälzungen bahnen sich an
Die erste Predigt
Priester auf ewig

14. Schockierende Eindrücke 84
Erste Entdeckung: Das Elend der Peripherie
Der Markt der Jugendlichen
Die industrielle Revolution
Die Folgen
Verheerende Verhältnisse auch in Italien
Wie Abhilfe schaffen?

15. Unscheinbarer Beginn 89
Jugend hinter Eisenstäben
Der Entschluß
Ein Ave Maria zum Anfang
„Sofort" – ein Wort, das zum Kennzeichen wird

16. Das Oratorium der kleinen Maurer　　　　　　　　94
    Medaillen ja, aber auch Brot
    Der Bub aus Caronno
    „Wenn ich ein einziges Stück Brot hätte"
    „Euer Gewand ist zu dünn"
    „Er sprach ganz ungezwungen über Gott"

17. Die Gräfin und der „kleine Pater"　　　　　　　　99
    Reich um der Armen willen
    Ein neuer Wegweiser
    „Wo ist Don Bosco? Wo ist das Oratorium?"
    Schneeflocken im Kohlenbecken
    Die Enttäuschung

18. Das wandernde Oratorium　　　　　　　　　　　107
    Schwere Beschuldigungen
    „Nimm, Michele, nimm!"
    Das erste Schulbuch!
    Drei Zimmer im Haus Moretta
    Schwarze Wolken über dem Oratorium
    Hinrichtung in Alessandria
    Wieder eine Kündigung

19. Ein Ende und ein Anfang　　　　　　　　　　　113
    Der Graf und die Polizei
    Ist Don Bosco verrückt?
    Das Ende auf der Wiese
    Ein riesiges Werk aus einem kleinen alten Schuppen
    Als die Glocken läuteten

20. Das Wunder der kleinen Maurer　　　　　　　　120
    Vor allem aber Priester
    Abschied an der Kreuzung
    Blutspucken
    „Gott, laß ihn doch nicht sterben!"
    „Geld oder das Leben!"
    Unterwegs und mittellos
    Don Bosco ist wieder da!

21. Mit neuer Kraft　　　　　　　　　　　　　　　129
    Die kleine Herde
    Besser vorbeugen
    Engel waren sie sicher nicht
    Die kleinen Lehrer und die Laien

22. Wenn ein Zuhause fehlt 134
    Ein Baum im Nebel
    Durchnäßt und verzweifelt
    Er zitterte wie Espenlaub
    Die Mitra des Bischofs
    Ausschwärmen

23. Das Revolutionsjahr 1848 141
    Auf die Barrikaden!
    Die Verfassung
    Echte und fingierte Kämpfe in Valdocco
    „Laß mich nach Hause zurückkehren!"
    Krieg in der Lombardei

24. Zusammenbruch der Hoffnung 144
    Plötzlicher Umschwung
    Die Ration im Blechnapf
    Aufregende Nachrichten
    Schuß in der Pinardi-Kapelle
    Schlechte Nachrichten aus Rom
    In Valdocco zwei Zeichen der Hoffnung

25. Das traurige Jahr 1849 149
    „Ich hätte ihn gern geohrfeigt"
    Und wieder ist Krieg
    Ein letzter Rest an Freiheit
    Ein seltsames Geschenk
    Ein Versuch
    Das Bataillon von Vanchiglia
    Immer mehr Heimbewohner
    Vier Soldi für Polenta
    „Ich rief ihn ‚Carlo'!"
    Der Korb wurde nicht leer

26. Ein Haus und eine Kirche 156
    Den Bischof gefangengesetzt
    Die zweite Gruppe
    30 000 Lire und ein wenig Kopfzerbrechen
    „Jetzt eine schöne Kirche"
    Sechzehn Jahre lang der Mittelpunkt
    Das war nicht geplant

27. Und Gott schickte einen Hund 163
    Hart auf hart
    Wein und Kastanien
    „Sie sollten mir einen Empfang bereiten"
    Der „Graue"
    Ein seltsamer Schlafplatz

28. Ein halbes Dutzend Werkstätten ... 168
Zwei Schusterbänke für den Anfang
Ein Jahr, um eine Buchdruckerei zu haben
Vier Versuche, um das Richtige zu finden

29. Studenten in Militärmänteln ... 171
„... den lassen wir im Brotkorb schlafen"
„Du wirst das Rote Meer und die Wüste durchqueren"
Garantie für fünfzig Jahre
Kleine Herren und arme Schlucker
Ein „Professor" mit siebzehn Jahren

30. Wir werden Salesianer heißen ... 176
Die Rosenlaube
„Und wie sieht's mit der Vergütung aus?"
Der Tod auf den Straßen der Dora-Vorstadt
Große Gestalten mit traurigem Gesicht

31. Neue Hoffnung ... 182
Acht Minuten für eine Seite
Eine rätselhafte Tafel
Bunte Lampions an den Ufern des Po
Der kleine Waisenbub von San Domenico

32. Die kleinen „Übeltäter" der Generala ... 187
„Große Trauerfeiern am Hof"
Mut und Beziehungen ...
Ein Tag der Freiheit
Neun Seiten, um ein „System" zu erklären

33. Abschied von einer Mutter und einem Buben ... 192
Nur sechs Worte
Das „Immaculata-Bündnis"
Mama Margherita nimmt Abschied
Ein Bub, mit dem Gott spricht
„Kann ich vom Himmel aus meine Kameraden sehen?"

34. Gründung der Salesianischen Kongregation ... 199
Der erste Versuch
Eine Woche, um über das Leben zu entscheiden
„Was willst du im Oratorium tun?"
Die Krise Buzzettis
Der „Laienbruder", wie Don Bosco ihn wollte

35. Wanderungen durch Monferrato und Leben im Oratorium ... 203
Ein Fünfjähriger: Filippo Rinaldi
Ein gewagtes Versprechen
Maria Mazzarello, eine junge Frau aus Mornese
Vierhundert Brote in einem leeren Korb

36. **Der Traum vom großen Heiligtum**   207
    Der Traum von den drei Kirchen
    „Sie wird die Mutterkirche unserer Kongregation werden"
    Acht Soldi für den Anfang
    Die Muttergottes bettelt für Don Bosco
    Der Taglöhner von Alba

37. **Mornese wie Valdocco**   213
    Der Typhus
    Eine vertrauliche Mitteilung
    Vier ängstliche Augen
    Don Pestarino
    Wenn das Mehl für die Polenta fehlte
    Trotz Unzufriedenheit des Dorfes
    Der Tod pochte an die Tür
    Neueröffnungen
    Maria Mazzarello stirbt

38. **Mitarbeiter: Die Salesianer in der Welt**   220
    Abschied von Don Borel
    Männer und Frauen guten Willens
    „Externe Salesianer": abgelehnt
    Die Salesianischen Mitarbeiter

39. **Gerufen – aber wohin?**   224
    Eine neue Schar, bereit zum Risiko
    Die Suche nach den zwei Flüssen in einer Ebene
    Ein Rundbrief, um Freiwillige anzuwerben

40. **Patagonien, das verheißene Land**   229
    Aber die Wilden?
    Aus Turin kommen Jungen
    „Das Kreuz hinter dem Schwert, in Gottes Namen!"
    Jagd auf Menschen

41. **Und noch mal Blicke in die Zukunft**   236
    „Ich sah ins Innere der Berge"
    Der letzte Missionstraum Don Boscos
    Giovanni Cagliero – Bischof

42. **Abschied von dieser Welt**   240
    Er fühlte die Einsamkeit
    Wie eine Kerze, die verlöscht
    Mons. Cagliero kommt!
    Gedanken, die nach Ewigkeit klingen
    „Jetzt müßt ihr es zu mir sagen"
    „Sagt meinen Buben..."

Vorwort zur deutschen Ausgabe

Im Buch von Teresio Bosco, das 1979 erschien, heißt es in der Einleitung: Wer die Gestalt Don Boscos, seine Gedanken und sein Werk kennenlernen wollte, mußte auf die Schriften zurückgreifen, die vor fast einem halben Jahrhundert geschrieben wurden. Dies war auch bei anderssprachigen Ausgaben der Fall.

In letzter Zeit hat man nicht nur der sozialen und politischen Geschichte der Zeit Don Boscos wieder mehr Bedeutung beigemessen, sondern auch Untersuchungen durchgeführt über die Beziehungen Don Boscos zu Persönlichkeiten dieser Geschichte. So erhalten wir ein deutlicheres Bild von ihm.

Teresio Bosco stellt die Botschaft des Heiligen und sein Erziehungssystem nicht nur für die heutige Zeit verständlich dar. Er bindet sie auch ein in die Geschichte dieser Jahre. Man muß bedenken, daß in einer Zeit, in der der Jugend weder in der Kirche noch in der Gesellschaft eine Bedeutung beigemessen wurde, in der die unteren Volksschichten als Randgruppen für die sozialen und politischen Aktionen gesehen wurden, in der es den Laien in der Kirche nicht gelang, als unersetzliche Mitarbeiter bei der Evangelisierung des Volkes betrachtet zu werden, Don Bosco gerade diesen Gruppen den Vorrang bei seinem Apostolat gab.

Natürlich gibt es im Leben Don Boscos etwas – und auch das betont Teresio Bosco –, was unabhängig von der Geschichte sich nur als übernatürliches Charisma erklären läßt.

In der vorliegenden Ausgabe wurden, da es sich um Leser des deutschsprachigen Raumes handelt, einige Einzelheiten, die zwar die Geschichte Italiens betreffen, aber zu unserem Verständnis Don Boscos nicht direkt beitragen, weggelassen.

Was dieses Buch von anderen, auch neueren deutschsprachigen vor allem unterscheidet, ist, daß Don Bosco nicht vorwiegend als der „Gaukler Gottes", der „Erzieher mit Spürnase", dargestellt ist, dem einfach alles gelang, was er unternahm. Hier wird realistisch aufgezeigt, wie schwierig es für Don Bosco war, seinen Weg zu gehen. Zwar wußte er seine Lebensaufgabe seit seinem Traum im Alter von neun Jahren. Selbst sein Weg wurde ihm immer wieder gezeigt – in Träumen –, aber etappenweise. Diesen Weg hat er immer erst nach langem, oft aussichtslos erscheinendem Suchen gefunden und vor allem immer erst dann als den richtigen Weg erkannt, wenn er ihn bereits beschritten hatte, wenn das, was er im Traum meist in Symbolen gesehen hatte, Wirklichkeit geworden war. Aber Don Bosco ging diesen Weg unbeirrt, ohne Rücksicht auf sich, auf seine Neigung, einfach im Glauben an die Führung durch Gott und Maria. Gerade damit hat er Tausenden und Abertausenden Jugendlicher ihren Weg weisen können, ihren Weg, den auch sie durch die Unsicherheit hindurch gehen müssen und der auch für sie ein Ziel hat.

Johanna Schepping

Erstes Kapitel:

Weg-geschickt

An jenem Winterabend war die Spannung bis zum Zerreißen gestiegen. Antonio schaute wütend zu Giovanni, der wie gewöhnlich ein Buch neben seinem Teller liegen hatte, und schrie:
„Dieses Buch werf ich noch ins Feuer!"
Margherita, die Mutter, suchte Giovanni, ihren Jüngsten, zu verteidigen:
„Giovanni arbeitet wie die anderen auch. Wenn er nachher lesen will, geht dich das etwas an?"
„Das geht mich wohl etwas an. Schließlich bin ich es, der den Laden in Gang halten muß. Ich kann mir den Rücken krumm machen, und er soll wohl den feinen Herrn spielen? Soweit wird es nicht kommen, daß er sich ein bequemes Leben verschaffen kann und wir Polenta essen müssen."
Giovanni reagierte heftig. An Worten fehlte es ihm nicht. Er dachte auch nicht daran, ihm die andere Wange hinzuhalten. Antonio stand auf, Giuseppe, der zwei Jahre älter als Giovanni war, blickte ihn erschrocken an. Margherita suchte sich dazwischenzustellen. Giovanni könnte Prügel bekommen wie sooft, vielleicht diesmal noch mehr. Mit seinen elfeinhalb Jahren war er dem neunzehnjährigen nicht gewachsen. Im Bett weinte Giovanni, mehr aus Wut als aus Schmerz. Nahe bei ihm weinte die Mutter, die in dieser Nacht wohl keinen Schlaf fand.
Am nächsten Morgen hatte Margherita entschieden. Was sie zu Giovanni sagte, waren die traurigsten Worte seines Lebens:
„Es ist besser, daß du aus dem Haus gehst. Antonio kann dich nun einmal nicht riechen. Schließlich tut er dir noch eines Tages etwas an."
„Und wohin soll ich gehen?"
Giovanni glaubte, das Herz müsse ihm stillstehen. Margherita war es nicht anders zumute. Sie nannte ihm einige Höfe in der Gegend von Moriondo und Moncucco.
„Dort kennt man mich. Jemand wird dir schon Arbeit geben, wenigstens für einige Zeit. Dann werden wir schon sehen."

Ein schwerer Gang

An diesem Tag richtete die Mutter ein kleines Bündel zusammen mit einigen Hemden, seinen zwei Büchern und einem kleinen Brot. Es war Februar. Schnee und Eis bedeckten die Straßen und die umliegenden Gehöfte.

Am nächsten Morgen ging Giovanni fort. Mama Margherita blieb an der Tür stehen, schaute ihm nach und winkte, bis ihr Giovanni im Nebel verschwunden war.
Er versuchte sein Glück bei den Höfen, die die Mutter ihm genannt hatte. Aber die Leute dort sagten ihm, sie hätten keine Arbeit für ein Kind. Am Nachmittag waren sein Brot und seine Hoffnung dahin.
Er konnte sowieso nur noch zu den Moglia gehen. „Frag nach Herrn Luigi", hatte ihm die Mutter gesagt.
An der Tür, die zur Tenne führte, blieb er stehen. Ein alter Mann war gerade im Begriff, sie zuzuziehen. Er schaute Giovanni an.
„Was willst du hier, Bub?"
„Arbeit."
„Tüchtig. Dann arbeite doch! Addio!" Dabei zog er an dem Tor, um es zu schließen. Giovanni nahm seinen letzten Mut zusammen. „Aber ich muß mit Herrn Luigi sprechen."
Er ging in den Hof. Die Familie Moglia war beim Bogengang beisammen, um die Weidenruten für den Wein aufzubinden. Luigi Moglia, ein junger Bauer von 28 Jahren, schaute verwundert auf den Ankömmling.
„Ich suche Herrn Luigi Moglia."
„Der bin ich."
„Meine Mutter schickt mich. Sie hat zu mir gesagt, ich soll zu Euch gehen und den Stallknecht machen."
„Aber warum schickt dich deine Mutter fort, wo du noch so klein bist? Wer ist denn deine Mutter?"
„Margherita Bosco. Mein Bruder Antonio ist so grob zu mir, darum hat sie gesagt, ich soll zu Euch gehen und als Stallknecht arbeiten."
„Aber hör mal, armer Bub, wir haben Winter. Wir nehmen erst im März einen Stallknecht. Komm, hab Geduld, geh wieder heim!"
Giovanni war mutlos und müde. Er brach in verzweifeltes Weinen aus.
„Nehmt mich doch in Gottes Namen! Ihr braucht mir nichts zu zahlen. Aber schickt mich nicht nach Hause! Da seht", sagte er mit der Kraft der Verzweiflung, „ich setze mich hier auf die Erde und geh nicht mehr weg. Tut mit mir, was Ihr wollt, aber ich geh nicht fort." Und weinend begann er, die herumliegenden Weidenruten zu sammeln, um sie aufzubinden.
Luigis Frau, 25 Jahre, ließ sich erweichen.
„Nimm ihn, Luigi, versuchen wir es wenigstens einige Tage."
Auch Teresa, ein fünfzehnjähriges Mädchen, hatte Mitleid. Sie war die jüngste Schwester des Bauern und hatte die Kühe zu hüten. Sie meinte:
„Ich bin groß genug, um mit euch auf dem Feld zu arbeiten. Für den Stall wäre dieser gerade recht."
So begann Giovanni Bosco im Februar 1827 das Leben als Stallknecht.
Die Moglias waren eine begüterte Bauernfamilie, auch wenn alle selbst Hand

anlegen mußten. Sie bearbeiteten den Boden, d. h. die Weinberge und Felder, und versorgten das Vieh. Sie beteten auch zusammen. Jeden Abend versammelte sich die ganze Familie um den Herd zum Rosenkranzgebet. Am Sonntag fuhr Luigi alle zum Hochamt, das der Probst Francesco Cottini in Moncucco feierte.

Daß Giovanni als Stallknecht arbeitete, war nichts Außergewöhnliches. Ab März gab es in dieser Gegend viele, die an fremden Höfen als Stallknecht dienten. Das war der normale Weg für Buben aus armen Familien. Am Fest der Verkündigung des Herrn, dem 25. März, gingen die Hofbesitzer in die Dörfer oder Märkte, um Buben anzuwerben als Saisonarbeiter: acht Monate harte Arbeit und als Vergütung Kost und Wohnung und 15 Lire für Kleidung. Es gab auch solche, die nur für Kost und Wohnung arbeiteten.

Giovanni Bosco aber unterschied sich von all den anderen. Er war ungewöhnlich jung und trug einen Traum mit sich herum, den er eines Nachts gehabt hatte. Er selbst erzählt ihn:

Ein Traum, der den Weg weist

„Mit neun Jahren hatte ich einen Traum, der mir mein ganzes Leben im Gedächtnis blieb. Mir schien, als wäre ich in der Nähe unseres Hauses, in einem weiten Hof, wo eine große Schar Buben spielte. Einige lachten, nicht wenige fluchten. Als ich das Fluchen hörte, stürzte ich mich sofort auf sie und suchte sie mit Schlägen und Schimpfen zum Schweigen zu bringen.
In diesem Augenblick erschien ein ehrwürdig aussehender, vornehm gekleideter Herr. Sein Gesicht leuchtete so stark, daß ich es nicht anschauen konnte. Er rief mich beim Namen und sagte:
‚Nicht mit Schlägen, sondern mit Güte und Liebe wirst du sie als Freunde gewinnen. Fang sofort an, zu ihnen über die Häßlichkeit der Sünde und die Kostbarkeit der Tugend zu sprechen.'
Erschrocken und völlig verwirrt antwortete ich, daß ich ein armer, unwissender Bub sei. In diesem Augenblick hörten sie auf, zu raufen und zu lärmen und versammelten sich um diesen Herrn. Fast ohne zu wissen, was ich sagte, fragte ich ihn:
‚Wer seid Ihr, daß Ihr mir Unmögliches befehlt?'
‚Gerade weil es dir unmöglich erscheint, mußt du es möglich machen durch Gehorsam und durch den Erwerb der Wissenschaft.'
‚Wie soll ich denn Wissenschaft erwerben?'
‚Ich werde dir eine Lehrmeisterin geben. Unter ihrer Führung wirst du weise werden.'
‚Wer seid Ihr eigentlich?'

‚Ich bin der Sohn der Frau, die dreimal am Tag zu grüßen deine Mutter dich lehrte. Nach meinem Namen frag meine Mutter.'
In diesem Augenblick sah ich neben dem Herrn eine Frau von majestätischem Aussehen. Sie trug einen Mantel, der glänzte wie die Sonne. Da sie merkte, daß ich ganz durcheinander war, winkte sie mich zu sich und nahm mich gütig an der Hand.
‚Schau', sagte sie. Ich schaute und bemerkte, daß alle Buben verschwunden waren. An ihrer Stelle sah ich viele Ziegen, Hunde, Katzen, Bären und einige andere Tiere.
‚Siehst du, das ist dein Arbeitsfeld. Werde demütig, tüchtig und stark, und was du jetzt an diesen Tieren geschehen siehst, sollst du für meine Kinder tun.'
Ich schaute. Da erschienen plötzlich anstelle der wilden Tiere sanfte Lämmer, die um den Herrn und die schöne Frau herumsprangen und blökten. Ich begann zu weinen und bat die Dame, mir das doch zu erklären. Ich wußte ja nicht, was es bedeuten sollte.
Da legte sie mir die Hand auf den Kopf und sagte:
‚Zu seiner Zeit wirst du alles verstehen.'
Kaum hatte sie das gesagt, da wurde ich von einem Lärm wach, und alles war verschwunden. Ich war völlig durcheinander. Mir kam es vor, als täten mir die Hände weh von den Schlägen, die ich ausgeteilt hatte, und als würde mein Gesicht brennen von den Ohrfeigen, die ich von diesen Rangen erhalten hatte.
In der Frühe habe ich den Traum zuerst meinen Brüdern erzählt, die darüber lachten, dann meiner Mutter und der Großmutter. Jeder legte ihn auf seine Weise aus.
‚Du wirst ein Hirt werden', meinte Giuseppe; ‚ein Räuberhauptmann', sagte Antonio bissig.
Meine Mutter aber sagte: ‚Wer weiß, vielleicht wirst du Priester.' Die Großmutter aber gab die endgültige Antwort: ‚Auf Träume kann man nichts geben.' Ich war der gleichen Ansicht. Trotzdem wollte mir dieser Traum einfach nicht aus dem Kopf gehen."
Alle folgenden Jahre waren von diesem Traum gekennzeichnet. Mama Margherita hatte verstanden – und bald hatte auch Giovanni verstanden –, daß er ihm den Weg gewiesen hatte.

Seine Erinnerungen

Mit 58 Jahren erinnert sich fast niemand mehr an das, was fünf Jahre vorher geschehen war. Aber fast alle wissen noch so deutlich, als wäre es gestern gewesen, was sie mit neun, elf oder fünfzehn Jahren erlebt haben. Man spürt noch auf seinen Knien die rauhe Rinde der Bäume, auf die man geklettert war.

Es scheint, als hätte man erst gestern das warme Fell des Hundes berührt, neben dem man dahinrannte.

Mit 58 Jahren schrieb Don Bosco im Auftrag des Papstes die Geschichte seiner ersten Jahrzehnte. Mit seinem Gedächtnis, das einem Film glich (wenig „logisch", aber sehr „bildhaft"), füllte er drei große Hefte (180 Seiten). Mit den Daten kam er etwas durcheinander. Aber die Episoden haben noch eine lebendige Frische. So können wir heute mit seinen „Memorie" (d. h. Erinnerungen) den Erlebnissen des Bauernbuben Giovanni Bosco auch in seinen kleinsten Einzelheiten folgen.

Zweites Kapitel:

Hunger und Aufruhr

„Der Name meiner Mutter war Margherita Occhiena aus Capriglio, Francesco der meines Vaters. Sie waren Bauern, die durch Arbeit und Sparsamkeit ihr Brot ehrlich verdienten." So schrieb Don Bosco in seinen „Memorie".
Giovanni Bosco wurde am 16. August 1815 geboren. Seine Mutter nannte ihn Giuanín, eine Kurzform seines Namens Giovanni, wie sie in ganz Piemont üblich war.
Seine erste Erinnerung ist die an den Tod seines Vaters. Francesco hatte ein kleines Haus und ein wenig Grund gekauft. Um die fünf Personen, für die er zu sorgen hatte, ernähren zu können, mußte er auch bei einem begüterten Nachbarn arbeiten.
Eines Abends, als er schweißgebadet vom Feld kam, ging er ohne Überlegung in den Weinkeller seines Arbeitgebers. Einige Stunden danach überfiel ihn heftiges Fieber. Wahrscheinlich hatte er sich eine doppelseitige Lungenentzündung zugezogen. Ein paar Tage später starb er mit 33 Jahren.

„Du hast keinen Vater mehr"

„Ich war noch keine zwei Jahre alt", so erzählt Don Bosco, „als mein Vater starb. Ich erinnere mich nicht einmal, wie er ausgesehen hatte. Ich weiß nur noch, daß meine Mutter sagte: ‚Jetzt hast du keinen Vater mehr, Giuanín.' Alle gingen aus dem Sterbezimmer hinaus, aber ich wollte unbedingt bleiben. ‚Komm, Giuanín', sagte meine Mutter sanft, aber bestimmt. ‚Wenn der Vater nicht mitkommt, geh ich auch nicht', antwortete ich. ‚Komm, geh schon, Kleiner, du hast keinen Vater mehr.' Bei diesen Worten brach meine Mutter in Tränen aus und nahm mich mit. Ich weinte, weil sie weinte. Was kann ein Kind in diesem Alter schon verstehen? Aber der Satz ‚du hast keinen Vater mehr' ist mir im Gedächtnis geblieben. Das ist das erste Ereignis, an das ich mich erinnere."

Eine schlimme Jahreszeit

Die zweite Erinnerung des kleinen Giovanni ist die an den Hunger, den er im selben Jahr erlitten hat.
Der Weiler Becchi, in dem das Haus der Familie Bosco lag, bestand aus zehn Häusern, die über eine Anhöhe verstreut waren. Die Gegend war hügelig. Der

Blick ging über Weinberge und kleine Wälder. Sie gehörten zum Dorf Morialdo, das 5 km vom Marktflecken Castelnuovo d'Asti entfernt war.

Im Jahr 1817 wurde das Hügelland von Monferrato (Castelnuovo gehörte zu dessen nördlicher Region) zusammen mit ganz Piemont von einer schweren Hungersnot befallen. Im Frühjahr kam der Frost, dann eine lange Trockenheit. Die Ernte war verloren. Auf dem Land herrschte Hunger, großer Hunger. In Straßengräben fand man verhungerte Bettler, die den Mund voll Gras hatten.

Ein Dokument dieser Zeit beschreibt Turin, die Hauptstadt Piemonts, die eine geradezu biblische Invasion erlebte: Züge von ausgemergelten und zerlumpten Menschen, die ihre Dörfer verlassen hatten, Gruppen von Familien, die aus den Tälern und von den Hügeln herab zur Stadt gezogen waren, wo sie sich vor Kirchen und Palästen niederließen und die Hand ausstreckten.

Margherita hatte gerade in dieser schlimmen Zeit ihre Familie allein zu versorgen. Im Haus waren ihre Schwiegermutter, gelähmt an den Lehnstuhl gefesselt, Antonio (9 Jahre), Sohn aus erster Ehe ihres Mannes, und ihre beiden Kinder Giuseppe und Giovanni (4 und 2 Jahre). Sie, die Bäuerin und Analphabetin, bewies in diesen Monaten Charakterstärke.

„Meine Mutter gab der Familie zu essen, solange sie etwas hatte", erzählt Don Bosco. „Dann bat sie einen Nachbarn, Bernardo Cavallo, ihr Geld zu leihen, damit sie auf Suche nach Lebensmitteln gehen konnte. Sie ging auf verschiedene Märkte. Aber selbst zu Wucherpreisen konnte sie nichts bekommen. Nach zwei Tagen kehrte sie am Abend zurück, sehnsüchtig erwartet. Als sie das Geld zurückgab und sagte, daß sie nichts bekommen hatte, überfiel sie die Angst. Wir hatten schon, seitdem sie fortgegangen war, nichts mehr zu essen gehabt. Dann aber faßte sich meine Mutter und sagte: ,Francesco sagte sterbend zu mir, ich soll auf Gott vertrauen. Knien wir nieder und beten wir!' Nach kurzer Zeit stand sie auf. ,In extremen Fällen muß man zu extremen Mitteln greifen', meinte sie. Mit Hilfe von Bernardo Cavallo ging sie in den Stall, um das Kalb zu schlachten. Dann kochte sie etwas Fleisch und gab es uns zu essen. Wir waren erschöpft. In den nächsten Tagen ließ sie von weither Getreide kommen zu teurem Preis."

In piemontesischen Bauernfamilien war bis vor wenigen Jahrzehnten das Schlachten eines Kalbes ein Akt der Verzweiflung. Ein Kalb, das im Stall groß werden konnte, war eine Geldanlage, die es später erlaubte, schwierige Situationen wie eine Krankheit zu überstehen. Es zu schlachten, bedeutete, sich der letzten Reserve zu entäußern.

Ein Ereignis, das die Welt verändern sollte

Tod, Hunger, Schwierigkeiten, das waren die ersten Erinnerungen eines Kindes, das später einmal Vater vieler Waisen werden sollte, der in seinen Häusern vielen Buben Brot geben würde.
Während der Kindheit Don Boscos war ein Orkan über Europa hinweggefegt, der die Welt aus den Fugen zu reißen drohte.
Achtundzwanzig Jahre vorher (1789) war in Paris die Französische Revolution ausgebrochen. Mit einem Schlag lag über Europa die Atmosphäre der Neuerungen und Erwartungen. Auch auf Italien sprangen die Wellen der Veränderungen über. Nach Jahrhunderten erstarrter Vorherrschaft des Königs und der Adeligen brachen nun ihre Vorrechte zusammen. Die Schlagworte „Freiheit, Gleichheit, Brüderlichkeit" wurden nicht mehr nur geflüstert, sondern hinausgeschrien. Die „Menschenrechte" und die „Herrschaftsgewalt des Volkes" wurden proklamiert, und für sie – nicht mehr für die Rechte des Königs – wurde gekämpft.

Wie in jeder Epoche radikalen Wandels vermischte sich auch jetzt die feste und durchaus gerechte Entschlossenheit mit ungerechtfertigter Gewalt. Die Guillotine „löste" viele Probleme, durch die die Revolution ausgelöst wurde. Die fanatischen „Vertreter des Volkes", die Jakobiner, verwandelten 1793 die Revolution in ein schreckliches Blutbad. Allein im Juli dieses Jahres kamen 1285 Menschen unter die Guillotine.

Europa war entsetzt. Was in Paris in diesen Monaten geschah, schien Ausdruck eines kollektiven Wahnsinns zu sein.

Im Juli 1794 endete die Diktatur der Jakobiner mit ihrer Aufhebung. Damit war auch der Terror beendet. Die Revolution war wieder in Händen der „Bürgerlichen", die das Wahlrecht aber nur 30 000 Franzosen zuerkannten. Allein Paris hatte 600 000 Einwohner. Die Macht war nicht aufgehoben, nur verlagert.

Ein siebenundzwanzigjähriger General

Bereits 1796 erreichte ein Revolutionsheer, angeführt von einem 27jährigen General, Napoleon Bonaparte, Italien. In der Poebene griffen die Österreicher, unter deren Herrschaft der östliche Teil Oberitaliens war, in die blutigen Schlachten ein. Die französischen Soldaten redeten von Brüderlichkeit, Gleichheit, Freiheit. Trotz des Schattens von Gewalt, der darauf lag, entfachten sie unter der jungen Generation eine ungeheure Begeisterung. Das Königreich Sardinien (= Sardinien, Piemont, Savoyen) wurde erschüttert. Der König ging ins Exil.

Napoleon aber war ein unruhiger Geist. Mehr als den Triumph der Revolution

verfolgte er glänzende und blutige militärische Ehren. Als er 1799 in Ägypten war, fielen die Kosaken in Italien ein. Auf ihren kleinen Steppenpferden drangen sie in die Städte ein. Napoleon kehrte zurück, und der Krieg entfachte sich von neuem. Überall verbreitete er Not, selbst in der fruchtbaren Poebene. Im strengen Winter von Moskau kam es zum jähen Zusammenbruch und Rückzug. Aber erst die große Völkerschlacht bei Leipzig (1813) bedeutete das Ende der Herrschaft Napoleons.
Einmal noch brachen von den Alpen her über den Isonzo Österreicher, Deutsche und Kroaten in die Poebene ein. Alle verkündeten, sie seien gekommen, um „Italien zu befreien". Nach einer letzten Erhebung der „hundert Tage" endeten die Tage Napoleons auf der Atlantik-Insel St. Helena.
Italien und ganz Europa waren müde, übersät von Ruinen, durchstreift von Waisen. Die Dörfer waren ausgeraubt, entvölkert durch die Einberufung selbst der Jugendlichen, die auf ferne Schlachtfelder gebracht worden waren, um dort zu sterben.
Die Menschen, die jahrelang nach „Freiheit" gerufen hatten, suchten jetzt nur den Frieden.

Kein Zurück mehr

Giovanni Bosco erfuhr aus den Geschichtsbüchern, daß er in einer Zeit geboren wurde, die „Restauration" genannt wurde. Sie begann am 1. November 1814 mit der Eröffnung des Wiener Kongresses durch die Siegermächte und dauerte im größten Teil Italiens bis 1847, als sie mit dem „Risorgimento" (Bezeichnung für die italienischen Einigungsbestrebungen) endete.
Die Restauration war eine sehr zweifelhafte Epoche. Die durch die Revolution gestürzten Könige kehrten aufgrund der Entscheidungen des Wiener Kongresses zurück und glaubten, mit einigen Federstrichen fünfzehn Jahre der Geschichte auslöschen zu können.
In einem Prunkwagen zog Vittorio Emanuele I. in Turin ein, umjubelt vom Volk, das die Straßen säumte. Besonders die Menschen auf dem Land wollten Frieden. Die Adeligen aber versicherten, daß „alles wie früher" werden würde. Doch die Geschichte geht ihren Weg. Man kann sie nicht zurückdrehen. Das Bürgertum hat sich als neuer Stand behauptet. Die Handelsleute und die Reisenden ziehen nun auf dem soliden Straßennetz dahin, das die Ingenieure Napoleons geschaffen hatten.
Jahrhunderte hindurch wurde die Mehrzahl der Italiener auf dem gleichen Gut, im gleichen Dorf wie ihre Vorfahren geboren, haben dort gelebt und sind dort gestorben. Jetzt war alles anders.
Mit der Postkutsche reisten auch Zeitungen und Bücher. Zwar konnten nur wenige lesen, neugierig aber waren auch damals viele. Sie ließen sich von den

wenigen Lesekundigen die Nachrichten mitteilen. Damit erweiterte sich der Horizont.

Die Landwirtschaft Piemonts nahm bald einen blühenden Aufschwung. Die letzten Wälder in den Ebenen und Hügellandschaften wurden gerodet. Die weiten gewonnenen Gebiete wurden Ackerland. Tausende von Maulbeerbäumen wurden gepflanzt und ermöglichten eine rasche Entwicklung der Seidenraupenzucht.

Bald entstanden überall Manufakturen und Werkstätten. Die Industrie spezialisierte sich. Die Preise wurden stabil.

Vittorio Emanuele I. hob die Gesetze der letzten fünfzehn Jahre auf. Das Bürgertum verlor schlagartig viele seiner mühsam erkämpften Rechte.

Doch die Jugend ging großenteils in Opposition, trat Geheimbünden bei und setzte ihre Hoffnung auf einen sehr jungen Prinzen des Hauses Savoyen-Carignano, Carlo Alberto, der aufgeschlossen schien für die neue Zeit.

Das Echo dieser Ereignisse kam sehr gedämpft auf den Hügeln von Monferrato an, wo Don Bosco die armen, aber frohen Jahre seiner Kindheit verbrachte. Sie bereiteten jedoch den Boden, auf dem er später arbeiten sollte.

Drittes Kapitel:

Die Jahre zu Hause

Margherita war, als ihr Mann starb, 29 Jahre alt, eigentlich zu jung, um eine solche Last zu tragen. Aber sie verbrachte nicht viel Zeit damit, sich zu bedauern. Sie krempelte die Ärmel hoch und begann zu arbeiten.
Im Haus war zu kochen, zu waschen und das Wasser zu schöpfen. Aber das war ihre Aufgabe in den „freien Stunden", denn während der eigentlichen Arbeitszeit war sie auf dem Feld und im Stall beschäftigt.
Wie die anderen Bäuerinnen ihres Dorfes mähte auch sie das Gras und das Getreide, band die Garben auf und drosch. Im Weinberg hatte sie zu hacken, die Trauben zu lesen und zu keltern. Der Most mußte angesetzt werden.
Ihre Hände waren hart von der Arbeit, aber sie waren weich genug, um ihre Kinder zu liebkosen. Sie war eine Arbeiterin, vor allem aber war sie Mutter ihrer Kinder.
Diese erzog sie mit Milde und Festigkeit. Hundert Jahre später werden die Psychologen schreiben, daß Kinder für ihre gesunde Entwicklung die fordernde Liebe des Vaters und die frohe und gütige Liebe der Mutter brauchen; daß Waisenkinder Gefahr laufen, affektiv unausgeglichen zu werden, verweichlicht und ohne Zucht, wo sie Muttersöhnchen sind, dagegen hart und ängstlich, wenn der Vater sie erzog.
Margherita war emotional ausgeglichen, so daß sie ruhige Festigkeit mit erheiternder Freude verband. Don Bosco hat als Erzieher die Methode seiner Mutter übernommen.

Der Mittelpunkt der Familie

Margherita führte ihre Kinder früh dazu, sich der Gegenwart Gottes bewußt zu werden, nicht eines Gottes, der wie ein Aufseher darauf achtet, ob sie etwas falsch machen, sondern eines liebenden Vaters, der immer für sie da ist und für sie sorgt.
Sie ließ ihre Kinder fort auf die Wiesen, ohne Aufsicht. Aber wenn sie gingen, sagte sie: „Denkt daran, daß Gott euch sieht." Merkte sie, daß sie sich durch eine Lüge aus der Affäre ziehen wollten, sagte sie: „Denkt daran, daß Gott auch eure Gedanken sieht." Die Kinder sollten lernen, auf ihr Gewissen zu hören, um die Gegenwart der Mutter entbehren zu können.
Standen sie am Abend vor der Haustür, um noch mal frische Luft zu schöpfen, deutete sie oft nach oben: „Gott ist es, der die Welt erschaffen hat, der so viele schöne Dinge gemacht hat." Auch wenn sie an blühenden Wiesen vorbeikamen, machte sie die Kinder auf den Schöpfer aufmerksam.

Als einmal der Hagel alles vernichtet hatte, sagte sie ergeben: „Der Herr hat es gegeben, der Herr hat es genommen. Denken wir immer daran, daß wir in seinen Händen sind, daß er aber nicht mit sich scherzen läßt."

Mut ist schon recht, aber ...

Giovanni war vier Jahre alt, als seine Mutter ihm die ersten Hanffasern gab, damit er sie auseinanderzupfe. Eine kleine Arbeit, aber immerhin eine Arbeit. So begann er, seinen kleinen Beitrag zu leisten zum Unterhalt der Familie, die von der Arbeit aller lebte.

Später machte er sich zusammen mit seinen Brüdern im Haus nützlich: Holz spalten, Feuer machen, wozu man die unter der Asche verborgene Glut vorsichtig anblies, Wasser holen, Gemüse putzen, Stall misten, Kühe hüten, Brot im Backofen überwachen.

Aber sofort nach einer kurzen Arbeit, die von der Mutter nachgesehen wurde, war er weg zum Spielen. Platz dazu fehlte nicht, denn ringsherum lagen Wiesen, soweit man blicken konnte, und die Freunde warteten schon. Es waren Buben voller Leben, manchmal grob und wild. Dann ging man fort, Maulwurfgänge ausfindig zu machen, Vogelnester zu suchen, unendliche Diskussionen zu führen.

Eines der beliebtesten Spiele war die „Lippa", die italienische Art eines einfachen Baseball.

An einem Nachmittag kam Giovanni vorzeitig nach Hause. Sein Gesicht blutete, denn ein Stock hatte ihn heftig auf die Wange getroffen. Margherita war besorgt. „Du kommst noch mit einem ausgeschlagenen Auge heim. Warum gehst du mit diesen Buben? Du weißt doch, daß einige von ihnen nichts taugen."

„Wenn es Euch lieber ist, geh ich nicht mehr zu ihnen. Aber schaut, Mama, wenn ich bei ihnen bin, sind sie nicht so schlimm, dann sagen sie manche Worte nicht."

Margherita ließ ihn weiter zu seinen Kameraden gehen.

Sein Mut wuchs schneller als sein Körper. Giovanni zählte fünf Jahre, Giuseppe sieben, als Margherita sie eines Tages fortschickte, eine Schar Truthühner zu hüten. Während diese Grillen jagten, spielten die Brüder. Plötzlich blieb Giuseppe stehen und zählte sie mit seinen Fingern. Dann schrie er: „Eins fehlt!" Sie suchten ängstlich. Nichts. Schließlich ist ein Truthahn groß und kann nicht einfach verschwinden. Sie schauten umher. Da sah Giovanni neben einer Hecke einen Mann stehen. Sofort dachte er, daß dieser ihn gestohlen hat. Dann rief er Giuseppe und ging mit ihm entschlossen auf den Mann zu.

„Gebt uns den Truthahn wieder!"

Der Fremde schaute beide verwundert an.

„Einen Truthahn? Wer hat denn einen gesehen?"
„Ihr habt ihn gestohlen. Gebt ihn heraus! Sonst schreien wir ‚Haltet den Dieb!', und dann fangen und verhauen sie Euch."
Zwei Buben könnte man ohne weiteres mit ein paar Schlägen vertreiben. Aber diese beiden waren so selbstsicher, daß dem Fremden unbehaglich wurde. Und schließlich waren auch Bauern in der Nähe. Wenn diese beiden brüllen würden, könnte schon etwas geschehen. So zog er doch lieber seinen Sack aus der Hecke und gab ihnen den Truthahn.
„Ich wollte doch bloß einen Scherz machen", sagte er.
„Ein anständiger Mann macht keinen solchen Scherz", gaben die beiden zurück.
Am Abend berichteten sie es wie immer der Mutter.
„Da seid ihr aber ein Risiko eingegangen."
„Wieso denn?"
„Erstens einmal wart ihr ja gar nicht sicher, ob er es gewesen ist, und dann seid ihr klein. Er dagegen war ein Mann. Wenn er euch etwas angetan hätte?"
„Dann hätten wir uns also den Truthahn einfach nehmen lassen sollen?"
„Mut ist schon gut. Aber es ist doch besser, einen Truthahn zu verlieren, als arg zugerichtet zu werden." – „Hm", murmelte Giovanni nachdenklich. „Es wird schon so sein, wie Ihr sagt, Mama. Aber es war schon ein recht großer Truthahn."

Die „Rute" in der Ecke

Margherita war eine gütige, aber doch strenge Mutter. Ihre Kinder wußten genau, wenn sie einmal etwas gesagt hatte, hielt sie sich daran.
In einer Ecke der Küche war die „Rute", ein kleiner, biegsamer Stock, eine Gerte. Benutzt wurde sie nie. Aber Margherita nahm sie auch nicht weg.
Eines Tages leistete sich Giovanni etwas. Wahrscheinlich aus lauter Eile, zum Spielen zu kommen, ließ er den Kaninchenstall offen. Alle Kaninchen liefen über die Wiesen. War das eine Arbeit, bis sie eingefangen waren!
Als die Mutter mit ihren Kindern wieder in der Küche war, zeigte sie in die Ecke:
„Giovanni, bring mal diese Rute!"
Der Kleine zog sich bis zur Tür zurück.
„Bring sie mir, dann wirst du schon sehen, was geschieht."
Der Ton war entschlossen. Giovanni nahm sie und legte sie weit weg von der Mutter auf den Boden. „Ihr werdet mich doch nicht schlagen damit?"
„Warum denn nicht, wenn du solche Dinge lieferst?"
„Mama, ich tu's nie wieder!"
Margherita mußte lächeln, Giovanni auch.

An einem heißen Sommertag kamen Giovanni und Giuseppe vom Weinberg zurück und waren fast am Verschmachten. Margherita ging zum Brunnen, zog einen Eimer frischen Wassers herauf und gab mit einem Schöpflöffel zuerst Giuseppe zu trinken. Giovanni zog ein langes Gesicht. Diese Bevorzugung hatte ihn beleidigt. Als die Mutter ihm zu trinken geben wollte, tat er so, als wollte er nichts mehr. Margherita sagte kein Wort, trug den Eimer in die Küche und schloß die Tür. Nur einen Augenblick war sie drinnen, da stand Giovanni schon hinter ihr.

„Mama..."
„Was gibt's?"
„Bekomm ich auch etwas zu trinken?"
„Ach so, ich dachte, du hättest keinen Durst mehr."
„Verzeih, Mama!"
„So ist es gut." Dann reichte sie auch ihm einen Schöpflöffel voll.

Inzwischen war Giovanni acht Jahre alt geworden, ein richtiger Bub, und konnte schallend lachen. Er war etwas klein gewachsen, aber kräftig, hatte schwarze Augen, gelocktes und dichtes Haar wie die Lämmer. Eine besondere Vorliebe zeigte er für Abenteuer und Risiko. Über aufgeschlagene Knie jammerte er nicht.

Jetzt konnte er auch schon auf manche Bäume klettern und Vogelnester ausrauben. Einmal ging es ihm übel dabei. Ein Kohlmeisennest steckte tief in einer Spalte. Giovanni hatte den Arm bereits über den Ellbogen hineingesteckt, da merkte er, daß er ihn nicht mehr herausbrachte. Immer wieder versuchte er es. Dabei schwoll der Arm an. Giuseppe, der von unten aus zuschaute, mußte die Mutter holen. Margherita kam mit einer kleinen Leiter. Aber auch ihr gelang es nicht, den Arm zu befreien. Sie mußte einen Bauern suchen, der mit einem Stemmeisen zu Hilfe kam. Giovanni stand der Schweiß in dicken Perlen auf der Stirn. Von unten rief Giuseppe, der mehr Angst als Giovanni hatte: „Halt dich fest, sie kommen!"

Der Bauer wickelte den Arm des Buben in Margheritas Schürze. Dann begann er mit Hammer und Stemmeisen. Sieben oder acht Schläge hatten genügt, und der Arm rutschte heraus.

Margherita hatte nicht mehr den Mut, Giovanni zu schimpfen. Er stand da wie ein begossener Pudel. Sie sagte nur:

„Stell doch nicht immer wieder etwas Neues an!"

Der Teufel auf dem Dachboden

An einem Herbstabend war Giovanni zusammen mit seiner Mutter beim Großvater in Capriglio. Die große Familie saß beim Abendessen um den Tisch. Das kleine Öllämpchen vermochte das Dunkel kaum zu durchbrechen. Da –

plötzlich ein verdächtiges Geräusch über den Köpfen. Es wiederholte sich ein-, zwei-, dreimal. Alle schauten nach oben und hielten den Atem an. In der Stube war es mäuschenstill. Und wieder kam vom Dachboden das geheimnisvolle Geräusch, gefolgt von einem langen dumpfen Schleifen. Die Frauen machten das Kreuzzeichen, die Kinder drückten sich an ihre Mutter.
Eine alte Frau begann mit verhaltener Stimme zu erzählen, wie früher einmal auf dem Dachboden ein langgezogenes Geräusch, ein Ächzen und entsetzliche Schreie zu hören waren. „Das war der Teufel – und jetzt kommt er zurück", murmelte sie und bekreuzigte sich dabei. Dann trat wieder Stille ein.
Giovanni brach das Schweigen und sagte gelassen:
„Ich glaube, daß das ein Marder ist und nicht der Teufel."
Wieder herrschte Stille. Da – noch ein dumpfer Schlag, ein langezogenes Schleifen. Die Zimmerdecke, zu der alle ängstlich aufschauten, war aus Holz. Über ihr befand sich der Dachboden, der als Getreidespeicher diente.
Giovanni sprang plötzlich hoch und rief:
„Schauen wir doch nach!"
„Du bist verrückt! Margherita, halt ihn zurück! Mit dem Teufel ist nicht zu scherzen!" Aber Giovanni war schon auf den Beinen, nahm eine Laterne, zündete sie an und griff nach einem Stock. Margherita meinte:
„Wäre es nicht besser, bis morgen zu warten?"
„Mama, habt vielleicht auch Ihr Angst?"
„Nein, gehen wir zusammen."
Sie stiegen die Holztreppe hinauf. Auch die anderen folgten mit Laternen und Stöcken. Giovanni stieß die Tür auf, hob die Laterne hoch, um besser sehen zu können. Schon hörte man den unterdrückten Schrei einer Frau:
„Da, in dieser Ecke, schaut!"
Alle schauten. Ein umgestürzter Getreidekorb schwankte und bewegte sich vorwärts. Giovanni trat einen Schritt vor.
„Nein, Vorsicht! Das ist ein verhexter Korb!"
Giovanni packte ihn mit einer Hand und hob ihn hoch. Eine große, zerzauste Henne, die wer weiß wie lange darunter gefangen war, schoß wie eine Gewehrkugel heraus und gackerte heftig.
Um Giovanni herum lachte alles schallend. Der Teufel hatte sich als Henne entpuppt. Der leichte Korb, der an der Wand gelehnt hatte, war ohne festen Halt gewesen. In seinem Geflecht steckten einige Weizenkörner, die die Henne herauspicken wollte. Dabei war der Korb über sie gestürzt und hatte sie gefangengesetzt. Das arme Tier hatte sich zu befreien versucht und war hin und her gerannt, so daß der Korb an Gegenstände stieß und das Gepolter verursachte.

O je, der Ölfleck!

Jeden Donnerstag ging Margherita zum Markt nach Castelnuovo. Sie nahm zwei Bündel mit Käse, Hühnern und Gemüse mit, um es zu verkaufen. Zurück kam sie mit Leinen, Kerzen, Salz und einigen kleinen Geschenken für die Kinder, die ihr immer entgegenliefen, sobald die Sonne unterzugehen begann.
An solch einem Donnerstag während eines „Lippa"-Spiels landete der Stock auf dem Dach.
„Auf dem Küchenschrank gibt es noch einen", sagte Giovanni, „ich hole ihn."
Er rannte fort. Der Schrank aber war zu hoch für ihn. So stieg er auf einen Stuhl, griff mit dem Arm und – krach! Der Ölkrug lag in Scherben auf dem Boden. Das Öl rann über die roten Ziegelsteine. Als Giuseppe merkte, daß Giovanni nicht zurückkam, rannte auch er nach Hause. Da sah er die Katastrophe und hielt sich die Hände vor den Mund.
„O je, wenn Mama heute abend zurückkommt . . ."
Sie versuchten es wiedergutzumachen und nahmen den Besen. Die Scherben waren schnell zusammengekehrt. Aber der Ölfleck wurde immer größer und mit ihm die Angst.
Giovanni war eine halbe Stunde ganz still. Dann zog er sein kleines Messer aus der Tasche, ging zur Hecke und schnitt eine Gerte ab. Damit verschwand er in einer Zimmerecke und begann zu schnitzen. Aber auch sein Kopf arbeitete. Er überlegte sich, was er zur Mutter sagen sollte.
Zum Schluß war die Rinde verschiedenartig eingeritzt und so die Gerte verziert.
Bei Sonnenuntergang gingen sie der Mutter entgegen. Giuseppe blieb unsicher etwas zurück. Giovanni dagegen rannte.
„Guten Abend, Mama, wie geht es Euch?"
„Gut – und dir? Warst du brav?"
„Hm, Mama, schaut!" Dabei zeigte er ihr die verzierte Gerte.
„Was hast du denn angestellt?"
„Diesmal verdiene ich wirklich Prügel. Mir ist etwas Schlimmes passiert . . . Ich habe den Ölkrug zerbrochen." Dann erzählte er in einem Atemzug, wie das geschehen war, und schloß:
„Ich habe Euch eine Rute mitgebracht, weil ich sie wirklich verdient habe. Nehmt sie, Mama!"
Er reichte sie ihr noch einmal hin und schaute von unten nach oben, mit Augen, aus denen halb Reue und halb Schläue blickte. Margherita schaute ihn einige Augenblicke an. Dann mußte sie lachen. Auch Giovanni lachte jetzt. Die Mutter nahm ihn an der Hand, und so gingen sie zusammen ins Haus.
„Weißt du, daß du dabei bist, ein schlauer Fuchs zu werden? Um den Krug ist mir leid, doch ich bin froh, daß du nicht gelogen hast. Paß aber ein andermal auf, denn auch das Öl ist teuer."

Jetzt kam Giuseppe hinzu, nachdem er bemerkt hatte, daß der Sturm vorüber war. Guiseppe war neun Jahre alt, sehr sanft und ruhig, besaß nicht die Lebhaftigkeit und Ausgelassenheit seines Bruders. Er war schweigsam und fleißig. Seine Mutter und seinen kleinen Bruder liebte er sehr, vor Antonio aber hatte er Angst.

Antonio war sieben Jahre älter als Giovanni. Er entpuppte sich als verschlossener Jugendlicher mit Anzeichen von Grobheit und Gewalttätigkeit. Manchmal verprügelte er seine Brüder. Dann mußte die Mutter zu Hilfe kommen und sie seiner Hand entreißen. Vielleicht war er auch nur übersensibel und hatte unter dem ziemlich rasch aufeinanderfolgenden Tod seiner Eltern schwer gelitten.

Viertes Kapitel:

Bewegte Kindheit – unruhige Zeit

Die Familie Bosco lebte arm. Unter den wenigen Häusern von Becchi war das Haus Bosco das ärmlichste. Es war ein Bau mit einem Obergeschoß, in dem auch der Heuboden und der Stall untergebracht waren. In der Küche lagen Maissäcke, und jenseits der dünnen Wand kauten zwei Kühe ihr Futter wieder. Im ersten Stock befanden sich direkt unter dem Dach die kleinen und dunklen Schlafräume. Die Wände waren kahl, aber weiß getüncht. Es herrschte wirklich Armut, aber nicht Elend, denn alle arbeiteten mit. Die Arbeit eines Bauern brachte damals zwar wenig ein, aber es reichte zum Leben, denn die wenigen Maissäcke leerten sich nur langsam. Die Kühe, die den Karren und den Pflug ziehen mußten, gaben nur wenig Milch, die zudem nur wenig Fettgehalt hatte. Deshalb waren aber die Kinder im Haus Bosco nicht traurig. Auch wenn man arm ist, kann man glücklich sein, wenn man sich geborgen fühlen kann und zufrieden ist.

Zwischen acht und neun Jahren begann Giovanni, an der Arbeit der Familie aktiver teilzunehmen, das harte und strenge Leben mit ihr zu teilen. Man arbeitete von Sonnenaufgang bis Sonnenuntergang, und im Sommer geht die Sonne früh auf. „Der Mensch, der schläft, fängt keine Fische", sagte Margherita manchmal, wenn sie ihre beiden Kinder weckte. Das Frühstück war einfach: eine Scheibe Brot und frisches Wasser.

Giovanni lernte hacken, Unkraut jäten, mit der Sense umgehen und Kühe melken. Er wurde also ein Bauer. Am Abend legte man sich auf den dicken Maisstrohsack. Die Reisen machte man zu Fuß, denn die Postkutsche fuhr weit entfernt auf der Straße von Castelnuovo und war teuer.

Die Füße des Armen

Wenn in den Nachbarhäusern jemand schwer erkrankte, wurde Margherita geweckt. Alle wußten, daß sie sich zum Helfen jederzeit bereit fand. Sie nahm eines ihrer Kinder als Begleitung mit und sagte: „Ein Werk der Nächstenliebe ist zu tun." Mit diesen einfachen Worten war all das ausgedrückt, was man heute Großmut, Dienst, Einsatz für andere, konkrete Liebe nennt.

„Im Winter, wenn ringsum Schnee lag", so erinnerte sich Don Bosco, „klopfte öfters ein Bettler an die Tür und bat, im Heu schlafen zu dürfen. Bevor Margherita ihn hinauf ließ, gab sie ihm einen Teller mit warmer Suppe. Dann schaute sie seine Füße an. Meist sahen sie schlimm aus. Die Holzschuhe waren schlecht und ließen das Wasser durch. Zwar hatte Margherita kein übriges Paar,

das sie ihm hätte geben können, aber sie gab ihm warmes Wasser zum Waschen und wickelte die Füße in Lappen, die sie band, so gut sie es vermochte."
In einem Haus von Becchi wohnte Cecco. Er war einmal reich gewesen, hatte aber alles vergeudet. Die Kinder trieben ihren Spott mit ihm und nannten ihn „Grille". Die Mütter zeigten nämlich auf ihn und erzählten ihnen die Geschichte von der Ameise und der Grille. „Während wir gearbeitet haben wie die Ameisen", sagten sie, „hat er gesungen und war ausgelassen, vergnügt wie eine Grille. Und jetzt, seht ihr, was aus ihm geworden ist? Lernt daraus!"
Der alte Mann schämte sich zu betteln und litt oft Hunger. Margherita stellte nach Eintritt der Dunkelheit einen kleinen Topf mit warmer Suppe auf die Fensterbank. Cecco kam, nahm sie und verschwand damit im Dunkeln.
So lernte Giovanni, daß Nächstenliebe wichtiger ist als Ersparnisse sammeln.
Es gab einen Buben, der in der Nähe als Knecht arbeitete, er hieß Secondo Matta. Der Bauer gab ihm am Morgen eine Schnitte Schwarzbrot und schickte ihn dann mit zwei Kühen auf die Weide. Wenn er ins Tal herunterkam, begegnete ihm meist Giovanni, der ebenfalls die Kühe auf die Weide führte und Weißbrot in der Hand hatte, damals eine Kostbarkeit. Eines Tages sagte Giovanni zu ihm:
„Würdest du mir einen Gefallen tun?"
„Gern."
„Ich möchte, daß du dein Brot mit meinem tauschst. Deines ist bestimmt viel besser als meines."
Secondo Matta glaubte, daß Giovanni dies meinte, und drei Sommer hindurch, so erzählte dieser, tauschten sie ihr Brot, sooft sie sich begegneten. Erst als Erwachsener dachte er darüber nach und verstand, daß Giovanni ihm Freude machen wollte.

„Banditen" im Wald

In der Nähe des Hauses war ein kleiner Wald. Immer wieder einmal, wenn es Nacht wurde, pochten kleine Gruppen von „Banditen", die von der Polizei gesucht wurden, an Margheritas Tür. Sie wollten eine Schüssel Suppe haben und im Heu schlafen.
Margherita erschrak nicht über solche Besucher, denn das war sie gewohnt. Während der Zeit Napoleons gab es viele Jugendliche, die vor dem französischen Militärdienst geflüchtet waren. In den letzten Jahren seien es 70% gewesen, behaupten die Historiker. Diese Jugendlichen lebten gruppenweise in Wäldern und auf den Bergen.
Beängstigend war nur der Umstand, daß hinter ihnen häufig die Carabinieri zur Waffe griffen und schossen. (Carabinieri sind eine Institution, die gerade

zu dieser Zeit durch Vittorio Emanuele I. geschaffen worden war.) Aber im Haus Bosco herrschte eine Art von stillschweigendem Waffenstillstand. Die Carabinieri, die ins Haus kamen, waren vom Aufstieg müde und baten Margherita um ein Glas Wasser oder auch um einen Tropfen Wein. „Die ‚Banditen' jedoch hörten im Heu die Stimmen im Haus und schlichen sich heimlich davon. Obwohl diese Polizisten oft wußten, wer im Augenblick im Haus versteckt war", schreibt Don Lemoyne, der erste Biograph Don Boscos, „ließen sie sich nichts anmerken und versuchten nie, einen festzunehmen." Giovanni sah das alles und versuchte, es zu verstehen. Von seiner Mutter hatte er erfahren, daß die „ersten", die gekommen waren, Soldaten des „demokratischen" Regimes waren, die die Königstreuen verfolgten. Jetzt sind die Verfolger zu Verfolgten geworden. Bald würden die Verhältnisse wieder wechseln und die „Demokraten" Minister, Spitzen der Polizei und Häupter der Republik werden. Dann waren die anderen wieder die Verfolgten.

Mama Margherita, die sich an solche Frontwechsel gewöhnt hatte, gab jedem, der an ihre Tür pochte, eine Schüssel Suppe und eine Schnitte Brot. Sie fragte nicht, welcher Partei sie angehörten. Wahrscheinlich waren es gerade diese Ereignisse, die in Giovanni Bosco ein Mißtrauen gegenüber der Politik und den Parteien weckten. Er hatte ein höheres Ideal vor Augen: Seelen retten, arme Jugendliche ernähren und erziehen. Es war das, was er später die „Politik des Vaterunsers" nannte.

„Meine Mutter lehrte mich beten"

In Becchi liebte man seinen Nächsten nicht gefühlsmäßig, sondern aus Liebe zu Gott. Gott gehörte zur Familie Bosco. Margherita war Analphabetin, aber sie wußte große Teile der biblischen Geschichte und des Evangeliums auswendig. Und sie glaubte an die Notwendigkeit des Betens.
„Solange ich klein war", schrieb Don Bosco, „lehrte sie mich beten. Sie ließ mich morgens und abends mit meinen Brüdern niederknien, und so beteten wir gemeinsam." Der Priester wohnte weit entfernt, und die Mutter glaubte nicht, warten zu müssen, bis er kam und den Kindern Religionsunterricht gab. Was Margherita als Kind auswendig gelernt hatte, das brachte sie nun ihren Kindern bei:

Frage: Was soll ein guter Christ in der Frühe sofort nach dem Aufstehen machen?
Antwort: Das Kreuzzeichen.
Frage: Wenn er sich angezogen hat, was soll er dann tun?
Antwort: Sich vor einem religiösen Bild niederknien und aus ganzem Herzen den Glauben an die Gegenwart Gottes erneuern und sprechen: Mein Gott, ich bete dich an . . .

Frage: Was soll er vor der Arbeit tun?
Antwort: Sie Gott aufopfern.

Eine der ersten „Andachten", an denen der kleine Giovanni teilnahm, war der Rosenkranz. Damals beteten ihn die Katholiken auf dem Lande im allgemeinen jeden Abend. Durch die fünfzigmalige Wiederholung des „Gegrüßet seist du, Maria" sprachen die Bauern von Becchi mit Maria, die für sie mehr Mutter als Königin war. Wenn die Perlen durch ihre Finger glitten, dachten sie an ihre Kinder, ihre Felder, an das Leben und Sterben. So lernte Giovanni zur Muttergottes sprechen und wußte, daß sie ihn sah und hörte.

In seinen „Memorie" schrieb er auch über seine erste Beichte: „Meine Mutter hat mich vorbereitet. Dann begleitete sie mich zur Kirche, beichtete vor mir und empfahl mich dem Beichtvater. Nachher half sie mir bei der Danksagung."

Schule und Freizeit

Die erste Klasse besuchte Giovanni vermutlich mit neun Jahren im Winter 1824/25. Der Unterricht begann am 3. November und endete am 25. März. Während der übrigen Zeit wurden auch die schwachen Arme der Kinder im Haus und auf dem Feld gebraucht. Der Grundschulunterricht war bereits eingeführt und verpflichtend, aber nicht alle Gemeinden konnten eine Schule unterhalten.

Da die öffentliche Schule in Castelnuovo war, also fünf Kilometer entfernt, erhielt Giovanni Unterricht bei einem Bauern in Becchi, der lesen konnte. Später bat die Schwester seiner Mutter, Marianna Occhiena, den Pfarrer von Capriolo, der auch Lehrer war und dem sie den Haushalt führte, ihrem kleinen Neffen bei sich den Schulbesuch zu ermöglichen.

Don Lacqua nahm ihn an. So blieb Giovanni einige Monate bei seiner Tante, ebenso im Winter 1825/26. Während dieser Zeit begann Antonio – nun siebzehn Jahre alt –, eine finstere Miene aufzusetzen.

„Warum ihn in die Schule schicken? Wenn man lesen und seinen Namen schreiben kann, dann genügt das doch. Er soll die Hacke nehmen, wie ich das auch tue."

Margherita suchte nach Vernunftsgründen.

„Je weiter die Zeit voranschreitet, desto mehr Wissen braucht man. Siehst du denn nicht, daß sogar der Schuster und der Schneider in die Schule gehen? Jemanden im Haus haben, der rechnen kann, ist immer gut."

Kaum hatte Giovanni lesen gelernt, wurden Bücher seine Leidenschaft. Er lieh sich bei Don Lacqua einige aus. So verbrachte er im Sommer viele Nachmittage im Schatten der Bäume und verschlang die Bücher geradezu. Ging er auf die Weide, war er gern bereit, auch auf die Kühe seiner Kameraden zu achten, wenn sie ihn nur in Ruhe ließen. Ein Streber aber wurde er nicht. Er las gern, aber er spielte auch gern und kletterte gern auf Bäume.

Eines Nachmittags entdeckte er zusammen mit seinen Kameraden auf einem dicken Eichenast ein Stieglitznest. Er kletterte den Stamm hinauf und sah, daß schon Junge im Nest waren, gerade recht, um sie in einen Käfig zu stecken. Aber das Nest befand sich ganz am Ende des Astes, der fast waagrecht zum Boden verlief.

Giovanni überlegte ein wenig. Dann rief er seinen Kameraden zu: „Ich tu's!" Ganz langsam glitt er den Ast entlang, der immer dünner und biegsamer wurde. Jetzt streckte er seine Hand aus, nahm die vier Kleinen aus dem Nest und steckte sie unter sein Hemd.

Aber er mußte auch wieder zurück. Er versuchte, ganz langsam den Ast entlangzurutschen, der sich unter seinem Gewicht bog. Plötzlich glitten seine Füße aus. Nur an den Händen hing er in schwindelnder Höhe. Er versuchte, seinen Körper an den Ast zu pressen. So konnte er auch die Füße einhängen. Jeder Versuch jedoch, sich wieder auf den Ast zu schwingen, war vergebens. Schweißtropfen hingen an seiner Stirn. Unten schrien und sprangen die Kameraden, aber sie unternahmen nichts.

Als Giovanni sich nicht mehr zu halten vermochte, ließ er sich fallen. Der Aufschlag war hart. Einige Minuten lag er bewußtlos auf der Erde. Dann gelang es ihm, sich aufzusetzen.

„Hast du dir weh getan?"
„Ich hoffe nicht, daß etwas passiert ist", konnte er gerade noch flüstern.
„Und die Vögel?"
„Die sind hier, lebendig. Greif in mein Hemd hinein, und zieh sie heraus. Die sind mir teuer zu stehen gekommen . . ."

Dann versuchte er, sich nach Hause zu schleppen. Aber er zitterte am ganzen Körper und mußte sich noch einmal setzen. Als es ihm dann gelungen war, ins Haus zu kommen, sagte er zu Giuseppe:
„Mir geht es schlecht, aber sag der Mama nichts."
Die Nacht im Bett tat ihm gut. Aber die Wirkung dieses Sturzes spürte er noch einige Zeit.

Eine ganz kleine Amsel

Die Vögel waren eine weitere Leidenschaft Giovannis. Er hatte eine ganz kleine Amsel aus ihrem Nest geholt und sie in einem Käfig aus Weidenruten aufgezogen. Dann brachte er ihr das Singen bei. Sobald sie Giovanni sah, hüpfte sie fröhlich auf die Stangen und grüßte ihn mit einer kurzen Melodie. Mit ihren schwarzglänzenden Augen schaute sie ihn fest an. Eine liebe Amsel.

Eines Morgens blieb der Gruß aus, denn eine Katze hatte den Käfig

aufgebrochen und den Vogel verschlungen. Ein Knäuel blutiger Federn war übriggeblieben. Giovanni weinte bitterlich. Seine Mutter suchte ihn zu beruhigen und erklärte ihm, daß auch in den Nestern Vögel gefressen werden. Giovanni aber schluchzte weiter. Das waren andere Amseln, die waren ihm gleichgültig. Aber „diese da" war seine kleine Freundin und die ist umgebracht worden. Er wird sie nie wiedersehen.
Einige Tage lang war er sehr traurig, und niemandem gelang es, ihn wieder froh zu stimmen. „Endlich", so erzählt Lemoyne, „begann er nachzudenken, daß doch alles auf der Erde recht vergänglich sei. So faßte er einen Entschluß, der über sein Alter hinausging. Er nahm sich vor, sich nie wieder an irgend etwas auf der Erde zu hängen." Den Vorsatz wiederholte er einige Jahre später beim Tode seines liebsten Freundes und manches andere Mal.
Es ist tröstlich für uns zu wissen, daß es Giovanni nie gelang, diesen Vorsatz zu halten. Auch er hatte ein Herz aus Fleisch und brauchte etwas, etwas Kleines oder Großes, um es zu lieben. Später wird er glauben, das Herz müsse ihm zerspringen beim Tode von Don Calosso, von Luigi Comollo, beim Anblick der ersten Jugendlichen, die hinter Gittern saßen. Seinen Buben wird er später sagen, daß er einen, der ihnen etwas antun würde, „mit seinen eigenen Händen erwürgen würde, wenn das nicht Sünde wäre". Sie werden später einstimmig und eindringlich bezeugen: „Mich hat er gern gehabt." Einer von ihnen, Luigi Orione, wird dann schreiben: „Ich würde über glühende Kohlen gehen, wenn ich ihn noch ein einziges Mal sehen und ihm danken könnte."
Die „geistlichen Lehrer" dieser Zeit behaupteten, daß es schlecht sei, sein Herz an Geschöpfe zu hängen. Besser wäre es, wenig zu lieben. Die Lehren des II. Vatikanischen Konzils (1962–65) dagegen sagen, daß man die Geschöpfe zwar nicht zu Idolen machen sollte, daß man seine Liebe reinigen müsse, daß Gott uns aber ein Herz gegeben hat, damit wir ohne Angst lieben. Der Gott der Philosophen kennt keine Leidenschaft, der Gott der Bibel schon: Er liebt und zürnt, leidet und weint, bricht in Freude aus und lächelt zärtlich.

Seine Heimat

Mit neun Jahren beginnt ein Kind, sich aus der Nestwärme der Familie zu lösen und sich für das zu interessieren, was es draußen gibt. Auch Giovanni sah sich um und entdeckte seine Heimat. Schön war sie, hügelig, ruhig. Hier wuchsen die Maulbeerbäume, der Mais, der Hanf. Die Bauern, die in der großen Hitze langsam hackten, waren geduldige, schweigsame Menschen. Sie waren Leute, die ihrer Heimat treu blieben, in der sie verwurzelt waren wie die Bäume. Sie schämten sich nicht, vor dem Priester und vor Gott den Hut zu ziehen, und wenn sie die Haustür hinter sich geschlossen hatten, fühlten sie sich als Könige ihrer Familien.

Giovanni Bosco wurde ein großer Heiliger, aber auch ein großer Sohn seiner Heimat. Die Berufung hatte er vom Himmel erhalten, aber das Klima seiner Heimat, die Luft und die Eigenart ihrer Bewohner haben ihn geformt und gefördert. Aus seiner Sprache hörte man immer den Akzent des Dialekts seiner Heimat heraus, in seinem Herzen waren ihre Menschen tief eingeprägt.

Umwälzungen in Italien

Während Giovanni Bosco seine Kindheit im Hügelland von Castelnuovo verbrachte, gingen die politischen Umwälzungen weiter.
Gegen die unerbittliche und reaktionäre Restauration durch die Fürsten waren Geheimbünde entstanden, die den Aufruhr und die Revolution vorbereiteten.
Im Januar 1820 war der Funke in Spanien aufgeflammt. In Cádiz hatte eine Militärrevolte Ferdinand VII. gezwungen, dem Land eine Verfassung zu geben, ein Gesetz also, das jeder Person Grundfreiheiten und das Wahlrecht garantiert.
Sechs Monate später sprang der Funke auch auf Italien über. Eine kleine Abteilung der Infanterie erhob im „Königreich beider Sizilien" (Sizilien-Neapel) den Ruf: „Es lebe die Freiheit, es lebe die Verfassung!" Innerhalb von acht Tagen billigte Ferdinand von Neapel die Verfassung von Cádiz und schwor auf das Evangelium, sie zu halten.
Am 10. März 1821 – Don Bosco war damals sechs Jahre – begann der Aufstand des Militärs in Piemont, angeführt von Santorre di Santarosa. Alessandria holte die blaue Fahne Savoyens ein und hißte auf der Zitadelle die „Tricolore" (die blau-weiß rote Fahne der Französischen Revolution, bei der die Menschenrechte proklamiert worden waren). Auch andere Garnisonen erhoben sich.
Von der Toscana marschierte ein Oberst an der Spitze seines Regiments nach Turin.
König Vittorio Emanuele eilte erschrocken nach Turin und versammelte den Kronrat. Es wurde ihm empfohlen, die Verfassung zu billigen, um nicht alles zu verlieren. Da erreichte ihn die Nachricht, daß Österreich beschlossen hatte, in Italien einzugreifen, „um die Ordnung wiederherzustellen".
Von den Ereignissen überwältigt, verzichtete Vittorio Emanuele auf den Thron zugunsten seines Bruders Carlo Felice. Da dieser sich gerade in Modena aufhielt, ernannte er „stellvertretend" den jungen Prinzen Carlo Alberto (23 Jahre), der auf starken Druck hin die Verfassung von Cádiz unterzeichnete. Zwei Tage danach schwor er, sie anzuerkennen, und bildete eine neue Regierung.
Als Carlo Felice in Modena einen Brief von Carlo Alberto erhielt, in dem dieser alles berichtet hatte, wurde er ärgerlich, rief den Edelmann Costa, der ihm den Brief überbracht hatte, zu: „Meldet dem Prinzen: ‚Wenn er noch einen Tropfen

unseres königlichen Blutes in seinen Adern hat, soll er sofort nach Novara kommen und dort meine Anordnung abwarten!'"

Im ersten Augenblick schien Carlo Alberto entschlossen, Widerstand zu leisten. Aber aus Neapel erreichte ihn die Nachricht, daß ein österreichisches Heer die Truppen der Liberalen besiegt hatte. Das Parlament war aufgelöst, die Verfassung abgeschafft. Der junge Prinz verzichtete auf die „Stellvertretung". Er forderte alle auf, sich dem König zu unterwerfen. Anschließend ging er ins Exil nach Florenz.

Der Rückkehr von Carlo Felice zog ein österreichisches Heer voraus, das die Freiwilligen von Santarosa niederwarf und „die Ordnung wiederherstellte". Siebzig Anführer der Revolution wurden zum Tode verurteilt, von denen allerdings achtundsechzig bereits in die Schweiz oder nach Frankreich geflüchtet waren. Dreihundert Offiziere und zivile Beamte wurden ihrer Ämter enthoben.

Die „Umwälzungen des Jahres 1821" betrafen lediglich den Mittelstand. Die Masse der Bauern und Arbeiter blieb ihnen gegenüber gleichgültig, manchmal direkt feindlich.

Carlo Felice kehrte erst im Oktober 1821 nach Turin zurück. Er fühlte sich als „König von Gottes Gnaden und keines anderen". Sein Volk wollte er leiten, wie ein strenger Vater eine Familie liederlicher Kinder leitet. Die Vollstreckung des Todesurteils und die Folterung mit glühenden Zangen sollte eine „heilsame Warnung" für alle Hitzköpfe sein. Dies brachte dem König den Beinamen „der Grausame" ein.

Fünftes Kapitel:

Der kleine Seiltänzer

Das zehnte Lebensjahr war für Giovanni gekennzeichnet durch den „Traum", den wir auf den ersten Seiten erzählt haben, den Traum von der großen Schar Buben, dem Herrn, der sprach: „Nicht mit Schlägen, sondern mit Güte und Liebe wirst du sie dir als Freunde gewinnen"; von der schönen Frau, die ihm sagte: „Zu seiner Zeit wirst du alles verstehen." Trotz der „klugen" Worte der Großmutter hat diese Nacht Licht in das Dunkel seiner Zukunft gebracht. Dieser Traum war richtungsweisend für das ganze zukünftige Leben des Giovanni. Er war auch ausschlaggebend für das Verhalten der Mutter während der folgenden Monate und Jahre. Denn auch für sie bedeutete dieser Traum die Offenbarung eines höheren Willens, ein klares Zeichen für die Berufung ihres Sohnes zum Priestertum. Nur so kann man sich die Unbeugsamkeit erklären, mit der sie Giovanni den Weg dahin geführt hat.

In seinem Traum hatte er eine große Anzahl von Buben gesehen, und er war dazu bestimmt worden, ihnen Gutes zu tun. Warum also sollte er nicht gleich anfangen? Er kennt ja bereits eine Reihe von Buben: seine Spielkameraden, die kleinen Stallknechte in den verschiedenen Höfen dieser Gegend. Viele von ihnen waren recht gut, aber andere doch sehr grob und fluchten ständig.

Während des Winters verbrachten viele Familien die Abende in einem großen Stall, wo Ochsen und Kühe als „Heizkörper" dienten. Während die Frauen spannen und die Männer ihre Pfeifen rauchten, las ihnen jetzt Giovanni aus Büchern vor, die er sich von Don Lacqua ausgeliehen hatte: „Guerin Maschino", „Die Geschichte des Bertoldo", „Die französischen Könige". Er hatte ungeheuren Erfolg. „Alle wollten mich bei sich im Stall haben", erzählte er. Um meine Kameraden versammelten sich Leute jeden Alters und sozialen Standes. Alle freuten sich, wenn sie einen Abend mit Zuhören verbringen konnten, bei dem der kleine Vorleser aufrecht auf einer Bank stand, damit ihn alle sehen konnten.

Das begehrteste Buch dieser Abende war „Die französischen Könige". Es erzählte von den wundersamen und etwas verwickelten Abenteuern Karls des Großen und seiner Gefolgsmänner, vom Gemetzel des Zauberschwertes Durlandana. „Vor und nach meinen Erzählungen", so schrieb Don Bosco, „machten wir alle das Kreuzzeichen und beteten ein Gegrüßet seist du, Maria."

Trompeten auf dem Hügel

Das änderte sich im Frühling. Die langen Winterabende waren vorüber und die langen Geschichten nicht mehr gefragt. Giovanni verstand, daß er sich, wenn er seine Freunde weiterhin versammeln wollte, etwas „ganz Besonderes" ausdenken mußte. Aber was?

In dieser Zeit ertönen die Trompeten der Gaukler auf dem nahegelegenen Hügel. Es ist Jahrmarkt. Giovanni geht mit seiner Mutter dorthin. Man kauft, verkauft, handelt, betrügt. Und man unterhält sich. Leute stehen scharenweise um einen Gaukler und einen Akrobaten. Taschenspieler lassen den Bauern den Mund offenstehen. So etwas könne er doch auch machen, denkt Giovanni. Man brauche ja nur die Geheimnisse der Akrobaten und die Tricks der Zauberkünstler zu beobachten.

Die großen Vorführungen gibt es jedoch nur beim Patrozinium. Dann tanzen die Akrobaten auf dem Seil. Die Gaukler führen die ungewöhnlichsten Kunststücke vor: Sie ziehen Tauben und Kaninchen aus einem Hut hervor, lassen Personen verschwinden, schneiden ein Seil auseinander und machen es durch eine Handbewegung wieder ganz. Besonders bewundert wird das „Zahnziehen ohne Schmerz".

Aber um diese Vorführungen sehen zu können, braucht man eine Eintrittskarte, und die kostet zwei Soldi. Woher nehmen? Er fragt seine Mutter. „Versuch, was du kannst", sagt sie, „aber frag mich nicht um Geld. Ich habe keines." Giovanni versucht Geld zu verdienen. Er fängt Vögel und verkauft sie, flicht Körbe und Käfige und verhandelt mit den Händlern, sammelt Heilkräuter und bringt sie einem Fachmann nach Castelnuovo.

So gelingt es ihm, einen Platz in den ersten Reihen zu bekommen.

Aufmerksam beobachtet er und versteht, daß der lange Stock, Balancierstange genannt, das Gleichgewicht auf dem Seil ermöglicht. Er bemerkt die rasche Bewegung der Finger, die den Trick des Taschenspielers verbergen. Sogar den Kunststücken der „Zauberer" kommt er auf die Schliche.

Einen faulen Zahn ziehen bedeutete zu dieser Zeit für alle eine Quälerei. Die erste Betäubung wurde in Amerika 1846 erprobt. Giovanni schaute während eines Jahrmarkts 1825 einem „Zahnziehen ohne Schmerz" zu. Die Schmerzlosigkeit wurde einem Zauberpulver zugeschrieben. Der Bauer, der sich dazu hergab, hatte einen wirklich schlechten Backenzahn. Der Gaukler tauchte seinen Finger in das Pulver, und unter dem Lärm der Trompeten und Tamburine zog er den Zahn mit Hilfe eines Schraubenschlüssels, den er aus dem Ärmel hatte gleiten lassen, mit aller Kraft heraus. Der Bauer schlug mit den Beinen herum und brüllte vor Schmerz. Aber die Trompeten machten einen stärkeren Krach. Der Gaukler schloß den Bauer in die Arme, so fest, daß dieser keine Luft mehr bekam, und schrie: „Danke, danke, das Experiment ist gelungen!" Giovanni war einer der wenigen, die

gesehen hatten, wie der Schraubenschlüssel aus dem Ärmel glitt. Lächelnd ging er fort.
Zu Hause versucht er die ersten Zaubertricks. „Ich übte Tag um Tag, bis ich es gelernt hatte." Bis es ihm gelang, Kaninchen aus einem Hut herauszuziehen und auf dem Seil zu gehen, brauchte es monatelange Übung und Ausdauer, und es gab manchen Sturz. „Vielleicht glaubt ihr mir nicht", schrieb Don Bosco, „aber mit elf Jahren konnte ich die Spiele der Gaukler, den Salto mortale, auf den Händen gehen und auf dem Seil tanzen."

Vorführung auf der Wiese

An einem Sonntagabend, mitten im Sommer, kündete Giovanni seinen Freunden seine erste Vorführung an. Auf einem Sackteppich, den er auf das Gras gelegt hatte, jonglierte er auf der Nasenspitze Dosen und Töpfe. Einem kleinen Zuschauer ließ er den Mund aufmachen und zog ihm Dutzende bunte Bällchen heraus. Er hantierte mit dem Zauberstab. Am Schluß sprang er auf das Seil und lief unter dem Beifall seiner Freunde darüber.

Die Nachricht ging von Haus zu Haus. Das Publikum wurde immer zahlreicher. Klein und groß, Mädchen und Buben, sogar alte Leute kamen. Es waren dieselben, denen Giovanni in den Ställen „Die französischen Könige" vorgelesen hatte. Jetzt sahen sie erstaunt, wie er aus der Nase eines Bauern eine ganze Reihe von Münzen herauszog, wie er Wasser in Wein verwandelte, Trauben vermehrte, einer Frau die Tasche öffnen und eine lebendige Taube daraus fortfliegen ließ. Alle lachten, alle klatschten, und alle freuten sich.

Auch Giovannis Bruder Antonio ging hin, um sich die Spiele anzuschauen. Aber er setzte sich nie in die vorderen Reihen. Er mischte sich nicht unter die anderen, sondern versteckte sich hinter einem Baum, tauchte auf und verschwand wieder. Manchmal verspottete er den kleinen Seiltänzer.

„Seht doch, den Hanswurst, den Faulenzer! Ich kann mir auf dem Feld die Knochen kaputtmachen, und er spielt den Scharlatan!"

Giovanni litt darunter. Manchmal brach er die Vorführung ab, um sie zweihundert Meter weiter wieder anzufangen, wo er vor Antonio Ruhe hatte. Er war ein besonderer „Scharlatan", dieser Bub. Vor der letzten Nummer zog er den Rosenkranz aus der Tasche, kniete nieder und lud alle zum Beten ein. Oder er wiederholte die Predigt, die er am Morgen in der Pfarrkirche gehört hatte. Das war der Eintrittspreis, den er von seinem Publikum verlangte, den er sich von groß und klein zahlen ließ. Im späteren Leben wird Giovanni bereitwillig große Mühen auf sich nehmen, aber als echter Piemontese wird er immer einen Preis dafür verlangen, kein Geld, sondern einen Einsatz für Gott und die arme Jugend.

Nach dem Gebet kam das großartige Finale. Er band ein Seil an zwei Bäumen

fest, kletterte hinauf und ging mit einem Balancierstock in den Händen darüber, unter plötzlichem Schweigen und anschließendem stürmischen Beifall.
„Nach einigen Stunden solcher Vorstellungen", schrieb er, „wenn ich recht müde war, hörte ich auf, sprach ein kurzes Gebet, und alle gingen nach Hause."

Erstkommunion

Ostern 1826 fiel auf den 26. März. An diesem Tag hatte Giovanni Erstkommunion in der Pfarrkirche von Castelnuovo. Hier seine Erinnerungen: „Meine Mutter half mir. Während der Fastenzeit hatte sie mich auf die Beichte vorbereitet. ‚Mein Giovanni', sagte sie, ‚Gott will dir ein großes Geschenk machen. Bereite du dich gut darauf vor. Beichte alles, bereue, und versprich Gott, daß du in Zukunft braver sein willst.' Ich versprach alles. Ob ich es gehalten habe, weiß Gott.
An diesem Morgen ging meine Mutter mit mir zur Kommunion. Sie bereitete mich vor und sprach mit mir die Danksagung. Sie wollte nicht, daß ich an diesem Tag irgendeine körperliche Arbeit verrichtete. Ich sollte lesen und beten. Öfters sagte sie:
‚Das war ein großer Tag für dich. Gott hat von deinem Herzen Besitz ergriffen. Jetzt versprich ihm, alles zu tun, was du kannst, um dein ganzes Leben lang gut zu sein. Geh öfters zur hl. Kommunion, sag in der Beichte immer alles, sei gehorsam. Geh gern zum Religionsunterricht und zur Predigt. Aber meide aus Liebe zu Gott alle, die schlechte Reden führen.'
Ich bemühte mich, die Mahnungen meiner Mutter zu befolgen. Und ich glaube, daß ich mich von diesem Tag an gebessert habe, besonders in bezug auf den Gehorsam und die Unterordnung, was mir sehr schwer fiel."

Der dunkelste Winter meines Lebens

Der folgende Winter war für Giovanni der dunkelste seines Lebens. Die Großmutter war gestorben, Antonio, nun achtzehn Jahre alt, hatte sich immer mehr der Familie entfremdet. Seine Wutanfälle wurden häufiger.
In den letzten Oktobertagen erwähnte Margherita, daß sie Giovanni vielleicht noch für ein Jahr zur Schule von Don Lacqua schicken würde. Dort hätte er sich die Grundkenntnisse in Latein erwerben können. Antonio fuhr hoch: „Was, Latein? Wozu brauchen wir im Haus Latein? Arbeiten soll er, arbeiten!"
Höchstwahrscheinlich machte Margherita nun eine Andeutung, daß Giovanni Priester werden wollte. Für Antonio aber war das etwas Unmögliches. „Um Priester zu werden", mußte Giovanni nun immer wieder hören, „braucht man 10 000 Lire." Das war eine ungeheure Summe für eine Bauernfamilie jener Zeit.

Unter dem Vorwand, für Tante Marianna und den Großvater, die in Capriglio wohnten, Besorgungen zu machen, gelang es Giovanni einige Male, zu Don Lacqua zu gehen, auch im Winter 1826/27. Antonio brummte erbittert. Eines Tages brach dann der offene Krieg aus. Don Bosco erzählt das:
„Antonio sagte zuerst zu meiner Mutter, dann zu meinem Bruder: ‚Jetzt reicht es mir! Schluß mit dieser Grammatik! Ich bin auch groß geworden und habe nie Bücher gehabt.'
Niedergeschlagen und zugleich wütend antwortete ich, wie ich es nicht hätte tun sollen:
‚Auch unser Esel ist nie in die Schule gegangen und ist stärker als du.'
Bei diesen Worten sprang Antonio wütend auf, und nur mit Mühe konnte ich einer Tracht Prügel entgehen. Meine Mutter war traurig und weinte." Es ging noch einige Zeit so weiter. Die Spannung stieg. Antonio war ein Dickschädel, und Giovanni wollte sich nicht geschlagen geben. Er reagierte heftig. Wegen eines Buches, das Giovanni neben seinen Teller gelegt hatte, kam es dann zum Krach, den wir zu Beginn dieses Buches erzählt haben. Giovanni gelang es diesmal nicht auszureißen, er mußte eine ordentliche Tracht Prügel einstecken.
Am folgenden Morgen sagte Margherita diese traurigen Worte: „Es ist besser, wenn du aus dem Haus gehst."
An einem nebeligen Februartag kam Giovanni beim Hof Moglia an. Er wurde als Stallknecht angenommen, weil er so verzweifelt weinte.

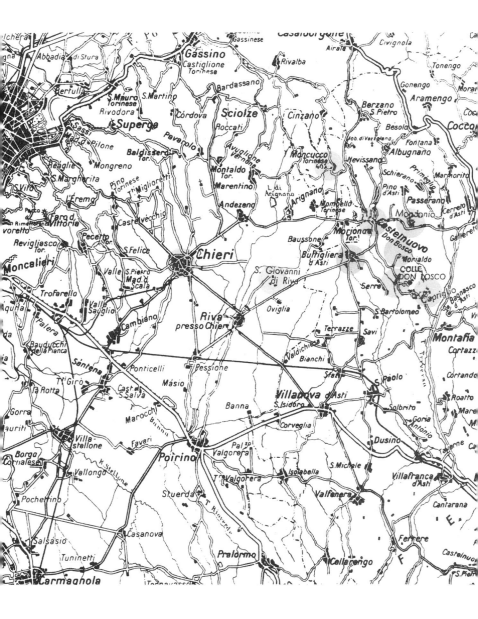

Die Heimat Don Boscos

Becchi heißt heute „Colle don Bosco" (Don Bosco-Hügel), Castelnuovo d'Asti wurde in „Castelnuovo Don Bosco" umbenannt.

Sechstes Kapitel:
Drei Jahre auf dem Hof und eines im Pfarrhaus

Nach einigen Tagen sagte Luigi Moglia zu Dorotea: "Wir haben es nicht schlecht gemacht, daß wir diesen Buben genommen haben."
Giovanni hatte sich ernstlich an die Arbeit begeben. Er zeigte sich willig und folgsam. Seine Aufgabe bestand darin, den Stall zu versorgen. Die schwerste Arbeit dabei war, jeden Tag die Streu für die Kühe zu erneuern. Den Mist räumte er mit der Gabel hinaus und brachte ihn mit dem Schubkarren weg. Dann hatte er das Vieh zu striegeln, es zur Tränke zu bringen, auf den Heuboden zu steigen und das Heu für den jeweiligen Tag in den Futtertrog zu werfen. Zuletzt waren noch die Kühe zu melken.
Auch beim Abendgebet wußte er seine Aufgabe, und Frau Dorotea ließ ihn manchmal den Rosenkranz vorbeten.
Zum Schlafen erhielt er ein kleines helles Zimmer mit einem guten Bett. Es war besser als in Becchi, wo er das Zimmer mit seinem Bruder Giuseppe teilen mußte und vielleicht sogar mit Antonio. Nach einigen Abenden getraute er sich, einen Kerzenstummel anzuzünden und für ein Stündchen in dem Buch zu lesen, das ihm Don Lacqua geliehen hatte. Da niemand etwas dagegen hatte, tat er es weiterhin.
Am ersten Samstag abend bat er den Hausherrn, am nächsten Morgen frühzeitig nach Moncucco gehen zu dürfen. Zum Frühstück war er wieder zurück, und um 10 Uhr fuhr er mit der ganzen Familie zum Hochamt.
Weil er auch an den folgenden Samstagen um diese für sie unverständliche Erlaubnis bat, wollte Dorotea wissen, wohin er ging; denn schließlich hatte sie seiner Mutter gegenüber die Verantwortung. Also ging sie noch vor Sonnenaufgang nach Moncucco. Aus dem Fenster einer Freundin sah sie Giovanni ankommen und in die Kirche gehen. Sie ging nach und beobachtete, wie er in den Beichtstuhl trat, die Messe mitfeierte und zur Kommunion ging. In dieser Zeit empfing man die Kommunion sehr selten. Während des Hochamts, an dem alle Einwohner des Dorfes teilnahmen, wurde sie nicht einmal ausgeteilt. Wer kommunizieren wollte, mußte in die Frühmesse gehen.
Nachdem die Messe zu Ende war, begleitete Dorotea Giovanni nach Hause zurück und sagte zu ihm: "Von jetzt an kannst du immer in die Frühmesse gehen, wenn du willst. Du brauchst auch nicht mehr zu fragen."
Einmal sprach Giovanni in der Beichte bei Don Cottini von seinem Wunsch, Priester zu werden, und auch von seinen Schwierigkeiten diesbezüglich. Don

44

Cottini machte ihm Mut, jeden Sonntag zur Beichte und Kommunion zu gehen und auch während des Tages zu beten. Er sollte auf Gott vertrauen, sagte er. Wenn Gott ihn als Priester haben will, werden sich die Schwierigkeiten schon lösen. Er ermunterte ihn auch, das Lernen nicht einfach aufzugeben. Wenn es mit seiner Arbeit vereinbar wäre, würde er ihm gern einige Stunden Latein geben. Inzwischen konnte Giovanni sich bei ihm Bücher leihen.

Verlorene Jahre?

Der alte Giuseppe, ein Onkel des Hofbesitzers, kehrte eines Tages völlig verschwitzt mit der Hacke über der Schulter vom Feld zurück. Es war Mittag, und vom Glockenturm in Moncucco hörte man läuten. Der Alte war müde und setzte sich ins Heu, um zu schlafen. Ganz in der Nähe sah er Giovanni, auch auf dem Heu, aber kniend. Er betete den Engel des Herrn, wie Mama Margherita ihm angewöhnt hatte, es jeden Morgen, Mittag und Abend zu tun. Halb scherzend, halb ernst brummte Giuseppe:
„Tüchtig sag ich! Wir Besitzer reiben uns auf vom Morgen bis zum Abend und können uns kaum noch bewegen. Der Knecht aber betet seelenruhig in heiligem Frieden."
Giovanni antwortete, auch halb im Ernst, halb im Scherz:
„Wenn zu arbeiten ist, Giuseppe, das wißt Ihr, drücke ich mich nicht. Aber meine Mutter hat gesagt, wenn man betet, wachsen aus zwei Körnern vier Ähren hervor. Wenn man aber nicht betet, bringen vier Körner nur zwei Ähren. Es wäre besser, wenn auch Ihr ein wenig beten würdet."
„Gut, sag ich", schloß der Alte. „Jetzt haben wir auch noch einen Pfarrer auf dem Hof."
Mit Beginn der schönen Jahreszeit mußte Giovanni die Kühe auf die Weide führen. Er hatte darauf zu achten, daß sie nicht auf fremde Wiesen laufen, nicht zu viel nasses Gras fressen und sich nicht die Hörner abbrechen würden. Während die Kühe nun ringsherum das Gras abfraßen, hatte Giovanni Zeit, im Schatten eines Baumes zu lesen. Luigi Moglia beklagte sich nicht darüber, aber den Kopf schüttelte er schon:
„Warum liest du denn soviel?"
„Ich möchte Priester werden."
„Weißt du denn nicht, daß man zum Studieren neun- bis zehntausend Lire braucht. Woher willst du sie denn nehmen?"
„Wenn Gott es will, wird sie mir jemand geben."
Manchmal kam Anna, die älteste Tochter der Familie Moglia, auf die Wiese zum Spielen. Sie war acht Jahre. Wenn sie merkte, daß Giovanni nur ins Buch schaute und nicht auch auf ihr Spiel, ärgerte sie sich.
„Hör jetzt auf zu lesen, Giovanni!"

„Aber ich werde Priester und da muß ich predigen und beichthören können."
„Ach so, Priester", hänselte sie ihn. „Du wirst schon so ein netter Vikar werden."
Eines Tages, als Anna ihn wieder hänselte, sagte Giovanni: „Du, Anna, jetzt ziehst du mich auf, aber auch du wirst einmal zu mir zum Beichten kommen."
(Anna heiratete und wohnte lange in Moriondo. Sie erzählte ihren eigenen Kindern diese Episode. Vier- oder fünfmal im Jahr ging sie nach Valdocco, um bei Don Bosco zu beichten. Er empfing sie jedesmal freudig, wie eine eigene Schwester.)
Als es wieder Winter geworden war, erlaubte ihm Moglia, manchmal in die Schule zu Don Cottini zu gehen. Aber es war nur selten möglich, so daß bei den wenigen Stunden nichts herauskam.
Die Bekanntschaft mit dem Priester erleichterte ihm jedoch, Freundschaft mit den Buben von Moncucco zu schließen. Die Eingangshalle des Pfarrhauses diente an Wochentagen als Schule, am Sonntag verwandelte sie sich in ein kleines Oratorium (einen Ort für den Religionsunterricht). Hier führte Giovanni nun nach dem Unterricht seine Kunststücke vor, las die abenteuerlichsten Seiten aus der biblischen Geschichte und ließ seine kleinen Freunde auch beten.
Bei schlechtem Wetter, wenn man nicht nach Moncucco gehen konnte, kamen einige aus den umliegenden Gehöften zu ihm ins Haus Moglia. Giovanni führte sie auf den Heuboden, unterhielt sie und erklärte ihnen den Katechismus.
Fast drei Jahre verbrachte Giovanni auf dem Hof Moglia, vom Februar 1827 bis November 1829. Es waren Jahre, die für sein Studium verloren waren. Waren sie auch für seine Sendung, zu der Gott ihn rief, vergebens?
Pietro Stella erinnert sich an eine Episode, die auf den ersten Blick bedeutungslos erscheint: „Frau Dorotea und ihr Schwager sahen eines Tages Giovanni Bosco kniend mit einem Buch in den Händen. Die Augen hatte er geschlossen, sein Gesicht war zum Himmel gewandt. Sie mußten ihn schütteln, so sehr war er versunken." Es waren also doch keine ‚vergeblichen' Jahre, denn der Sinn für Gott und die Kontemplation wurden tief in Giovanni verwurzelt. Während der Feldarbeit konnte er mit Gott Zwiesprache halten. Es waren Jahre, die man als eine Zeit stillen und flehenden Wartens vor Gott und den Menschen bezeichnen könnte.
Während 1827 A. Manzoni die erste Auflage seines berühmten Werkes „Die Verlobten" veröffentlichte, 1828 G. Leopardi die großen Idyllen zu komponieren begann und 1829 Rossini sein Hauptwerk „Wilhelm Tell" inszenierte, versorgte Giovanni Bosco die Kühe in einem entlegenen Hof von Monferrato. Aber Gott begann, zu ihm zu sprechen.

Hier, in Becchi, verbrachte Don Boscos seine ersten Kinderjahre

Der Gutshof der Moglia, auf dem Giovanni fast drei Jahre als Stallknecht arbeitete

Onkel Michele

Margherita litt schwer darunter, daß Giovanni so lange auf dem Hof der Moglia bleiben mußte. (Wahrscheinlich sprach sie darüber mit ihrem Bruder Michele kurz bevor der Vertrag zwischen ihr und Herrn Moglia am 11. November auslief.) Dieser ging zu seinem Neffen und traf ihn an, als er gerade die Kühe aus dem Stall führte.
„Nun, Giovanni, bist du gern hier oder nicht?"
„Nein. Ich werde zwar gut behandelt, aber ich möchte studieren. Die Jahre vergehen, ich bin schon vierzehn und noch immer auf demselben Punkt."
„Gut, dann bring jetzt das Vieh in den Stall zurück, und komm nach Becchi. Ich spreche mit deinem Arbeitgeber, dann muß ich noch auf den Markt nach Chieri. Heut abend komme ich bei dir zu Hause vorbei, dann werden wir alles regeln."
Giovanni schnürte sein Bündel von neuem, verabschiedete sich von Frau Dorotea, Herrn Luigi, dem alten Giuseppe, Teresa und Anna. Sie waren inzwischen Freunde geworden und werden es für ihr ganzes Leben bleiben. Giovanni ging nach Becchi zurück. Als er sich näherte, erblickte ihn die Mutter schon von weitem und eilte ihm entgegen.
„Antonio ist im Haus. Hab Geduld, versteck dich, bis Onkel Michele kommt. Wenn Antonio dich sieht, meint er, da sei ein Komplott geschmiedet worden, und weiß Gott, was dir dann passieren würde."
Giovanni drückte sich hinter eine Hecke und setzte sich neben einen Graben. Es ist also noch nicht alles zu Ende. Er muß sich auf einen Kampf gefaßt machen. Onkel Michele kam, als es bereits Nacht war. Er nahm den Buben, der schon steif war, mit ins Haus. Eine Spannung entstand, aber kein Krieg. Antonio war einundzwanzig Jahre alt und bereitete sich vor, eine Familie zu gründen. Es wurde ihm garantiert, daß er durch Unterhalt und Studium seines Bruders nicht belastet würde. Somit erhob er keinen Einspruch.
Michele nahm Kontakt mit den Pfarrern von Castelnuovo und Buttigliera auf. Er wollte, daß sein Neffe als Schüler bei ihnen wohnen könnte. Aber es gab große Schwierigkeiten, doch die Lösung kam völlig unverhofft.

Vier Soldi für eine Predigt

Im September 1829 kam Don Giovanni Melchiorre Calosso, ein siebzigjähriger Priester, als Kaplan nach Morialdo. Einige Jahre vorher hatte er aus gesundheitlichen Gründen seine Pfarrstelle in Bruino aufgegeben.
Nicht lange danach, im November, war in dem Dorf Buttigliera Volksmission. Giovanni nahm daran teil, und auch Don Calosso ging dorthin. Auf dem

Heimweg fiel dem alten Priester dieser Vierzehnjährige auf, der unter den Leuten allein heimging.
„Woher bist du", fragte er ihn.
„Aus Becchi. Ich war bei der Missionspredigt."
„Wer weiß, was du verstanden hast, bei den vielen lateinischen Zitaten." Dabei schüttelte er sein weißes Haupt. „Wahrscheinlich hätte dir deine Mutter eine zweckmäßigere Predigt halten können."
„Das ist wahr, meine Mutter hält mir auch manche gute Predigt. Aber ich glaube, daß ich den Missionar verstanden habe."
„Also gut, wenn du mir vier Sätze aus der heutigen Predigt sagen kannst, bekommst du vier Soldi."
Giovanni nahm das Angebot an, und in aller Ruhe wiederholte er dem Kaplan die ganze Predigt, so, als würde er ein Buch lesen.
„Wie heißt du?" fragte Don Calosso erstaunt.
„Giovanni Bosco. Mein Vater ist gestorben, als ich noch klein war."
„Und welche Schule hast du besucht?"
„Lesen und Schreiben habe ich bei Don Lacqua in Capriglio gelernt. Ich möchte gern studieren, aber mein großer Bruder will nichts davon wissen, und die Pfarrer von Castelnuovo und Buttigliera haben keine Zeit, mir zu helfen."
„Warum möchtest du denn studieren?"
„Um Priester zu werden."
„Sag deiner Mutter, sie soll zu mir kommen. Vielleicht kann ich dir helfen, auch wenn ich alt bin."
Margherita saß vor dem Tisch Don Calossos und hörte ihn sagen:
„Euer Sohn ist ein Phänomen in bezug auf sein Gedächtnis. Dem muß man sofort das Lernen ermöglichen, ohne Zeit zu verlieren. Ich bin zwar alt, aber was ich noch tun kann, will ich tun."
Sie kamen überein, daß Giovanni beim Kaplan bleiben und dort lernen sollte. Er wohnte nicht weit von Becchi entfernt. Nur zum Schlafen sollte er nach Hause gehen, und wenn die Feldarbeit drängte, sollte er auch zu Hause helfen.
Giovanni bekam mit einem Schlag, was ihm so lange gefehlt hatte: väterliche Zuversicht, Sicherheit, Vertrauen.
„Ich gab mich sofort ganz in die Hände Don Calossos", schrieb er, „gab mich ihm vollständig zu erkennen. Ihm offenbarte ich, was ich sagte und dachte. Jetzt wußte ich, was es heißt, jemanden zu haben, der mich führt, der mir Freund ist, was ich bis dahin entbehren mußte. Unter anderem verbot er mir eine Bußübung, die zu machen ich gewohnt war, die aber meinem Alter nicht angemessen war. Er ermutigte mich, oft die Sakramente zu empfangen, und lehrte mich, täglich eine kurze Meditation, besser gesagt, eine geistliche Lesung zu machen."

„Mit ihm starb jede Hoffnung"

Etwa ab September 1830 (vielleicht, um jeder restlichen Spannung mit Antonio aus dem Wege zu gehen) schlief er auch bei Don Calosso. Nur einmal in der Woche ging er heim, um die Wäsche zu wechseln.
Im Lernen kam er rasch voran. Don Bosco erinnerte sich später jener Tage mit begeisterten Worten: „Niemand kann sich vorstellen, wie wohl ich mich fühlte. Ich liebte Don Calosso wie einen Vater, tat alles für ihn. Dieser Mann Gottes hatte mich sehr gern und sagte oft: ‚Mach dir keine Sorgen um deine Zukunft. Solange ich lebe, lasse ich es dir an nichts fehlen, und wenn ich sterbe, werde ich auch für dich vorsorgen.' Ich war glücklich, bis ein tragisches Ereignis mir jede Hoffnung zerstörte."
An einem Novembermorgen 1830, als Giovanni zu Hause war, um seine Wäsche zu wechseln, kam jemand und sagte, daß es Don Calosso schlecht ginge.
„Ich lief nicht, ich flog", schrieb Don Bosco. Don Calosso hatte einen Herzinfarkt. Zwar erkannte er Giovanni, war aber nicht fähig zu sprechen. Er wies auf einen Schlüssel zu einer Schublade hin und machte ein Zeichen, ihn niemandem zu geben. Das war alles.
Giovanni weinte verzweifelt über der Leiche seines zweiten Vaters. „Mit ihm starb jede Hoffnung", schrieb er.
Eine war ihm zunächst noch geblieben, der Schlüssel. In der Schublade lagen 6000 Lire, und aus den Gesten war klar, daß sie für ihn bestimmt waren, für seine Zukunft. Manche der Anwesenden aber meinten, daß die Gesten eines Sterbenden nichts aussagen, daß nur eine testamentarische Regelung entscheiden hätte können.
Die Neffen Don Calossos benahmen sich als rechtschaffene Menschen. Sie informierten sich und sagten dann zu Giovanni:
„Es scheint, daß der Onkel dir das Geld überlassen wollte. Nimm dir also, soviel du willst."
Giovanni dachte ein wenig nach, dann sagte er entschlossen:
„Ich will nichts."
In seinen Erinnerungen faßte Don Bosco dieses Ereignis mit einem Satz zusammen:
„Die Erben Don Calossos kamen, und ich händigte ihnen den Schlüssel aus."
Es war eine rasche, aber sicher gut überlegte Entscheidung, welche die Verdächtigung ausschloß, er hätte sich unrechtmäßig das Geld angeeignet. Zeugen hatte er nicht. Wenn er einmal Priester sein wird, wird er als Leitgedanken einen Satz wählen, der ebenso entschlossen war: „Da mihi animas, cetera tolle" („Gib mir Seelen, alles andere nimm!").
Jetzt war Giovanni wieder allein. „Ich weinte untröstlich", schrieb er.

Siebtes Kapitel:

Castelnuovo

Und doch mußte es weitergehen.
Um jeder neuen Auflehnung Antonios zuvorzukommen, entschloß sich Margherita, die Güter mit ihm zu teilen. Es gab dazu auch einen Grund, der die Sache selbst wenig wohlwollenden Außenstehenden verständlich machte. Antonio stand vor der Heirat. Am 21. März 1831 würde er Anna Rossa zum Altar in Castelnuovo führen.
Die Felder wurden aufgeteilt. Vom Haus erhielt Antonio die Hälfte, die zum Osten schaut – mit der Holztreppe und der guten Stube im ersten Stock –, als Eigentum. Die andere Hälfte bewohnte Margherita weiter mit Giuseppe und Giovanni.
Im Dezember machte sich Giovanni auf den Weg nach Castelnuovo, um die öffentliche Schule zu besuchen. Neben dieser Grundschule hatte die Gemeinde einen in fünf Klassen gegliederten Lateinkurs eröffnet. Die wenigen Schüler hatten zusammen nur einen einzigen Raum und wurden nur von einem Lehrer, Don Emanuele Virano, unterrichtet.

Das nannte man „Pension"

Die fünf Kilometer, die Becchi von Castelnuovo trennen, schienen für den fünfzehnjährigen Giovanni ein schier unüberwindliches Hindernis zu sein. Da der Unterricht am Vormittag dreieinhalb und am Nachmittag drei Stunden dauerte, mußte sich Giovanni am Morgen mit einem Stück Brot auf den Weg machen, zum Mittagessen zurückkehren, am Nachmittag wieder nach Castelnuovo gehen und am Abend zurückkommen. Das waren zwanzig Kilometer jeden Tag, ein sinnloser Weg. Nach ein paar Tagen (wahrscheinlich beim ersten Schnee) wurde das geändert.
Onkel Michele fand eine Halbpension bei einem guten Menschen, Giovanni Roberto, dem Schneider und Musiker. Bei ihm konnte er über Mittag bleiben, das heißt essen, was er in seinem Blechnapf mitgebracht hatte.
Aber fünf Kilometer am Morgen und fünf Kilometer am Abend sind besonders im Winter keine Kleinigkeit. Zwar marschierte Giovanni gern, und wenn der Weg infolge des Regens ein einziger Sumpf war, zog er wie alle Bauern seine Schuhe aus und hängte sie mit einem Riemen um die Schultern. Regen und Wind, Sonne und Staub waren abwechselnd seine Begleiter.
An manchen Januartagen aber war das Wetter doch zu schlecht. Dann fragte

er Herrn Roberto, ob er im Raum unter der Treppe schlafen könne. In diesem Fall hatte er eben kein Abendbrot.

Da Margherita befürchtete, daß ihr Sohn unter diesen Umständen krank werden würde, verhandelte sie mit dem Schneider. Für einen vernünftigen Preis, der auch in Naturalien abgegolten werden konnte, nahm Herr Roberto ihn in „Vollpension" auf. Er gab Giovanni am Mittag und Abend eine warme Suppe und den Raum unter der Treppe zum Schlafen. Für Brot sorgte die Mutter.

Sie selbst begleitete ihn nach Castelnuovo und trug die Tasche mit dem Hausrat, wie er für einen Fünfzehnjährigen nötig war. Herrn Roberto empfahl sie, „ein Auge auf ihn zu haben und ihn eventuell auch einmal an den Ohren zu ziehen". Zu Giovanni sagte sie: „Verehre die Gottesmutter, damit sie dir hilft, daß aus dir etwas wird."

Der Esel aus Becchi

In der Schule war Giovanni mit Zehn- und Elfjährigen zusammen. Seine Schulbildung bis dahin war sehr bescheiden. Wenn wir dazu noch seine Jacke und seine derben Schuhe bedenken, ist es leicht verständlich, daß er zur Zielscheibe von Spötteleien seitens seiner Kameraden wurde. Sie nannten ihn den „Kuhhirten von Becchi".

Giovanni, der in Morialdo und Moncucco das Idol der Buben war, litt darunter, gab sich aber dem Lernen hin, so gut er konnte, und der Lehrer half ihm wohlwollend. Don Virano war ein tüchtiger und liebenswürdiger Mensch. Da er den guten Willen des Giovanni sah, nahm er ihn manchmal beiseite, so daß dieser in kurzer Zeit rasche Fortschritte machte. Als er einen wirklich guten Aufsatz über die biblische Gestalt des Eleazar geschrieben hatte, las ihn Don Virano in der Klasse vor und schloß:

„Wer eine solche Ausarbeitung fertigbringt, kann sich auch leisten, Schuhe eines Kuhhirten zu tragen. Denn was im Leben zählt, sind nicht die Schuhe, sondern ist der Kopf."

Schlimmer scheint für Don Bosco etwas gewesen zu sein, was er später erzählte: „In diesem Jahr war es manchmal gefährlich für mich. Meine Schulkameraden wollten mich dazu bringen, während der Schulzeit mit ihnen um Geld zu spielen. Als ich ihnen sagte, daß ich keines hätte, meinten sie: ,Es wird Zeit, daß du endlich wach wirst. Du mußt leben lernen. Stiehl das Geld einfach deinem Hausherrn oder deiner Mutter!' Ich erinnere mich, daß ich geantwortet habe: ,Meine Mutter mag mich so gern, daß ich nicht anfangen möchte, ihr Unannehmlichkeiten zu bereiten.'"

Im April war Giovanni schulisch auf einem guten Punkt angekommen, als sich ein Ereignis anbahnte, das für ihn bittere Folgen haben sollte. Don Virano

Hinter diesem Eisengitter „wohnte" Giovanni später in Chieri bei Herrn Pianta

wurde zum Pfarrer von Mondonio ernannt und mußte die Schule Don Nicola Moglia überlassen.

Dieser war zwar ein frommer und wohltätiger Priester, aber bereits 75 Jahre alt. Es gelang ihm absolut nicht, die fünf Klassen der Schule in die Hand zu bekommen. An einem Tag griff er zur Rute, und für den Rest der Woche duldete er das Durcheinander.

Dann nahm er sich die Größeren vor, denn sie waren schließlich verantwortlich für die ständige Unordnung. Eine besondere Abneigung zeigte er gegen den Größten von allen, den „Kuhhirten von Becchi", obwohl Giovanni selbst sehr unter der allgemeinen Disziplinlosigkeit litt. Der neue Lehrer ließ sich keine Gelegenheit entgehen, ihm seine Geringschätzung zu zeigen.

„Was willst du denn von Latein verstehen? In Becchi wachsen nur Esel auf, erstklassige Esel, wenn du willst, aber jedenfalls Esel. Geh zu deinen Kühen, geh zu deiner Brut, das ist dein Handwerk und nicht das Lateinstudium!"

Die Kameraden, die durch die Hochschätzung, die Don Virano ihm entgegengebracht hatte, Giovanni in Ruhe gelassen hatten, stellten sich wieder gegen ihn, so daß er trostlose Tage durchlebte.

Einmal aber wollte er sich rächen, auf seine Art.

Don Moglia machte in der Klasse eine Lateinaufgabe. Giovanni, der die Übersetzung der ersten Klasse zu machen hatte, fragte den Lehrer um die Erlaubnis, die Arbeit der dritten Klasse versuchen zu dürfen. Dieser war empört.

„Was glaubst du denn, wer du bist? Geh sofort zurück, und mach deine Aufgabe, und versuche nicht wie gewöhnlich, den Esel zu spielen."

Giovanni aber bestand darauf, und schließlich gab Don Moglia nach.

„Mach, was du willst. Aber denke nicht, daß ich deine Eselei lesen werde."

Giovanni schluckte den Ärger hinunter und machte sich an die Übersetzung. Sie war schwierig, aber er traute sie sich zu, ja, er war sogar einer der ersten, die die Arbeit abgaben. Der Lehrer nahm das Blatt und legte es beiseite.

„Ich bitte Sie", sagte Giovanni, „lesen Sie das, und sagen Sie mir, welche Fehler ich gemacht habe."

„Geh an deinen Platz, und reg mich nicht auf!"

Giovanni blieb höflich, aber bestimmt und ließ nicht locker.

„Ich verlange sicher nicht zuviel, wenn ich Sie bitte, die Arbeit zu lesen."

Moglia las. Die Übersetzung war gut, sehr gut sogar, und deshalb verlor er wieder die Nerven.

„Ich habe doch gesagt, daß du zu nichts taugst. Diese Arbeit ist von A bis Z abgeschrieben."

„Von wem soll ich sie denn abgeschrieben haben?" Seine Nachbarn kauten immer noch am Federhalter und suchten krampfhaft nach den letzten Sätzen.

„Das ist doch eine Unverschämtheit!" platzte Don Moglia heraus.

„Geh an deinen Platz, und sei dankbar, daß ich dich nicht aus der Schule werfe."

Es gibt nun einmal Krankheiten, die unheilbar sind, und Vorurteile sind dies ebenfalls.

Die letzten Monate dieses Schuljahres waren für Giovanni entmutigend. In seinen Erinnerungen erwähnt er den Namen „Don Moglia" nicht, spricht nur von „einem, der unfähig war, Disziplin zu halten. Was ich Monate vorher gelernt hatte, war dahin."

Abstand halten oder aufheben?

Noch etwas machte Giovanni in diesen Monaten zu schaffen. Er hatte zwei prachtvolle Priester kennengelernt, Don Calosso und Don Virano. Es ging ihm einfach nicht in den Kopf, daß alle anderen so ganz anders seien. „Es passierte mir", schrieb Don Bosco, „daß ich auf der Straße meinem Kurat begegnete, der in Begleitung des Kaplans war. Ich grüßte sie von weitem, und bei ihnen angekommen, verbeugte ich mich in Ehrfurcht. Sie aber hielten Abstand zu mir und begnügten sich mit einem höflichen Gruß, ohne ihren Spaziergang zu unterbrechen. Ihr schwarzer Talar schien sie von allen abzuheben."
Zur damaligen Zeit wurde in den Priesterseminaren ein Verhalten gelehrt, das „kirchlichen Personen" angemessen schien, „zurückhaltend und ernst".
„Mir gefiel das keineswegs, und ich sagte: ‚Wenn ich Priester werden sollte, dann werde ich es ganz anders machen. Ich werde auf die Jugendlichen zugehen, ihnen ein gutes Wort sagen und einen Rat geben.'"
Giovanni konnte sich nicht vorstellen, daß diese seine Entscheidung in den nächsten achtzig Jahren eine stille Revolution unter den Priestern hervorrufen würde. In den Seminaren wird man erkennen, daß dieser Bub recht hatte. Man wird die neuen Jahrgänge nicht zur Würde erziehen, die „Abstand hält", sondern zu lächelnder Güte, die den Abstand aufhebt.
In Morialdo hatte Giovanni die freie Zeit in fröhlicher Unterhaltung mit Don Calosso verbracht. Der alte Priester erinnerte sich an seine Vergangenheit, der Bub dachte an seine Zukunft. Dann ging er, um die Kirche sauberzumachen, die Küche in Ordnung zu bringen, die kleine Bibliothek zu durchstöbern. Hier jedoch, in Castelnuovo, wollten die Priester nichts mit ihm zu tun haben. Wie sollte er denn seine Freizeit verbringen?

Die Hobbys des Giovanni

Sein erstes Hobby, das Giovanni in Castelnuovo entdeckte, war die Musik. Herr Roberto war Chorleiter der Pfarrkirche und besaß zu Hause ein Spinett. Auf diesem übte Giovanni mit Hilfe Robertos. Er begleitete ihn auch zur Chorprobe, und mit der Zeit übte er dann an der Orgel.

Vor allem aber war Roberto der Schneider des Ortes. So wurde Giovannis zweites Hobby, neben Roberto zu sitzen und zu lernen, wie man Knöpfe annäht, Säume macht, Taschentücher anfertigt und Westen zuschneidet. Er wurde so tüchtig darin, daß Herr Roberto ihm anbot, die Schule aufzugeben und sein Gehilfe zu werden.

Im April begann Don Moglia, es auf die Spitze zu treiben. Auch das Durcheinander in der Schule überzeugte Giovanni, daß er nur Zeit verliert. Im Einvernehmen mit seiner Mutter ging er jetzt täglich für ein paar Stunden zum Eisenschmied Evasio Savio. So lernte er, mit Hammer und Feile umzugehen und zu schmieden.

Sicher dachte Giovanni Bosco nicht, daß diese Handwerke ihm eines Tages dazu dienen würden, Werkstätten für die arme Jugend zu errichten. Vorerst war seine einzige Sorge, sich einige Soldi zu verdienen. Bald würde er sie notwendig brauchen. Denn zusammen mit seiner Mutter hatte er sich entschlossen, im kommenden Jahr einen gewagten, aber bedeutenden Schritt zu tun: in die Schule nach Chieri zu gehen.

Achtes Kapitel:

Ich muß studieren

Als Giovanni wieder einmal sein Bündel packte und Herrn Roberto auf Wiedersehen sagte, kehrte er nicht nach Becchi zurück, sondern ging nach Sussambrino, einem Bauernhof, den sein Bruder Giuseppe zusammen mit Giuseppe Febraro in Halbpacht übernommen hatte. Auch Margherita hatte, zusammen mit ihrem Sohn, Becchi verlassen.

Giovanni widmete sich während dieser Sommermonate vor allem dem Lernen; denn in Chieri wollte er nicht mehr im Hintertreffen sein.

Aber er wollte auch seinem Bruder nicht zu sehr zur Last fallen. Deshalb half er bei der Feldarbeit, reparierte in einer primitiven Schmiede Ackergeräte und führte Schafe und Kühe auf die Weide, wobei er auch die Möglichkeit zum Lesen und Lernen fand.

Rosa Febraro, die Tochter von Giuseppe Febraro, berichtete, daß Giovanni oftmals so sehr in seine Bücher vertieft war, daß er nicht merkte, wenn die Kühe sich irgendwohin verstreut hatten. Sie, die Zehnjährige, lief dann hinter ihnen her, durch Äcker, zwischen die Furchen der Maisfelder, um sie dem „Studenten" zurückzubringen, bevor der Eigentümer etwas dagegen einwenden konnte.

„Die Kühe waren gerade dabei, Mais zu fressen", rief sie Giovanni zu.

„Danke, Rosa." Das war alles. Sie aber schaute ihn lange an und sagte dann: „Aber warum führst du sie denn auf die Weide, wenn du dich doch nicht um sie kümmerst?"

„Ich muß lernen, Rosa, und da vergesse ich sie schon mal."

„Stimmt das, daß du Priester wirst?"

„Ja."

„Also gut, wenn du willst, schau ich auch auf deine Kühe. Ich muß sowieso auf meine aufpassen."

Giovanni dankte und vertiefte sich wieder in sein Buch.

Zwanzig Lire auf der Baumspitze

Während des Sommers feierte das Dorf Montafia sein Patrozinium. Es war nicht weit bis dahin, und Giovanni wußte, daß es dort eine Art Maibaum gab und daß unter den Preisen eine Geldbörse mit 20 Lire war.

Die wären mir sehr nützlich, dachte er und ging zum Fest.

Der Baum war sehr hoch und auch glitschig, er war mit Öl und Fett eingerieben. Die Dorfbuben schauten zu dem eisernen Reifen hinauf, an dem Päckchen,

Würste, Weinflaschen und die Geldbörse baumelten. Immer wieder spuckte einer in die Hände und versuchte unter dem Geschrei der Leute hinaufzuklettern. Bei der Hälfte aber blieb ihm die Luft weg, und unter dem Pfeifen und Grölen der Menge rutschte er hinunter.

Plötzlich, nachdem er die Situation gut überlegt hatte, trat Giovanni hinzu. Auch er spuckte in die Hände und umklammerte den Baum. Langsam und ruhig kletterte er hinauf, setzte sich immer wieder auf die Fersen und holte Luft. Die Leute wurden ungeduldig, erwarteten, daß auch er aufgab. Aber Giovanni winkte das Geld. In Moncucco hatte er ein Jahr für fünfzehn Lire gearbeitet und hier, wenige Meter über ihm, winkten zwanzig. Er wäre bereit gewesen, den ganzen Tag auf dem Baum zu bleiben, wenn es nötig gewesen wäre.

Ruhig kletterte er weiter, kam da an, wo der Stamm dünn wurde, holte noch einmal Luft und dann – ein letzter Klimmzug. Die Leute blickten schweigend nach oben. Giovanni streckte die Hand aus, löste den Beutel mit den zwanzig Lire und nahm ihn zwischen die Zähne. Dann holte er sich noch eine Wurst und ein Taschentuch und rutschte hinab.

Widerwillen gegen Betteln

Die zwanzig Lire, die er sich vom Baum heruntergeholt hatte, reichten natürlich nicht aus für Chieri. Er mußte Kleidung kaufen, Schuhe, Bücher. Vor allem aber war die monatliche Pension zu zahlen und die Halbpacht von Sussambrino war keine Goldmine. Er mußte also noch etwas unternehmen. Im Oktober sagte Giovanni zu seiner Mutter:

„Wenn Ihr einverstanden seid, nehme ich zwei Beutel und gehe im Ort sammeln."

Das war hart für ihn. Es ging gegen sein Selbstgefühl. Später einmal wird Don Bosco der große „Bettler" des 19. Jahrhunderts werden. Aber immer wird es ihm gleich schwerfallen, um Unterstützung zu bitten. In diesem Oktober überwand er erstmals seinen Widerwillen gegen das Betteln.

Im Ortsteil Morialdo, einer Ansammlung von Weilern und verstreuten Hütten, zog Giovanni von Haus zu Haus, klopfte an die Tür und sagte:

„Ich bin der Sohn der Margherita Bosco und gehe nach Chieri, weil ich Priester werden möchte. Meine Mutter ist arm. Wenn Ihr könnt, helft mir doch!"

Alle kannten ihn. Sie hatten bei seinen Spielen zugeschaut, die Wiederholung der Predigten gehört, und sie hatten ihn gern. Aber nur wenige waren begütert. Die Leute gaben ihm Eier, Mais, etwas Weizen.

Margherita erfuhr, daß Lucia Matta, eine Witwe, im Begriff war, nach Chieri zu ziehen, um ihrem Sohn, der dort studierte, beizustehen. So sprach sie mit ihr, und beide kamen überein, daß Giovanni in Chieri bei Frau Matta und ihrem

Sohn wohnen würde. An Pension hatte er einundzwanzig Lire im Monat zu zahlen. Margherita konnte nicht alles in bar aufbringen; aber sie verpflichtete sich, Brot und Wein zu liefern, und Giovanni war bereit, im Haus Dienste zu leisten: Wasser zu holen, Holz zum Verbrennen zu hacken, die Wäsche aufzuhängen . . .

Auf dem Weg nach Chieri

Am 4. November 1831, einem klaren „Spätsommertag", geht Giovanni zusammen mit dem gleichaltrigen Giovanni Filippello zu Fuß nach Chieri. Unterwegs vertraut er sich ihm an. Er spricht von seinem Schulbesuch, erzählt, was er bisher erlebt, was er alles versucht hat. Plötzlich unterbricht ihn Filippello, ein einfacher Junge.

„Du gehst erst ins Kolleg und weißt schon so viel? Du wirst bestimmt bald Pfarrer."

„Weißt du, was es heißt, Pfarrer zu sein? Ein Pfarrer hat schwere Pflichten. Wenn er vom Mittag- oder Abendessen aufsteht, muß er überlegen: Ich habe gegessen, aber sind auch meine Pfarrkinder satt geworden? Was er hat, muß er mit ihnen teilen. Lieber Filippello, ich werde nie Pfarrer werden, ich möchte mein ganzes Leben der Jugend widmen."

Während diese beiden jungen Leute ihren Weg gehen und von Hunger und Armut reden, beginnt in Lyon, nur 250 Kilometer Luftlinie entfernt, der Aufstand der Seidenverarbeiter. Zu Tausenden gehen sie auf die Straße gegen die Hungerlöhne und die menschenunwürdige Arbeitszeit, die täglich achtzehn Stunden erreicht. Nach einigen Straßenkämpfen wird der Aufstand durch die Truppen erstickt, die die französische Regierung schickt. Es sind mehr als tausend Opfer zu beklagen.

Im folgenden Jahr bricht der Aufstand in Paris aus und fordert achthundert Tote. Im Frühjahr 1834 erheben die Arbeiter von Lyon und Paris gleichzeitig ihren Schrei: „Durch Arbeit leben oder durch Kampf sterben!" Gegen sie richtet sich erneut der Kanonendonner.

Giovanni Bosco kann all das nicht wissen. Nicht einmal eine kurze Notiz in der Tageszeitung, die strenger Zensur unterworfen ist, dringt bis Piemont. Die „Revolution", von der man ab und zu flüstern hört, ist die, die Italien die „Verfassung" bringen soll und die Unabhängigkeit von Österreich. Bald wird man diese Zeit „Risorgimento" (Einigungsbestrebungen, wörtlich „Wiedererstehen") nennen.

Lang und traurig wie die Fastenzeit

Inzwischen war Carlo Felice, „der Grausame", gestorben. Auf den Thron folgte ihm Carlo Alberto mit dreiunddreißig Jahren. Er war hochgewachsen (2,04 m). Das Volk von Piemont nannte ihn „lang und traurig wie die Fastenzeit". Um allen zu beweisen, daß er nicht mehr der Prinz war, der die Verfassung unterschrieben hatte, ließ er 1833 sieben Anhänger des Revolutionärs Mazzini in Alessandria und zwölf in Genua erschießen. Etwa siebzig verurteilte er zu den Galeeren.

Piemont und ganz Italien waren trotz der Versuche, die Geschichte aufzuhalten, verändert. Das Bürgertum war zu einem wirklich bedeutenden Stand geworden. Auch wenn es nicht verstand, was „demokratische Freiheit" heißt, brauchte es die „wirtschaftliche Freiheit", um auf der ganzen Halbinsel einen größeren Wohlstand zu verbreiten.

In Piemont wurden Kanäle gezogen, Sümpfe trockengelegt, Wälder gerodet, der Anbau von Maulbeerbäumen, Hanf und Wein gefördert. Die Kartoffel wurde verbreitet, damit endlich die Hungersnöte der schrecklichen Dürrejahre aufhörten.

Bald merkte man, wie dringend die Erweiterung des Straßennetzes sei und der Beginn des Eisenbahnbaus.

Auch die politische Mentalität strebte nach Veränderung.

In Turin veröffentlichte Silvio Pellico „Meine Gefangenschaft", ein kleines Buch, das Italien aufrüttelte und sein Denken veränderte. Österreich, das bis dahin als Schützer der Ordnung und des gesellschaftlichen Wohlstandes galt, wird in diesem Buch schwer angegriffen.

An dieser Stelle scheint es nötig, bei der deutschen Ausgabe weiter in die Geschichte zurückzugreifen.

Seit dem Untergang des Römischen Reiches war Italien fast immer von fremden Mächten beherrscht. Der Süden war zeitweise von Arabern, dann von Spaniern und Franzosen besetzt. In der Mitte lag außer einigen kleinen Fürstentümern der ausgedehnte Kirchenstaat. Der Norden gehörte seit der Gründung des „Heiligen Römischen Reiches" (933) zu diesem.

Nach der Teilung der Habsburger Lande kamen Mailand und Neapel-Sizilien an Spanien. Im Jahre 1713 erhielt die österreichische Linie der Habsburger Mantua und die Lombardei.

Die Einigungsbewegung, die von Norditalien ausging, sah daher in Österreich den Hauptfeind. Für die Habsburger Monarchie war es schwer verständlich, warum sie diesen letzten Teil ihres angestammten Besitzes in Italien aufgeben sollte.

Neuntes Kapitel:

Jugendjahre in Chieri

Chieri ist eine Kleinstadt, zehn Kilometer von Turin entfernt, und erstreckt sich an einem der Hauptstadt gegenüberliegenden Hügel entlang. Als Giovanni dorthinkam, zählte sie neuntausend Einwohner und war eine Stadt der Klöster, der Weber, der Gymnasiasten und Studenten.

Die Schüler kamen aus allen Teilen Piemonts und der Gegend von Asti. Sie führten ein armseliges Leben. Die Kurse mußten sie zwar nur zur Hälfte zahlen, aber es gab keine Studienbeihilfen. Um die Pension aufzubringen, mußten viele sehr große Opfer auf sich nehmen. Dringend suchten sie Arbeit für die unterrichtsfreie Zeit: Halbtagsschreibarbeiten, Hausreinigung bei Wohlhabenden, Putzen der Pferde und Wagen. Um zu sparen, ließen die Gymnasiasten auch im Winter immer wieder die Öfen ausgehen, studierten, in schwere Decken gewickelt und die Füße in Holzpantoffeln.

Die gleiche Situation der Armut erwartete auch Giovanni.

„Meine Pension", schreibt Don Bosco, „befindet sich im Haus von Lucia Matta, einer Witwe mit ihrem einzigen Sohn. Sie ist in die Stadt gezogen, um ihm besser beistehen zu können."

Margherita, die wenig später als Giovanni in Chieri eintrifft, geht mit ihm zu Frau Lucia. Ein Bekannter hat ihr mit seinem kleinen Wagen zwei Säcke Getreide gebracht.

„Hier ist mein Sohn", sagte sie, „und hier ist die ‚Pension'. Ich habe meinen Teil geleistet, und mein Sohn wird den seinen dazu beitragen. Ich hoffe, Ihr seid mit ihm zufrieden."

Ab und zu kam Margherita und erkundigte sich bei Lucia, die ihr nur erfreuliche Nachrichten geben konnte. Giovanni verrichtete einen Teil der Hausarbeit, war religiös und fleißig und half ihrem Sohn beim Lernen, obwohl dieser einige Jahre älter war.

Er suchte jede Möglichkeit, zu seinem Unterhalt beizutragen, und verdiente sich manchen Soldo bei einem bekannten Schreiner, bei dem er Hobel, Stechbeitel und Raspel zu handhaben lernte.

Eine Säule inmitten der Kleinen

„Die erste Person, die ich kennenlernte", schreibt Don Bosco, „war Don Placido Valimberti. Er gab mir gute Ratschläge, führte mich zum Präfekten der Schule und stellte mich den Lehrern vor. Was ich bisher gelernt hatte, war von allem etwas und hatte fast keinen Zweck. So wurde mir geraten, in die sechste Klasse zu gehen.

Der Lehrer, Pater Valeriano Pugnetti, war sehr gut zu mir. Er achtete in der Schule auf mich, lud mich zu sich nach Hause ein und schätzte meinen guten Willen. So ließ er es an nichts fehlen, was mir helfen konnte. Mein Alter (16) und meine Figur ließen mich zwischen den kleinen Schulkameraden wie eine Säule erscheinen. Don Pugnetti war darum bemüht, mich bald aus meiner Lage zu befreien. So wurde ich nach zwei Monaten zur Prüfung zugelassen und kam in die siebte Klasse.

Ich ging gern in die neue Klasse, denn ich mochte den Lehrer. Es war Don Valimberti. Nach zwei weiteren Monaten war ich Klassenbester und wurde ausnahmsweise zu einem neuen Examen zugelassen. So kam ich in die achte Klasse, die Don Vincenzo Cima leitete. Er hielt strenge Disziplin. Als er sah, daß in seine Klasse mitten im Schuljahr ein Schüler meiner Größe kam, sagte er vor der ganzen Klasse scherzend:

‚Der ist entweder ein großer Dummkopf oder ein großes Talent.'

Durch sein ernstes Aussehen verblüfft, antwortete ich:

‚Etwas in der Mitte. Ich bin ein armer Junge, der guten Willen hat, seine Pflicht zu tun und in der Schule voranzukommen.'

Diese Antwort gefiel ihm, und mit ungewöhnlicher Freundlichkeit sagte er:

‚Wenn Ihr guten Willen habt, seid Ihr in guten Händen. Ich werde Euch nicht unbeschäftigt lassen. Habt nur Mut! Wenn Ihr Schwierigkeiten begegnet, sagt es mir, ich werde Euch dann sofort helfen.'

Ich dankte ihm herzlich."

Die mißlungene Ohrfeige

„Ich war etwa zwei Monate in dieser Klasse, als ein kleines Mißgeschick passierte. Der Lateinlehrer erklärte das Leben des Aegesilaus, geschrieben von Cornelius Nepos. An diesem Tag hatte ich mein Buch vergessen. Damit der Lehrer es nicht bemerkte, hatte ich die Grammatik vor mir aufgeschlagen. Die Mitschüler sahen es, und einer stieß seine Nachbarn mit dem Ellbogen an, ein anderer lachte.

‚Was gibt's?' fragte Professor Cima. Und weil er sah, daß viele zu mir herschauten, befahl er mir, den Text des Cornelius Nepos vorzulesen und die Erklärungen zu wiederholen. Ich stand auf, hielt die Grammatik in Händen und wiederholte den lateinischen Text und die Erklärungen aus dem Gedächtnis. Die Schulkameraden klatschten unwillkürlich.

Der Professor wurde wütend. Es war das erstemal, so schrie er, daß es ihm nicht gelang, Disziplin zu halten. Dann holte er aus und wollte mir eine Ohrfeige geben, aber ich konnte ausweichen. Nun ließ er sich, die Hand auf meine

Grammatik gestützt, von meinen Nachbarn die Ursache dieser ‚Unordnung' erklären.

‚Bosco hat den Cornelius Nepos gar nicht. Er hat nur die Grammatik, und doch hat er gelesen und erklärt, als ob er den Cornelius in der Hand gehabt hätte.'

Jetzt schaute der Professor das Buch an, auf das er seine Hand gestützt hatte, und wollte, daß ich noch zwei weitere Abschnitte ‚lese'. Dann sagte er: ‚Ich verzeihe Euch wegen Eures guten Gedächtnisses. Ihr könnt froh sein, aber nützt es immer zum Guten!'"

Sein ungeheures Gedächtnis hatte er schon Don Calosso bewiesen. Aber hier in Chieri geschahen noch andere Dinge. Eines Nachts träumte er seine Schulaufgabe. Sofort nach dem Erwachen schrieb er den Teil auf, an den er sich am besten erinnerte, und übersetzte ihn mit Hilfe eines befreundeten Priesters. In der Klasse diktierte der Professor tatsächlich diesen Teil. Giovanni konnte die Arbeit in kürzester Zeit abliefern.

Ein andermal geschah dies auch, es gab jedoch eine Komplikation. Giovanni lieferte seine Arbeit sehr schnell ab, „zu" schnell. Der Professor las sie, schaute dann den Entwurf an und fiel aus allen Wolken. Auf diesen Blättern stand auch das, was er dazunehmen wollte, im letzten Augenblick aber übergangen hatte, weil es ihm zu lang erschien.

„Woher hast du dies genommen?"

„Ich habe es geträumt."

Ein Traum ist im allgemeinen ein unbedeutendes Ereignis im Leben eines Menschen. Aber im Leben des Giovanni Bosco hatte der Traum bereits ein bedeutendes Gewicht erhalten. Je mehr die Jahre vergingen, desto bedeutsamer wurde der Traum in seinem Leben. Das ist eine der Tatsachen, denen man verblüfft gegenüberstand und noch -steht. Wer in der Kleinstadt Valdocco Don Bosco in aller Ruhe sagen hörte: „Ich habe geträumt", spitzte die Ohren. Im Traum las dieser eigenartige Priester die Sünden seiner Buben, sah den Tod von Königen voraus, „erriet" die glänzende Karriere eines Jugendlichen, der beim Kegeln war.

Club der Fröhlichen

„Während der ersten vier Klassen", schreibt Don Bosco, „habe ich auf meine Kosten lernen müssen, wie man seine Kameraden behandelt.

Trotz des streng christlichen Lebens, das von der Schule auferlegt wurde (jeder mußte sogar die Bescheinigung der monatlichen Beichte vorlegen), gab es unter den Schülern auch solche, die nichts taugten. Einer war so unverschämt, daß er mich aufforderte, meinem Hausherrn einen Wertgegenstand zu stehlen."

Anfangs mied Giovanni solche Mitschüler, weil er nicht wollte, daß es ihm ergeht wie der Maus in den Pfoten der Katze. Bald aber versetzten ihn seine schulischen Leistungen in die Lage, eine andere Beziehung aufzubauen, denn er genoß Ansehen. Warum sollte er das nicht ausnützen, um ihnen Gutes zu tun?

„Die Kameraden, die mich zu unrechtem Tun bringen wollten, waren die, die das Lernen am meisten vernachlässigten. Nun begannen sie, sich an mich zu wenden, damit ich ihnen bei ihren Aufgaben helfe. Ich half ihnen, übertrieb sogar, reichte ihnen unter der Bank vollständige Übersetzungen durch." (Bei der Schlußprüfung 1833 wurde er dabei ertappt und konnte sich nur dank der Freundschaft eines Professors retten, der ihn die Übersetzung wiederholen ließ.)

„Damit gewann ich das Wohlwollen und die Zuneigung meiner Kameraden. Sie fingen an, mich in der Freizeit aufzusuchen, damit ich ihnen bei der Hausaufgabe helfe, später, um zu hören, was ich gerade erzählte, und zuletzt auch ohne Grund."

Da sie die Gemeinsamkeit als schön erlebten, bildeten sie eine Art Verein, den Giovanni „Club der Fröhlichen" taufte. Er gab ihm sogar eine einfache Regel:
1. Keine Tat, kein Gespräch, dessen sich ein Christ schämen muß.
2. Die schulischen und religiösen Pflichten erfüllen.
3. Fröhlich sein.

Die Fröhlichkeit wird einmal eine geradezu fixe Idee Don Boscos sein. Domenico Savio, sein Lieblingsschüler, wird so weit kommen, zu sagen: „Die Heiligkeit besteht bei uns im echten Fröhlichsein. Wir suchen, die Sünde zu meiden, die dem Herzen die Freude raubt." Für Don Bosco ist die Freude eine tiefe Ergriffenheit, die aus dem Wissen hervorgeht, daß wir in den Händen Gottes sind, also in wirklich guten Händen. Fröhlichkeit ist zwar ein armseliges Wort, mit dem man aber einen hohen Wert bezeichnen kann: die christliche Hoffnung.

„Ich bin 1832 unter meinen Kameraden wie der Hauptmann eines kleinen Heeres geworden." Unter der Führung dieses „Hauptmanns" spielten sie mit Steinen, mit Hölzern, sprangen und liefen. Es waren lebhafte und lustige Spiele. Wenn sie müde waren, führte Giovanni ihnen an einem Tischchen, das im Gras stand, Zauberkunststücke vor.

„Ich schüttete aus einem kleinen Becher hundert bunte Bälle, holte aus einer leeren Dose Dutzende von Eiern, sammelte kleine Bällchen von der Nasenspitze der Zuschauer, erriet, wieviel Geld die anderen in der Tasche hatten. Durch bloßes Berühren mit dem Finger ließ ich Hartgeld in Staub zerfallen."

„An allen Sonn- und Feiertagen gingen wir in die Antoniuskirche, wo die Jesuiten einen großartigen Religionsunterricht erteilten, bei dem sie Beispiele erzählten, von denen ich heute noch einige weiß."

Vier Herausforderungen des Akrobaten

Eines Sonntags jedoch waren nur wenige in der Antoniuskirche. Ein Akrobat war eingeladen, der am Sonntag nachmittag eine Vorstellung gab und dabei die sportlichsten Jugendlichen zum Rennen und Springen herausforderte. Die Leute liefen zusammen.
Giovanni war verärgert, daß seine Freunde ihn versetzt hatten, und ging hin, um zu sehen, was es gab. Dieser Mann war wirklich ein Akrobat. Er rannte und sprang, wie wenn er von einem Motor angetrieben wäre. Und dabei beabsichtigte er auch noch, sich längere Zeit in der Stadt aufzuhalten.
Giovanni versammelte daraufhin die besten seiner Kameraden.
„Wenn dieser jeden Sonntagnachmittag eine Vorführung macht, löst sich unser Club auf. Einer von denen, die er herausfordert, müßte ihn besiegen. Dabei sollte man dann eine Abmachung treffen."
„Und wer würde das tun?"
„Irgend jemand wird sich finden. Und selbst wenn er verliert, geht die Welt nicht gleich unter. Im Laufen zum Beispiel glaube ich, daß ich nicht schlechter bin." Giovanni war siebzehn Jahre und fühlte sich stark; aber in seinen „Memorie" fügte er hinzu:
„Ich habe die Folgen meiner Worte nicht bedacht. Ein unkluger Kamerad hinterbrachte es dem Akrobaten, und dieser forderte mich heraus:
‚Ein Student gegen einen Berufsathleten!'"
Der Ort, der zum Wettkampf gewählt wurde, war die Porto-Torinese-Allee. Es ging darum, auf dieser Straße durch die Stadt um die Wette zu laufen. Der Einsatz betrug zwanzig Lire, die Pension für einen Monat! Giovanni hatte sie nicht, aber die Freunde des Clubs brachten sie auf. „Eine Menge Leute stand dabei", erinnerte sich Don Bosco. Am Start nahm der Athlet zehn Meter Vorsprung. Er war ein Sprinter (Kurzstreckenläufer), während Giovanni ein Mittelstreckenläufer war. „Schnell gewann ich Vorsprung und ließ ihn so weit zurück, daß er in der Mitte der Strecke innehielt und sich geschlagen gab."
Es hätte also beendet sein müssen, aber der Athlet wollte es nicht dabei belassen, und es war Ehrensache, ihm das zu gewähren. „Ich fordere dich zum Springen heraus", sagte er. „Aber ich will vierzig Lire einsetzen. Die Wette gilt." Den Ort wählte er. Es galt, über einen kleinen Wassergraben zu springen, dessen Ufer mit einer Brüstung befestigt war. Der Akrobat setzte zum Sprung an und kam mit den Füßen dicht neben der Brüstung nieder. „Weiter konnte man nicht kommen", erinnerte sich Don Bosco. „Ich konnte verlieren, aber wie sollte ich gewinnen können? Trotzdem versuchte ich ein Experiment. Ich machte denselben Sprung, stützte aber die Hände auf der Brüstung ab und konnte so mit den Füßen hinüber. Es war ein ‚primitiver Stabsprung', aber immerhin, ich gewann."
Der Akrobat war ärgerlich, wegen des Geldes, aber auch wegen der Leute, die

bereits anfingen, ihn aufzuziehen. ‚Ich will dich noch einmal herausfordern‘, sagte er. ‚Wähle eine Geschicklichkeitsübung.‘ Ich nahm an und wählte den Zauberstab. Die Wettsumme stieg auf achtzig Lire. Ich nahm also den Stab und setzte auf seine Spitze einen Hut. Das untere Ende stützte ich auf die Handfläche. Ich ließ den Stab auf den kleinen Finger hüpfen, dann auf den Ringfinger, den Mittelfinger, den Zeigefinger, den Daumen; von da aus auf den Handrücken, den Ellbogen, die Schulter, das Kinn, die Lippen, auf die Nase und die Stirn. Nun ließ ich ihn denselben Weg zurück machen bis auf die Handfläche.

‚Diesmal verliere ich nicht‘, sagte der Akrobat sicher. Er nahm denselben Stab, und es gelang ihm ohne Schwierigkeiten, ihn bis zu den Lippen wandern zu lassen. Aber seine Nase war zu lang. Der Stab stieß daran an, und er mußte ihn mit der Hand ergreifen, sonst wäre er gefallen."

An diesem Punkt angelangt, empfand Giovanni Mitleid mit ihm; denn im Grunde war er ein Könner. „Der Ärmste sah sein ganzes Geld dahinschwinden und rief wütend:

‚Ich habe noch hundert Francs, und die wette ich für eine Kletterpartie. Wer mit den Füßen der Baumspitze am nächsten kommt – dabei zeigte er auf eine Ulme an der Straße –, gewinnt.‘ Ich nahm die Wette an und wäre in gewisser Hinsicht froh gewesen, wenn er gewonnen hätte. Wir wollten ihn ja nicht ruinieren.

Als erster mußte er hinauf. Er kletterte und brachte die Füße ganz hoch hinauf. Wäre er noch eine Spanne weiter gestiegen, hätte sich der Baum geneigt, und er wäre abgestürzt. Alle Zuschauer sagten, daß es weiter hinauf unmöglich sei. Jetzt war ich an der Reihe. Ich kletterte bis genau zu der Stelle, an der er angekommen war. Dann hielt ich mich am Stamm fest und stemmte den Körper hoch, so daß die Füße etwa einen Meter über die Stelle kamen, die er erreicht hatte.

Unten brach der Applaus los. Meine Freunde umarmten sich und sprangen vor Freude. Der Besiegte hingegen war sehr traurig, und es war ihm zum Weinen zumute. Nun haben wir ihm das Geld zurückerstattet mit der Bedingung, uns im Gasthaus Muletto ein Essen zu bezahlen." In seinen „Memorie" merkte Don Bosco an, wieviel das gemeinsame Mahl kostete: Es waren 25 Lire. Was sich der Akrobat in die Tasche stecken konnte, waren 215 Lire. Don Bosco führte auch an, was dieser zu den Buben sagte, nachdem er den Platz geräumt hatte: „Mit der Rückgabe des Geldes vermeidet ihr meinen Ruin. Ich danke euch. Ich werde gern an euch denken, aber nie wieder werde ich mit einem Studenten wetten."

Das erstemal in Turin

Aus dieser Herausforderung ging der Club gestärkt hervor.
Während der Ferien wanderten die Mitglieder zum Hügel der Superga, der vor den Toren Turins liegt. Pilze sammeln, singen, herrliches Panorama genießen und vielleicht einen kurzen Abstecher nach Turin machen, um die „Marmorpferde" auf der Treppe des Königspalastes zu sehen, dafür lohnten sich die fast dreißig Kilometer hin und zurück. Mit einem ordentlichen Appetit kamen sie nach Hause, aber auch mit all dem Schönen, das sie ihren bequemeren Mitgliedern erzählen konnten.

Auf solchen Ausflügen sah Don Bosco wohl zum erstenmal Turin. Die Stadt war im Wachsen, die Bevölkerung nahm enorm zu, zählte fast ein Drittel mehr als zehn Jahre zuvor. Der Kaufpreis für Häuser stieg schwindelerregend, und der Bedarf an Krankenhäusern, Altersheimen, Schulen und Kindergärten stieg drastisch.

Im selben Frühjahr, in dem Giovanni Bosco und seine Freunde die Hügellandschaft bei Turin durchwanderten, ließ sich der Kanoniker Cottolengo mit fünfunddreißig Kranken, die überall abgewiesen worden waren, an die Peripherie von Turin nieder. Es war der 27. April 1832. In der Gegend von Valdocco hatte er ein Haus gemietet, das bis dahin als Gasthaus gedient hatte. Mit einem Esel, einem Wagen und zwei Schwestern kam er an. An die Tür hängte er ein Schild: „Kleines Haus der Göttlichen Vorsehung". Es wird das Wunder Turins werden. Zehntausende unheilbar Kranker, die nirgends sonst aufgenommen werden, werden einmal dorthinkommen.

Im Königspalast, wo die Mitglieder des Clubs der Fröhlichen die Marmorpferde bewundert hatten, arbeitete der König beunruhigt und nur sehr zögernd an den ersten Reformen. Die erste davon hat er in eben diesem Jahr 1832 besiegelt. Darin wird die Folter, dieses unmenschliche Relikt aus einer grausamen Zeit, abgeschafft.

Zehntes Kapitel:

Die Zeit der Freundschaft

Im Herbst 1832 begann Giovanni die zehnte Klasse und absolvierte in den beiden folgenden Jahren (1833–1835) das „humanistische" und das „rhetorische" Jahr. Er zeigte sich auch jetzt als fleißiger Schüler, der eine Leidenschaft für Bücher und ein hervorragendes Gedächtnis besaß. „In dieser Zeit", so erinnerte er sich später mit gewissem Bedauern, „gab es für mich keinen Unterschied zwischen Lesen und Lernen. Was ich einmal gelesen hatte, wußte ich auswendig. Dazu kommt, daß meine Mutter mich an wenig Schlaf gewöhnt hatte, was mir ermöglichte, einen großen Teil der Nacht mit Lesen bei der kleinen Flamme meiner Laterne zu verbringen. Es gab hier einen jüdischen Buchhändler, Elia, der mir italienische Klassiker auslieh für einen Soldo pro Band. Ich las fast jeden Tag ein Buch."

Giovanni war inzwischen achtzehn Jahre alt und somit im Alter der Freundschaft. Auch wenn er der „Hauptmann seines kleines Heeres" blieb, bildete sich doch ein enger Kreis vertrauter Freunde.

Zwei Ohrfeigen für Luigi Comollo

Seinen ersten Freund lernte Giovanni bei einem großen Durcheinander kennen. Schon damals waren nicht alle Lehrer pünktlich. In vielen Schulstunden herrschte während der ersten Minuten Lärm, da ‚gespielt' wurde. „Diejenigen, die am wenigsten Interesse an der Schule hatten", bemerkte Don Bosco ironisch, „waren die gefeierten Helden." Ein Mitschüler, der erst vor kurzem gekommen war – er sah aus wie ein Fünfzehnjähriger –, ging durch das Gewühl hindurch zu seinem Platz und schlug sein Buch auf.

„Da kam ein Grobian, packte ihn am Arm und sagte:
‚Komm mit und spiel mit uns!'
‚Ich kann nicht', gab dieser zur Antwort.
‚Dann lern es – oder soll ich dir einen Fußtritt versetzen?'
‚Wenn du mich schlagen willst, dann tu es ruhig, aber ich komme nicht.'
Der Grobian gab ihm zwei Ohrfeigen, daß es durch die ganze Klasse schallte. Als ich das sah, spürte ich mein Blut in den Adern kochen. Ich erwartete, daß der Angegriffene sich verteidigt, wie sich das gehört, noch dazu, da er stärker war. Mit rotem, fast bläulichem Gesicht sagte er aber:
‚Bist du nun zufrieden? Dann laß mich in Ruhe, ich verzeihe dir.'"

Giovanni war wie vom Blitz getroffen. Das war ein heldenhafter Akt gewesen, den Jungen muß er näher kennenlernen, seinen Namen wissen. Luigi Comollo hieß er. „Von dieser Zeit an war er mein bester Freund, und ich kann sagen, daß ich angefangen habe, von ihm zu lernen, was es heißt, Christ zu sein." Unter einer schlichten Erscheinung entdeckte er einen großen geistigen Reichtum. Unwillkürlich wurde er dessen Beschützer gegen die Groben und Gewalttätigen.

Der menschliche Knüppel

Eines Tages kam ein Lehrer wie gewöhnlich zu spät, in der Klasse herrschte wie gewöhnlich Durcheinander. „Einige wollten Comollo und einen anderen tüchtigen Schüler verprügeln. Ich schrie, sie sollen die beiden in Ruhe lassen, aber es half nichts. Jetzt begannen sie, mich zu beschimpfen. Ich reagierte: ‚Wer jetzt noch ein unverschämtes Wort sagt, hat es mit mir zu tun.' Nun bildeten die größten und frechsten der Klasse eine Mauer vor mir, während zwei Ohrfeigen Comollo trafen. Ich geriet außer mich, und weil ich keinen Prügel fand und auch keinen Stuhl erwischen konnte, packte ich den nächstbesten bei der Schulter und schlug mit ihm wie mit einem Prügel auf die anderen ein.

Vier fielen zu Boden, die anderen nahmen schreiend Reißaus.

In diesem Augenblick trat der Professor ein. Da er in dem unerklärlichen Stimmengewirr nur Arme und Beine durcheinanderfliegen sah, schrie er und teilte nach rechts und links Ohrfeigen aus.

Als sich das Unwetter etwas gelegt hatte, fragte er nach der Ursache dieses Tumults, und weil er kaum glauben konnte, was ihm die Schüler erzählten, ließ er sich die Szene noch einmal vorführen. Dabei brach er in lautes Lachen aus, und die anderen lachten mit. So vergaß er, uns zu bestrafen.

‚Mein Lieber', sagte Comollo, als er mich allein erwischte, ‚deine Kräfte erschrecken mich. Gott hat sie dir nicht gegeben, damit du deine Kameraden niederschlägst. Er will, daß wir verzeihen und denen Gutes tun, die uns Böses zufügen.'"

Giovanni hörte ihm zu und nach Comollo ging auch er zur Beichte. Aber der Satz aus dem Evangelium: „Wenn dich jemand auf die rechte Wange schlägt, halte ihm auch die linke hin" ist für ihn kein Gebot, das er so schnell befolgen würde. Mit dem Verstand bejaht er es zwar, aber es entspricht durchaus nicht seinem Naturell. Immer wieder muß er sich die Worte aus seinem Traum vorsagen: ‚Nicht mit Schlägen, sondern mit Liebe wirst du sie als Freunde gewinnen.'

Der Abend im Billardsaal

Mit dem Ende des Schuljahrs 1832/33 hat der Sohn Lucia Mattas seine Studien beendet. Giovanni geht also auf die Suche nach einer neuen Unterkunft.

Ein Bekannter der Familie, Giovanni Pianta, hat in Chieri ein Café eröffnet und bietet Giovanni Bosco den Platz eines Barkellners an. Dabei hat er morgens, bevor er zur Schule geht, das Lokal zu reinigen und den Abend am Schanktisch zu verbringen, anschließend im Billardsaal. Als Gegenleistung bietet ihm Herr Pianta Unterkunft und zweimal täglich Suppe.

Giovanni nimmt das Angebot an, weil er nichts Besseres findet, aber seine Tage sind anstrengend, und abends muß er lange beim Billardspiel bleiben, um die Treffer an die Tafel zu schreiben.

Noch 1888 (50 Jahre später) erinnert sich Herr Pianta: „Es wäre nicht möglich gewesen, einen braveren Burschen zu finden. Jeden Morgen diente er bei der hl. Messe in St. Antonio. Im Haus hatte ich die alte Mutter, die Giovanni mit bewundernswerter Liebe versorgte."

Weit weniger bewundernswert war, wie dieser gewinnsüchtige Mensch seinen jungen Helfer ausnützte: Er ließ ihn morgens Kaffee und Schokolade, Feingebäck und Eis zubereiten, gab ihm aber nur Suppe. Seine Mutter Margherita mußte für Brot und das übrige Essen sorgen. Die Unterkunft bestand in einem Verschlag über einem kleinen Backofen und war über eine schmale Treppe zu erreichen. Wenn Giovanni sich in seinem Bett gestreckt hätte, hätten seine Füße nicht nur über den unbequemen Strohsack, sondern sogar durch die Öffnung des Verschlags hinausgeschaut.

Giacomo-Levi, genannt Giona

In der Stadt Chieri lebte eine große Anzahl Juden. Nach dem Gesetz von Carlo Felice mußten sie getrennt von den Christen in einem „Ghetto" wohnen. Sie waren geduldet, das heißt als Bürger zweiter Klasse betrachtet. Die Schüler unter ihnen standen jeden Samstag vor einem Konflikt. Für sie ist am Sabbat jede Arbeit verboten, auch Schularbeit. Also mußten sie wählen: entweder gegen ihr Gewissen zu handeln oder schlechte Noten und den Spott ihrer Kameraden in Kauf zu nehmen.

Giovanni half ihnen häufig, das heißt, er machte samstags für sie die Schularbeiten. Mit einem von ihnen, Levi, den seine Kameraden Giona nannten, schloß er enge Freundschaft. Etwas Gemeinsames verband sie: Beide waren Vaterwaisen.

Es war eine tiefe Freundschaft. „Giacomo-Levi spielte sehr gut Billard", erzählte Don Bosco. „Ich hatte große Zuneigung zu ihm, und auch er war mir

sehr zugetan. Jeden freien Augenblick verbrachten wir auf meinem Zimmer, sangen zusammen, spielten Klavier, lasen und erzählten."
Ein „Tumult", der nicht genau überliefert ist, „der in eine Rauferei überging und schlimme Folgen haben konnte", brachte den jungen Juden in eine Krise. Giovanni bot ihm – nicht aus Bekehrungssucht, sondern aus Zuneigung – das Beste, was er besaß, den Glauben. Er lieh ihm den Katechismus, und „innerhalb weniger Monate hatte Giacomo-Levi die Grundwahrheiten des Glaubens gelernt. Er war glücklich, strengte sich an und besserte sich zusehends in seinem Reden und Handeln."
Das unvermeidliche Familiendrama brach los, als die jüdische Mutter den christlichen Katechismus im Zimmer ihres Sohnes entdeckte. Sie glaubte, jetzt auch ihn zu verlieren, nachdem sie bereits ihren Ehemann verloren hatte. Erbittert trat sie Giovanni entgegen: „Ihr habt ihn mir verdorben!"
Giovanni suchte nach den schönsten Worten, die er kannte, aber ohne Erfolg. „Giona" mußte nun, von den Verwandten und vom Rabbiner bedroht, für einige Zeit seine Familie verlassen. Nach und nach aber beruhigte man sich, und am 10. August wurde der junge Jude im Dom von Chieri getauft. Der kirchliche Akt, der im Archiv festgehalten ist, lautet: „Ich, Sebastiano Schioppo, Theologe und Domherr, habe aufgrund der Genehmigung Sr. Eminenz, des Hochwürdigsten Erzbischofs von Turin, den jungen Juden Giacomo-Levi, 18 Jahre, getauft und ihm den Namen Luigi gegeben . . ."
Giona blieb Don Bosco immer freundschaftlich verbunden. Noch 1880 besuchte er ihn im Oratorium von Valdocco, um die Erinnerungen an die „schönen vergangenen Zeiten" auszutauschen.

Die Äpfel der Blanchard

Die Suppe des Herrn Pianta reichte natürlich nicht, um den Appetit des kräftigen achtzehnjährigen Giovanni zu stillen. In diesen Jahren litt er oft Hunger. Einer seiner Freunde, Giuseppe Blanchard, bemerkte dies und ging zu seiner Mutter, einer Obsthändlerin, um sich die Taschen mit Äpfeln und Kastanien vollzustopfen. Die Mutter sah es zwar, tat aber, als würde sie nichts sehen. Immer wieder einmal leerte Giuseppe bei Tisch die Obstschale. Eines Tages erhob sein Bruder Leandro Einspruch: „Du, Mama, siehst du denn nie, daß Giuseppe das Obst kiloweise fortträgt?"
„Sicher merke ich es", antwortete sie. „Aber ich weiß, wohin er es trägt. Dieser Giovanni ist ein guter Bursche, und der Hunger ist schlimm, gerade in seinem Alter."
Trotz des Hungers fand Giovanni immer die Soldi, die er brauchte, um sich beim Juden Elia Bücher auszuleihen und las selbst nachts noch. Auch Herr Pianta bemerkte dies und berichtete: „Oft verbrachte er die ganze Nacht mit

Studium, und am Morgen fand ich ihn noch unter seiner brennenden Lampe beim Lesen. (Wer weiß, was ihn mehr beeindruckte, der Wille dieses jungen Menschen oder das Öl, das die Lampe verbrauchte.) Auch Don Bosco erinnerte sich an jene Nächte: „Es geschah öfters, daß es Zeit zum Aufstehen war und ich noch das Buch in Händen hielt, das ich am Abend angefangen hatte." Und er fügte hinzu: „Dies schadete meiner Gesundheit beträchtlich. Deshalb rate ich immer, nur das zu tun, was man kann, und nicht mehr. Ich habe es am eigenen Leib erfahren, daß die Nacht zum Schlafen da ist."

Er war kein Wunderkind, dieser Giovanni Bosco, aber ein junger Mensch mit starkem Willen und großer Ungeduld. Später wird ihm das Leben schon Geduld lehren und ihn seine Grenzen erfahren lassen.

Elftes Kapitel:

Die Entscheidung

Im März 1834, als Giovanni Bosco das „humanistische" Jahr fast beendet hat, bewirbt er sich bei den Franziskanern um Aufnahme in den Orden.
Ein Schulkamerad, Eugenio Nicco, überbringt ihm die Antwort: „Du wirst in Turin im Kloster St. Maria von den Engeln zur Prüfung erwartet."
Er geht zu Fuß dorthin. Im Aufnahmeregister des Klosters ist zu lesen: „Der Jugendliche Giovanni Bosco aus Castelnuovo wird einstimmig angenommen, da er alle erforderlichen Voraussetzungen erfüllt. 18. April 1834."
Sofort besorgt sich Giovanni die nötigen Dokumente, um ins „Kloster des Friedens" einzutreten.
Warum wohl hat er sich dazu entschlossen?
Giovanni ist jetzt neunzehn Jahre alt und ist sich darüber im klaren, daß er sich für sein Leben entscheiden muß. Er hat die Mühen und Leiden auf sich genommen, weil er Priester werden wollte. Aber in den letzten Monaten hat er dem tragischen Problem der Armut in die Augen schauen müssen.
Er will seiner Mutter nicht mehr zur Last fallen, vertraut er in diesen Tagen Evasio Savio, einem Freund aus Castelnuovo, an. „Wie könnte mir meine Mutter noch zum Studium weiterhelfen?" Darüber hat er auch mit einigen Franziskanern gesprochen, und sie, die ihn gut kannten, haben ihm direkt vorgeschlagen: „Komm zu uns!" Es wird keine Schwierigkeiten geben, auch nicht wegen der Summe, die Novizen für die Aufnahme zahlen müssen. Für Giovanni wird man eine Ausnahme machen.

Die schlichte Bäuerin

In den letzten Apriltagen geht Giovanni zu seinem Pfarrer und bittet ihn um die nötigen Papiere für den Eintritt ins Kloster. Don Dassano blickt ihn verblüfft an.
„Du ins Kloster? Hast du dir das auch reiflich überlegt?"
„Ich meine schon."
Einige Tager später steigt Don Dassano zum Hof von Sussambrino hinauf und spricht mit Margherita.
„Giovanni möchte Franziskaner werden. Ich habe nichts dagegen, aber ich meine, er wäre eher geeignet, in einer Pfarrei zu arbeiten. Er versteht es, mit den Leuten zu reden, die Buben an sich zu ziehen, sich beliebt zu machen. Warum also soll er sich in ein Kloster vergraben? Und Margherita, ich möchte klar mit Euch reden. Ihr seid nicht reich und auch nicht mehr jung. Ein Sohn,

der Pfarrer ist, kann Euch helfen, wenn Ihr nicht mehr arbeiten könnt, aber ein Sohn, der Bruder ist, ist für Euch verloren. Ich halte es für notwendig, daß Ihr ihm diese Idee ausredet. Das sage ich Euch zu Eurem Besten."
Margherita legt den Schal um ihre Schultern und geht hinunter nach Chieri.
„Der Pfarrer ist zu mir gekommen und hat mir gesagt, daß du in ein Kloster eintreten willst."
„Ja, Mama, ich hoffe, Ihr habt nichts dagegen."
„Hör mal gut zu, Giovanni. Ich möchte, daß du das ruhig überlegst. Wenn du dich entschlossen hast, dann geh deinen Weg, ohne auf jemanden Rücksicht zu nehmen. Das Wichtigste ist, daß du nach dem Willen Gottes handelst. Der Pfarrer wollte, daß ich dir das ausrede, weil ich dich in Zukunft nötig haben könnte. Aber ich sage dir: In diesem Fall geht es nicht um deine Mutter. Gott kommt an erster Stelle. Ich will nichts von dir, ich erwarte mir nichts. Ich bin arm geboren, habe arm gelebt und will arm sterben. Vielmehr will ich dir eines sagen: Wenn du Priester wirst und zum Unglück reich werden solltest, würde ich dein Haus nie betreten. Vergiß das nicht!"
Die alte Bäuerin hatte einen festen Ton in ihrer Stimme und einen energischen Blick. Don Bosco wird diese Worte nie vergessen.

Einer der seltsamsten Träume

Giovanni hatte sich fast schon entschieden, als etwas Unerwartetes eintrat.
„Wenige Tage vor meinem Eintritt hatte ich einen der seltsamsten Träume. Mir schien, als würde ich eine Menge Brüder sehen, in zerrissenen Kutten. Jeder lief in eine andere Richtung. Einer von ihnen kam zu mir und sagte: ‚Du suchst den Frieden, aber hier wirst du ihn nicht finden. Gott bereitet dir einen anderen Platz, eine andere Ernte.'"
Es war nur ein Traum, an sich etwas Nichtssagendes. Und doch hatte Giovanni bereits erkannt, daß Träume für ihn wichtig, wenn auch manchmal unbequem sind.
Er vertraut sich Luigi Comollo an und erhält einen Rat, der typisch ist für einen tief religiösen, leidenschaftlich auf Gott ausgerichteten Menschen: „Halte eine Novene. Ich schreibe meinem Onkel, der Pfarrer ist. Und dann gehorche blind."
„Am letzten Tag der Novene", schreibt Don Bosco, „bin ich mit Luigi zur Beichte und Kommunion gegangen. Ich habe einer heiligen Messe beigewohnt und anschließend noch am Altar der ‚Madonna der Gnaden' ministriert. Als ich nach Hause kam, fand ich einen Brief von Don Comollo, dem Onkel von Luigi, vor, in dem er schreibt:
‚Ich habe alles überlegt und würde deinem Kameraden raten, nicht ins Kloster einzutreten. Er soll das Gewand des Klerikers nehmen.'"

„Warum berätst du dich nicht mit Don Cafasso?"

Das Gewand des Klerikers anziehen heißt ins Priesterseminar gehen. Aber das Geld dazu? Es war sein Freund Evasio Savio, der ihm einen Hinweis gab: „Geh nach Turin, und berate dich mit Don Cafasso. Er ist der beste Priester, der in Castelnuovo geboren ist."
Don Giuseppe Cafasso war 23 Jahre alt, galt aber bereits als einer der besten „Seelenführer". An ihn wandten sich viele beunruhigte Menschen um Rat. Er lebte in Turin, im kirchlichen Studentenheim. Während er sein theologisches Fachstudium vervollständigte, stand er Kranken und Inhaftierten bei.
Giovanni ging zu ihm und legte ihm seine Unschlüssigkeit dar. Mit großer Ruhe und ohne Zögern sagte ihm Don Cafasso:
„Macht Euer rhetorisches Jahr und geht dann ins Priesterseminar. Die göttliche Vorsehung wird Euch erkennen lassen, was sie von Euch will. Wegen des Geldes seid unbekümmert. Irgend jemand wird dafür sorgen."
Bei dieser Unterredung ist Giovanni dem ausgleichenden Element seines Lebens begegnet. Sein explosives Temperament wird ihn leben lassen zwischen Träumen, Plänen, Überraschungen, Erfolgen und Enttäuschungen. Neben ihm wird der ruhige Don Cafasso sein verschwiegener Freund, sein weiser Ratgeber, sein stiller Wohltäter sein.

Zwölftes Kapitel:

Im Priesterseminar

Die „Einkleidung als Kleriker" war zu dieser Zeit ein entscheidender Schritt. Der Jugendliche legt die Kleidung ab, die das Volk trägt, legt den Talar an, der von den Schultern bis zu den Füßen reicht. Er ist ein Zeichen, das allen sagt: „Ich beabsichtige, Priester zu werden und wie ein Priester zu leben."
Es ist Sonntag, der 25. Oktober. In der Kirche von Castelnuovo nähert sich vor dem Hauptgottesdienst Giovanni Bosco, den Priesterrock auf dem Arm, dem Pfarrer. Die Worte des Ritus sind feierlich:
„Als der Pfarrer Don Cinzano mir befahl, die Zivilkleidung abzulegen mit den Worten: ‚Der Herr entkleide dich des alten Menschen mit seinen schlechten Gewohnheiten und seiner Art zu handeln', sagte ich mir innerlich: ‚Wieviel Altes ist da auszuziehen! Mein Gott, zerstöre meine schlechten Gewohnheiten!' Als er hinzufügte: ‚Der Herr bekleide dich mit dem neuen Menschen, der nach dem Herzen Gottes geschaffen ist in Gerechtigkeit, in Wahrheit und Heiligkeit', betete ich in Gedanken: ‚Mein Gott, daß ich doch wirklich ein neues Leben beginnen wolle, ein Leben nach deinem Willen! Maria, sei du meine Hilfe!'"

So nicht!

Nach der hl. Messe gab es eine Überraschung. Don Cinzano lud ihn ein, mit ihm nach Bardella, einem Dorf, zum Volksfest zu gehen.
„Ich ging, um ihn nicht zu kränken, aber ungern. Das war wirklich nichts für mich, und ich kam mir vor wie eine Marionette, die neu eingekleidet ist. Wochenlang hatte ich mich auf diesen Tag vorbereitet, und jetzt befand ich mich plötzlich mitten unter Leuten, die zusammengekommen waren, um sich zu amüsieren, zu plaudern, zu essen, zu trinken. Was hatte das zu tun mit einem, der wenige Stunden zuvor das geistliche Kleid angezogen hatte, um sich Gott hinzugeben?
Nach Hause zurückgekehrt, fragte mich der Pfarrer, warum ich so schweigsam sei. Mit allem Freimut antwortete ich, daß der Nachmittag wie die Faust aufs Auge zur kirchlichen Feier am Morgen gepaßt hätte. Ich sah halb betrunkene Priester, die unter ihren Tischgenossen den Narren spielten. Das hatte mir nicht gefallen. ‚Wenn ich wüßte, daß ich ein solcher Priester werden würde', fügte ich hinzu, ‚würde ich diesen Talar lieber gleich ausziehen.'"
Während der vier Tage, die ihn noch vom Eintritt ins Seminar trennten, sammelte sich Giovanni durch Schweigen und Nachsinnen. Dabei schrieb er

sieben Vorsätze auf, die einen „Wandel" seines Lebensstils bezeichnen sollten. Hier sind sie:
1. Ich will nicht auf Bälle, in Theater und öffentliche Vorstellungen gehen.
2. Ich werde nicht mehr den Zauberer und Seiltänzer machen.
3. Ich werde im Essen und Trinken und in der Ruhe mäßig sein.
4. Ich werde religiöse Bücher lesen.
5. Ich werde Gedanken, Gespräche und Lektüre bekämpfen, die der Keuschheit widersprechen.
6. Ich werde jeden Tag eine kleine Meditation und eine geistliche Lesung halten.
7. Ich werde jeden Tag Begebenheiten und sinnvolle Gedanken erzählen, die Gutes bewirken können."

„Ich habe mich vor ein Bild der seligsten Jungfrau gestellt und ihr ausdrücklich versprochen, diese Vorsätze zu halten, koste es, was es wolle."
Es wird ihm wohl nicht immer gelingen, denn auch er ist aus Fleisch und Blut wie wir. Aber eine Richtung haben diese Vorsätze doch gewiesen.

„Unvergeßliche Worte"

Am 30. Oktober hatte sich Giovanni im Seminar einzufinden. Am Abend vorher packte er die Sachen, die ihm seine Mutter hergerichtet hatte, in einen kleinen Koffer. „Meine Mutter", so schrieb er, „schaute mich an, als wollte sie mir etwas sagen. Plötzlich nahm sie mich beiseite: ‚Giovanni, du hast den Priesterrock angezogen. Ich freue mich darüber, wie sich nur eine Mutter freuen kann. Denk daran, daß es nicht das Kleid ist, das dir Ehre macht, sondern die Tugend. Solltest du eines Tages Berufszweifel haben, dann entehre um Gottes willen dieses Kleid nicht. Leg es sofort ab. Ich habe lieber einen armen Bauern zum Sohn als einen Priester, der seine Pflicht vernachlässigt. Bei deiner Geburt habe ich dich der Gottesmutter geweiht, und als du aufs Gymnasium gingst, habe ich dir empfohlen, Maria, unsere Mutter, zu lieben. Jetzt empfehle ich dir, ihr ganz anzugehören, Giovanni.'
Nachdem meine Mutter geendet hatte, war sie gerührt und weinte. ‚Mutter', antwortete ich, ‚ich danke Euch für alles, was Ihr für mich getan habt. Ich werde diese Worte nie vergessen.'
Am nächsten Morgen machte ich mich frühzeitig nach Chieri auf, und am Abend desselben Tages trat ich ins Priesterseminar ein."
Von einer hohen weißen Mauer grüßte eine Sonnenuhr. Unter ihren Ziffern stand geschrieben: „Afflictis lentae, celeres gaudentibus horae", das heißt: „Den Traurigen vergehen die Stunden langsam, den Fröhlichen fliegen sie dahin". Das hatte einem jungen Menschen, der sechs Jahre innerhalb dieser Mauern verbringen wird, doch etwas zu sagen.

Ein strenger Stundenplan

Im Priesterseminar ist der Stundenplan auf die Minute festgelegt. Er ist eingeteilt in Stunden, halbe Stunden und viertel Stunden. Neben dem Plakat, auf dem er zu lesen ist, steht eine Glocke. Wenn bei jedem Betätigungswechsel der Glöckner erscheint und läutet, kommt auf dieses Zeichen hin die ganze Gemeinschaft aus einem Raum heraus oder geht in einen hinein, spricht, versinkt in Schweigen, studiert, betet. Das erste, was dem Neuankömmling erklärt wird, ist, daß dieses Zeichen einem Ruf Gottes gleichkommt.

Der Zeitplan, der den Tag im Priesterseminar von Chieri bestimmt, ist von Carlo Felice für alle Schulen seines Reiches genauestens festgelegt worden, und nicht einmal die Prinzen waren davon verschont.

Wir können uns dies vorstellen, wenn wir den Stundenplan lesen, den Prinz Vittorio Emanuele im Königspalast von Turin zu befolgen hatte:
„5 Uhr Aufstehen, 7 Uhr Messe, 9–12 Uhr Unterricht, 12 Uhr Mittagessen, 14–19 Uhr Schularbeiten, Abendessen, 21 Uhr Abendgebet und Nachtruhe. Am Sonntagmorgen zwei Messen, die ‚einfache‘ vor dem Frühstück im Palast, das Hochamt nach dem Frühstück im Dom."

Die Küche im Seminar war äußerst einfach. „Man ißt, um zu leben, und lebt nicht, um zu essen", war einer der Grundsätze, die oft wiederholt wurden.

In der Freizeit ließ die Spannung nach. Don Bosco erinnerte sich an die leidenschaftlichen Kartenspiele. „Ich war kein besonders guter Spieler. Trotzdem gewann ich fast immer. Am Schluß hatte ich die Hände voll Münzen. Aber wenn ich meine Kameraden anschaute und sah, wie traurig sie waren, weil sie verloren hatten, wurde ich noch trauriger als sie.

Oft gingen mir die Karten nicht aus dem Kopf. Dann sah ich den König und den Buben selbst beim Studieren und Beten vor mir. Deshalb beschloß ich Mitte des zweiten philosophischen Jahres, das Kartenspiel aufzugeben."

Das bedeutete einen großen Sieg für ihn. Der Kleriker, der ihn immer wieder um ein Spiel gebeten hatte, war ebenso arm wie Giovanni. Und wenn er zuletzt wie ein gerupftes Huhn dastand, begann er zu weinen. Giovanni schämte sich vor sich selbst, gab ihm das Geld, das dieser verloren hatte, zurück und hörte auf zu spielen.

Der willkommene Donnerstag

Einen Tag gab es in der Woche, der die Eintönigkeit des Stundenplans durchbrach, den Donnerstag. Am Nachmittag, so berichteten seine Kameraden, läutete unweigerlich der Pförtner die Glocke und rief auf piemontesisch: „Bosk 'd Castelneuv:" Die anderen Kleriker, denen jede Abwechslung willkommen war, machten das Echo und schrien aus Leibeskräften:

„Bosk 'd Castelneuv! Bosco di Castelnuovo! Bois de Château neuf!"
Giovanni lachte, nicht nur über den Scherz, sondern auch, weil er wußte, wer ihn erwartete: Es waren seine Kameraden vom „Club der Fröhlichen", die ihn wiedersehen wollten und ihm Neuigkeiten zu berichten hatten, die Freunde, mit denen er das Gymnasium besucht hatte, die Buben, die er mit seinen Spielen und Erzählungen unterhalten hatte und die ihn immer wieder hören wollten. Es waren jedesmal sehr viele da, und Giovanni unterhielt sich mit jedem einzeln. Sie spielten, lachten und scherzten miteinander. Zum Schluß gingen sie noch einen Augenblick in die Kapelle.

Der Donnerstag war für Giovanni die Fortführung dessen, was er früher schon getan hatte und was sein Traum war, nämlich einmal so mit den Jugendlichen im Oratorium zu leben. Das „Oratorium" ist keine Erfindung Don Boscos. Es wurde vom hl. Philipp Neri (16. Jahrhundert) eingeführt und bestand im Religionsunterricht in der Pfarrkirche oder im Pfarrhof. In fast allen Pfarreien Italiens gab es solche. Don Bosco aber hat es ausgeweitet. Bei ihm ging es um die ganzheitliche Bildung, zu der gerade für die verlassenen Jugendlichen die Geborgenheit eine wesentliche Voraussetzung ist. Es geschah durch persönliche Gespräche, Spiele, die einen breiten Raum einnahmen, Wanderungen und natürlich auch jugendgemäßen Religionsunterricht mit gezielter Hinführung zu den Sakramenten.

Unter der reichen Jugend

Fast jeden Sommer brach die Cholera aus, so auch 1836. Turin lebte in Angst. Die Jesuiten verlegten die Abreise ihrer Schüler aus dem Kolleg zum Schloß Montaldo auf einen früheren Zeitpunkt vor. Nun suchten sie einen verläßlichen Assistenten für den Schlafsaal, der auch Nachhilfe in Griechisch geben könnte. Don Cafasso schickte ihnen den Kleriker Bosco. „Da könnt Ihr Euch ein paar Lire verdienen", sagte er zu ihm.

Vom 1. Juli bis 17. Oktober lebte Giovanni zum erstenmal unter Jugendlichen aus ganz anderen Familien, als er sie kannte. Im Kontakt mit den guten und schlechten Seiten dieser „Herrensöhne" wurde ihm klar, wie er selbst bemerkte, daß es sehr schwierig ist, einen solch starken Einfluß auf sie zu gewinnen, wie er ihn als Priester haben müßte, um unter ihnen positiv wirken zu können. Jetzt war er überzeugt, daß Gott ihn zu armen Buben berufen hat. Das war eine seiner sichersten Überzeugungen.

Dreizehntes Kapitel:
Nun ist er Don Bosco geworden

Am 24. Juni 1837, dem Fest Johannes' des Täufers und dem Namenstag Giovannis, beginnen die großen Ferien. Giovanni macht sich auf den Weg nach Sussambrino, um bei seinem Bruder Giuseppe die Ferien zu verbringen. Als er die zwölf Kilometer zurückgelegt hat, wird er auf dem kleinen Anwesen zunächst von den herumlaufenden Hühnern und dann vom schüchternen Lächeln einer freundlichen Nichte begrüßt.

Giuseppe hatte längst eine Familie gegründet. Mit kaum zwanzig Jahren hatte er Maria Calosso, ein Mädchen aus Castelnuovo, geheiratet.

Das erste Kind, Margherita, wurde nur drei Monate alt. Im Frühjahr 1835 kam dann Filomena, ein sehr ruhiges Mädchen, zur Welt. Nun betrachtet es ganz entzückt Onkel Giovanni, wie er auf der Hobelbank und in der kleinen Schmiede arbeitet, wie er Kleider zuschneidet und näht und aus Stoffresten die schönsten Puppen herstellt.

An den Weinreben zeigen sich schon kleine grüne Trauben. Das Getreide leuchtet bereits gelb. Wenn Giovanni in der Werkstatt zu arbeiten aufhört, nimmt er die Sense auf die Schulter und reiht sich ein in die lange Reihe der Schnitter. Unter seinem breiten Strohhut rinnt ihm der Schweiß von der Stirn.

Nach acht Monaten Internatsleben macht ihm diese Arbeit im Freien Freude. Am 3. November beginnt Giovanni im Priesterseminar das Theologiestudium, das die Grundlage bildet für alle, die den Priesterberuf anstreben. Damals dauerte es fünf Jahre. Während dieser Zeit hat sich in Europa so manches verändert.

Umwälzungen bahnen sich an

In diesem Jahr waren die maßgeblichen Personen des Risorgimento (der Einigungsbestrebungen, die Italien gewaltsam verändern sollten) noch in der ganzen Welt verstreut.

Giovanni Mastei-Ferretti, der 1846 zum Papst (Pius IX.) gewählt wird, ist 45 Jahre alt und gilt als „unvoreingenommener Bischof", weil er die Auswüchse der päpstlichen Polizei verurteilt. Wegen seiner ‚liberalen' Einstellungen waren die Revolutionäre zunächst für ihn, später verfolgten sie ihn.

Camillo Cavour, 27 Jahre alt, verwaltet ein Landgut. In der Garnison von Genua war er bis 1831 Leutnant gewesen. Bei der Nachricht vom Ausbruch revolutionärer Unruhen in Modena hatte er gerufen: „Es lebe die Republik!"

Daraufhin sollte er ins Aostatal versetzt werden, verließ jedoch vorher das Heer. Sein Vater, Chef der Polizei, schickte ihn aufs Land. Zwischen einer Weinlese und einer Reisernte durchstreifte er Europa und begegnete italienischen Emigranten, die er als „eine schwachsinnige und fanatische Meute" bezeichnete, „aus denen ich gern Mist machen würde für meine Rüben".
Mazzini, 32 Jahre alt, ist soeben aus der Schweiz ausgewiesen worden, von wo aus er revolutionäre Umtriebe geleitet hat. Nun hält er sich in London auf.
Garibaldi, der zur Idealfigur nicht nur des Risorgimento, sondern auch der späteren Geschichte wurde, flüchtete mit 30 Jahren nach Brasilien und war im Dienst der „Revolutionsregierung" von Rio Grande als Seeräuber in der Südsee aktiv.
Bald darauf kleidete er seine „Italienische Legion" mit dem legendären Rothemd ein. Er hatte nämlich in Montevideo einen Warenbestand an Schürzen, die für argentinische Metzger bestimmt waren, ganz billig erworben.
Vittorio Emanuele, der spätere König, lebt als siebzehnjähriger im Königspalast von Turin wie in einer Kaserne. Er hat seinen Vater zu den Festen und Bällen des Adels zu begleiten und dabei stundenlang an seiner Seite zu stehen. Die einzigen Augenblicke der Freude verbringt der verwegene Reiter in den Stallungen, wo er mit den Pferdeknechten einen derben Dialekt spricht.
Überall nahm die Geschichte ihren Lauf, vorangetrieben von kleinen und großen Ereignissen.
Morse erfand 1836 den elektrischen Telegrafenapparat, Königin *Viktoria* besteigt 1837 den britischen Königsthron. Unter ihrer Regierungszeit wird Großbritannien zur ersten Kolonialmacht der Welt.
Markgraf *Tancredi di Barolo,* ehemaliger Bürgermeister von Turin, stirbt 1838. Seine Witwe entschließt sich, ihren Reichtum ganz für Frauen hinzugeben, die in der Gesellschaft verachtet werden. So entsteht an der Peripherie Turins neben Cottolengo ein Werk für ehemalige Prostituierte und strafentlassene Frauen. Dieses Werk wird für Don Bosco in seinen ersten Priesterjahren eine besondere Rolle spielen.
Im Jahre 1839 baut *Jacques Deguerre* den ersten Fotoapparat. Dieser Erfindung haben wir eine ganze Reihe Fotos von Don Bosco zu verdanken. Er ist einer der ersten Heiligen, deren Aussehen wir kennen.

Die erste Predigt

In den Ferien 1839 erhielt der „Theologe" Giovanni Bosco eine Einladung zu seiner ersten Predigt zum Rosenkranzfest in Alfiano. Don Bosco selbst berichtet darüber: „Der Pfarrer Don Giuseppe Pelato war sehr fromm und gelehrt. Ich bat ihn daher, mir zu sagen, was er von meiner Predigt hielt. Er antwortete:

‚Sie war sehr schön und gut aufgebaut. Ihr könnt ein guter Prediger werden.'
‚Aber haben die Leute sie verstanden?'
‚Wenige. Mein Bruder, der auch Priester ist, und ich haben sie verstanden und noch einige andere.'
‚Aber das war doch alles einfach.'
‚Uns scheint das einfach, für das Volk aber ist es zu hoch.'
‚Was soll ich dann tun?'
‚Nicht den klassischen Sprachstil benützen, im Dialekt reden oder auch in Italienisch, wenn Ihr wollt, aber volkstümlich, volkstümlich! Statt Erläuterungen Beispiele erzählen, ganz einfache und praktische Vergleiche bringen. Bedenkt, daß die Leute sonst nicht mitdenken. Die Glaubenswahrheiten müssen so einfach wie möglich erklärt werden.'"
Don Bosco schrieb, daß dieser Rat einer der wertvollsten seines Lebens war. Er diente ihm nicht nur für die Predigt, sondern auch für den Religionsunterricht und das Schreiben von Büchern.

Priester auf ewig

Am 26. Mai 1841 begannen für den Diakon Giovanni Bosco die geistlichen Exerzitien, die der Priesterweihe vorangehen. Er schrieb neun grundlegende Vorsätze für sein Leben auf, die im großen und ganzen das wiederholen, was er sich bei der Einkleidung vorgenommen hatte. Drei betreffen seinen Lebensstil als Priester:
„Die Zeit gut nützen,
Leiden und Demütigungen ertragen, wenn es um das Heil der Seelen geht, die Liebe und Güte des hl. Franz von Sales sollen mich in jeder Sache leiten."
Am 5. Juni 1841 wird Giovanni Bosco in der erzbischöflichen Kapelle mit der Albe bekleidet. Während er sich vor dem Altar auf den Fußboden wirft, ertönt die Orgel, und die anwesenden Priester und Seminaristen rufen im feierlichen Choralgesang die großen Heiligen der Kirche an: Petrus, Paulus, Benedikt, Bernhard, Franziskus, Katharina, Ignazius ...
Bleich infolge der Erregung und der letzten anstrengenden Tage erhebt sich Giovanni und kniet dann vor dem Erzbischof nieder. Luigi Fransoni legt ihm die Hand auf den Kopf, ruft den Heiligen Geist herab und spendet Giovanni die Priesterweihe.
Einige Minuten später beginnt Giovanni die erste Konzelebration mit dem Erzbischof. Nun ist aus Giovanni Bosco „Don Bosco" geworden.
„Meine erste Messe", so schrieb er, „habe ich in der Kirche des hl. Franz von Assisi gefeiert, assistiert von Don Cafasso, meinem großen Wohltäter und Direktor. Zu Hause erwarteten sie mich sehnsüchtig (es war das Dreifaltigkeitsfest), weil seit vielen Jahren keine Primiz mehr stattgefunden hatte. Aber

ich habe es vorgezogen, in Turin die Messe zu feiern, ohne große Feierlichkeiten, und zwar am Schutzengelaltar. Diesen Tag kann ich den schönsten meines Lebens nennen. Beim Gedächtnis der Verstorbenen habe ich meiner Verwandten gedacht, meiner Wohltäter, vor allem Don Calossos, den ich immer als meinen besonderen Wohltäter betrachtet habe. Es ist ein frommer Glaube, daß Gott die Gnaden gewährt, um die ein Neupriester bei seiner ersten heiligen Messe bittet. Ich bat inbrünstig um die Gabe des Wortes, damit ich den Menschen Gutes tun kann."

Seine zweite hl. Messe feierte er am Altar der Consolata (Trösterin der Betrübten) im großen Marienheiligtum von Turin. Hier konnte er aufblicken zu der Frau, die vor siebzehn Jahren im Traum gesagt hatte: „Werde demütig, tüchtig und stark." Don Bosco versuchte, es zu werden. Jetzt begann die Zeit, in der er „alles verstehen" würde.

Am Donnerstag, dem Fronleichnamsfest, das damals ein hoher Feiertag war, zelebrierte Don Bosco die hl. Messe in seinem Heimatdorf. Die Glocken läuteten, und die Leute drängten sich in der großen Kirche zusammen. „Sie mochten mich", schrieb Don Bosco, „und jeder war gern mit mir zusammen." Die Kleinen bekamen große Augen, als sie hörten, daß dieser Priester einst ein kleiner Seiltänzer war.

Die Großen erinnerten sich noch an die Spiele und die Schulzeit.

Die alten Leute, die auf den umliegenden Hügeln wohnten, dachten daran, wie er oft barfuß die Straße entlang ging, die Bücher unter dem Arm.

An jenem Abend fand Margherita einen Augenblick, wo sie mit ihm allein sprechen konnte. „Jetzt bist du Priester", sagte sie. „Jetzt bist du Christus näher. Denk aber daran, anfangen, die Messe zu feiern, heißt, anfangen zu leiden. Du wirst das nicht sofort erkennen, aber nach und nach wirst du sehen, daß deine Mutter dir die Wahrheit gesagt hat. Denk von jetzt ab nur noch an das ewige Heil der Menschen, und mach dir meinetwegen keinerlei Sorgen."

Vierzehntes Kapitel:
Schockierende Eindrücke

Was wird Don Bosco jetzt tun? Er ist intelligent und fleißig, aber arm. Drei Angebote werden ihm gemacht: Eine adelige Familie von Genua möchte ihn als Lehrer und Erzieher ihres Sohnes. Zu Don Boscos Zeit zogen viele reiche Familien einen Hauslehrer für ihre Kinder der öffentlichen Schule vor und suchten dafür fast immer einen Priester, denn einem Geistlichen konnte man die Kinder bedenkenlos anvertrauen. Don Bosco wurden tausend Lire im Jahr geboten, damals eine beträchtliche Summe.

In seiner Heimat wurde ihm die freie Kaplanstelle in Morialdo angeboten. Die Bezüge sollten verdoppelt werden, falls er den Posten annehmen würde.

Der Pfarrer von Castelnuovo, Don Cinzano, hätte ihn gern als Vikar genommen. Auch er sicherte ihm ein gutes Einkommen zu.

Eigenartig, alle reden vom Geld, als wäre Don Bosco Priester geworden, um einen „guten Posten" zu bekommen. Nur Mama Margherita, die Frau, die jeden Soldo anschauen mußte, bevor sie ihn ausgab, sagte ihm auch jetzt: „Wenn du reich werden solltest, würde ich dein Haus nie mehr betreten." Um rasch zu einer Entscheidung zu kommen, wandte er sich an Don Cafasso in Turin. „Was soll ich tun?"

„Nehmt gar nichts an. Kommt ins Konvikt und vervollständigt Eure priesterliche Ausbildung."

Don Cafasso besaß Weitblick. Er verstand, daß Don Bosco in einer Familie oder einem Dorf nicht ausgefüllt wäre. Turin dagegen ist eine aufstrebende Stadt, die ihn fordern wird, denn eine neue Zeit ist angebrochen, neue Probleme stellen sich. Don Cafasso muß nur auf ihn achten und ihm Zügel anlegen.

Erste Entdeckung: Das Elend der Peripherie

Im Konvikt, einem ehemaligen Kloster neben der Franziskuskirche, bereitet der Theologe Guala mit Hilfe Don Cafassos 45 junge Geistliche darauf vor, „Priester ihrer Zeit und für ihre Gesellschaft" zu werden.

Die Ausbildung dauert zwei Jahre. (Für Don Bosco sollten es ausnahmsweise drei werden.) Jeden Tag finden zwei Konferenzen statt, eine am Morgen, die Don Guala hält, eine am Abend von Don Cafasso. In der Zwischenzeit werden die Priester in die verschiedenen Einrichtungen geschickt: Sie besuchen Krankenhäuser, Gefängnisse, Heime, Paläste, Wohnhäuser, Dachstuben, halten in Kirchen Predigten und Religionsunterricht und stehen Kranken und alten Menschen bei.

Ab 1841 wird Don Cafasso der „geistliche Führer" Don Boscos. Das bedeutet, daß Don Bosco bei ihm beichtet, ihn vor Entscheidungen um Rat fragt, ihm seine Lebenspläne offenbart und auf sein Wort hört.
Bisher kannte Don Bosco die Armut auf dem Land. Welches Elend aber in den Außenbezirken der Städte herrschte, wußte er nicht. Don Cafasso forderte ihn daher auf:
„Geht und schaut Euch um!"
„Vom ersten Sonntag ab", so berichtet Michele Rua, „ging er durch die Stadt, um sich ein Bild zu machen von den moralischen Bedingungen der Jugend. Er war erschüttert. Die Vororte waren Stätten des Aufruhrs und der Trostlosigkeit. Heranwachsende zogen durch die Straßen, arbeitslos, verkommen, zum Schlimmsten bereit."

Der Markt der Jugendlichen

Neben dem allgemeinen Markt der Stadt gab es einen richtigen „Jugendmarkt".

„Auf dem Platz neben der Porta Palazzo", schrieb Lemoyne, „wimmelte es von jugendlichen Händlern, Streichholzverkäufern, Schuhputzern, Kaminkehrern, Stallknechten, Zeitungsverkäufern, alles arme Buben, die sich so recht und schlecht durchschlugen.

Es waren meist arbeitslose Kinder armer Familien, die auf der Suche nach irgendeiner Arbeit waren, um leben zu können. So sahen sie aus, die „Früchte" der Landflucht, die sich in den Außenbezirken angesiedelt hatten.

Don Bosco beobachtete, wie sie auf Gerüste kletterten, um Arbeit zu finden, wie sie einen Job als Laufburschen zu ergattern suchten, sich als Kaminkehrer anpriesen. Er sah sie an den Straßenecken um Geld spielen, entschlossen, alles zu tun, um etwas vom Leben zu haben.

Don Bosco versuchte, sich ihnen zu nähern. Sie aber zogen sich mißtrauisch und verachtend zurück. Das waren keine Buben aus Becchi, die Erzählungen und Taschenspiele suchten. Diese hier waren die „Wölfe", die wilden Tiere aus dem Traum, auch wenn sich in ihren Augen mehr Angst als Roheit spiegelte.

Die industrielle Revolution

Diese Turiner Straßenjugend war die „perverse Auswirkung" eines enormen Fortschritts, der die Welt erschütterte, der „industriellen Revolution".
Im Jahre 1769 hatte James Watt in England die Dampfmaschine erfunden. Eine einzige Maschine (100 PS) entwickelte eine Kraft, die der von 880 Männern gleichkam. Durch den Einsatz von genügend Maschinen konnte eine Spinnerei mit 750 Arbeitern die gleiche Menge Garn herstellen wie vorher mit 200 000.

Damit begann die Existenz von Fabriken und Arbeitern, damals Proletariat genannt. Vorher waren die Menschen Bauern, Händler und Handwerker, die ihre eigenen Werkzeuge besaßen. Sie waren vor allem Spinner, die Baumwolle und Wolle mit ihrer eigenen Kraft spannen. Durch die neue Produktionsweise in den Fabriken wurde die Arbeit leichter. Die Stoffpreise fielen, und der Markt nahm einen enormen Aufschwung. In dieser Zeit wurde auch bedeutend mehr Eisen verarbeitet (für Maschinen und Eisenbahnen). Die Kohleförderung nahm zu, denn Kohle war der Energiespender für Dampfmaschinen und Eisenbahnen.

Durch den medizinischen Fortschritt und die verbesserte Hygiene wurden die tödlichen Epidemien wie Pest und Pocken fast ausgerottet. Die Bevölkerungszahl Europas stieg von 180 Millionen im Jahr 1800 auf 260 Millionen im Jahr 1860.

Die Entstehung vieler Fabriken führte zur wirtschaftlichen Krise des Handwerks. Eine Menschenlawine wälzte sich vom Land auf die Städte zu auf der Suche nach Arbeit.

Die Folgen

Die industrielle Revolution öffnete die Tore zu einer völlig neuen Welt, zu bisher ungekannten Energien: Kohle, Öl, Elektrizität, Atom.
Der ungeheure Fortschritt forderte jedoch in den ersten hundert Jahren einen enormen Preis. „Eine verschwindende Minderheit steinreicher Menschen (Kapitalisten) versklavte eine ungeheure Anzahl von Proletariern!" (Leo XIII., Rcrum novarum).
In der neuen Menschheitsepoche entstand die Soziale Frage, d. h. die Verelendung der Arbeiter. Eine neue Klasse, die Proletarier, die in den Städten entstanden, besaßen keinen anderen Reichtum als ihre Arbeitskraft und ihre Kinder (proles = Nachkomme). Ihre Lebensbedingungen waren erschreckend. Sie hatten keinen Pfennig für Arztkosten, Medikamente und Kleidung. Die durchschnittliche Lebenserwartung eines Arbeiters lag zwischen 1830 und 1840 bei siebzehn bis neunzehn Jahren. Es war die Zeit, in der die Arbeiter von Lyon und Paris ihren Schrei erhoben: „Durch Arbeit leben oder durch Kampf sterben!" und dann durch Kanonen auseinandergetrieben wurden.

Verheerende Verhältnisse auch in Italien

Nach Italien kam die industrielle Revolution mit Verspätung. Es fehlte an Kapital und Rohstoffen. Die ersten Fabriken waren Textil-„Fabriken". Sie entstanden 1836 im österreichischen Gebiet (Lombardei und Venetien). Die

Mechanisierung begann in Mailand 1846. Die Industrialisierung kam langsam voran.
Die Seidenspinnereien, die hundert bis zweihundert Arbeiter beschäftigten, arbeiteten in der Mehrzahl mit Kindern. Ihre Aufgaben waren so mechanisch, daß sie in kurzer Zeit dem Stumpfsinn verfallen mußten. Die Arbeitszeit betrug im Winter dreizehn Stunden, im Sommer fünfzehn bis sechzehn. Die feuchten und ungesunden Arbeitsräume, frühes Aufstehen, lange unbequeme Haltung führten oft zu Drüsenverhärtungen, Skrofulose und kalten Tumoren. Über 15 000 Kinder in der Lombardei erlitten dieses Schicksal.
Von Mailand aus kam die industrielle Revolution 1841 nach Turin. Die Stadt wuchs rapide. Die meisten Zuwanderer wurden 1849/50 gezählt. Es sollen 50 000 bis 100 000 gewesen sein.
Der Zustrom armer Familien kam aus ganz Norditalien. An den Baustellen sah Don Bosco „Kinder von acht bis zwölf Jahren, fern ihrer Heimat, als Handlanger für die Maurer. Dabei mußten sie auf schlecht gesicherte Gerüste klettern, waren Sonne und Wind ausgesetzt. Beladen mit Kalk und Ziegelsteinen, stiegen sie steile Leitern hinauf." Als „erzieherische Hilfe" erhielten sie „grobe Behandlung und Schläge".
Am Abend stiegen die Arbeiterfamilien zum Dachboden hinauf. Dort gab es die einzigen Wohnungen, deren Miete für sie erschwinglich war. Don Bosco ging hin, sie anzusehen, und fand sie „niedrig, eng, düster und schmutzig. Sie dienten als Schlafzimmer, Küche und ab und zu auch als Arbeitsraum für die ganze Familie."

Wie Abhilfe schaffen?

Jugendliche Banden ziehen vor allem sonntags durch die Straßen und am Ufer des Po entlang. Dort sehen sie vornehm gekleidete Menschen, die vorübergehen und sich um ihre Not keineswegs kümmern.
Don Bosco versteht: Diese Jugendlichen brauchen eine Schule und eine Arbeit, die ihnen die Zukunft sichert. Sie müssen jung sein dürfen, das heißt, im Freien laufen und springen können, sich nicht auf Gehsteigen langweilen müssen. Sie müssen Gott begegnen können, damit sie ihre Würde entdecken und sich verwirklichen können.
Er ist nicht der einzige und auch nicht der erste, der zu diesen Folgerungen kam. Auch Carlo Alberto sah die Dringlichkeit, den Volksmassen zu helfen. Allerdings hatte er andere Beweggründe als Don Bosco. Der König ist in erster Linie wegen einer möglichen politischen Revolution besorgt, die in der Luft liegt und die 1847/48 ausbrechen wird. Er behält Österreich gut im Auge, das der Feind der Liberalen ist. Vorsichtig bewegt er sich von den absolutistischen Positionen weg zu denen der Liberalen hin. Er knüpft Beziehungen zu deren

bedeutendsten Persönlichkeiten. Dadurch wird er zur Hauptfigur des Risorgimento werden.

Die Priester und Politiker sind in dieser Zeit gespalten durch ihre Bejahung oder Verneinung der liberalen Ideen. Wo es aber um materielle und moralische Not der Menschen geht, kämpfen sie Schulter an Schulter. In diesen Jahren entsteht in Turin eine Reihe von Schulen für erwachsene Arbeiter. Don Bosco hingegen konzentriert sich auf die Probleme der Jugendlichen. Don Cafasso sieht dies und beschließt, ihn darin zu unterstützen.

Fünfzehntes Kapitel:

Unscheinbarer Beginn

Die Turiner nannten Don Cafasso den „Galgenpriester", weil er in die Gefängnisse ging, um den Gefangenen Beistand zu leisten. Wurde einer zum Tode verurteilt, bestieg Don Cafasso mit ihm den Karren, setzte sich zu ihm und stand ihm bei bis zur Hinrichtung.
Eines Tages wurde Don Bosco von Don Cafasso eingeladen, ihn zu begleiten. Die dunklen Korridore, die schwarzen und feuchten Mauern, die traurigen Gesichter der Gefangenen erschütterten ihn zutiefst. Er empfand Abscheu und hatte das Gefühl zu ersticken.

Jugend hinter Eisenstäben

Was ihn am schmerzlichsten traf, war der Anblick von Buben, die zum Teil noch halbe Kinder waren und im Kerker saßen. Er schrieb: „Eine so große Anzahl Jugendlicher zwischen zwölf und achtzehn Jahren anschauen zu müssen, die gesund, geweckt, kräftig sind und nun untätig, von Insekten zerstochen, nach geistiger und materieller Nahrung schmachtend, das erschauderte mich."
Er ging in der Folge öfters mit Don Cafasso dorthin, aber auch alleine, und versuchte, mit den Gefangenen auch ganz privat zu reden, nicht nur „Religionsunterricht zu geben". Anfangs waren die Reaktionen entmutigend. Er mußte schwere Beleidigungen einstecken. Nach und nach aber verschwand das Mißtrauen, und es gelang ihm, als Freund zu ihnen zu sprechen.
So erfuhr er ihre traurige Vorgeschichte, erkannte ihre Niedergeschlagenheit, ihre Aggression, die sie manchmal rasend machte. Das allgemeinste „Delikt" war Diebstahl. Aus Hunger hatten sie gestohlen oder weil sie etwas haben wollten, was über den kargen Lebensunterhalt hinausging, auch aus Neid auf die Reichen, die sie ausbeuteten und im Elend ließen.
Im Gefängnis erhielten sie nur Schwarzbrot und Wasser. Den Wärtern gehorchten sie widerwillig. Diese hatten Angst und schlugen die Gefangenen deshalb aus dem geringsten Anlaß. Sie waren in Gemeinschaftsräumen beisammen, wo die „Schlimmsten" zum Vorbild wurden.
„Was mich am meisten erschütterte", schrieb Don Bosco, „war, daß viele, die entlassen wurden, entschlossen waren, ein anderes Leben zu führen", vielleicht auch nur aus Furcht vor dem Gefängnis. „Aber nach kurzer Zeit landeten sie wieder dort."
Er versuchte den Grund dafür zu finden und kam zu dem Schluß: „Weil sie

auf sich selbst gestellt sind, versagen sie." Sie hatten keine Familie oder wurden von den Angehörigen zurückgewiesen, weil das Gefängnis sie „für immer in Schande gebracht hatte".

„Ich dachte mir: Diese Jugendlichen müßten einen Freund finden, der sich ihrer annimmt, ihnen beisteht, sie unterweist, sie sonntags in die Kirche führt. Dann würden sie nicht mehr ins Gefängnis zurückkehren."
Von Tag zu Tag gelang es ihm besser, Freunde zu gewinnen. „Nach und nach ließ ich sie ihre Menschenwürde spüren", schreibt er. „Sie wurden froh darüber und beschlossen, anders zu werden."
Oft aber wurden sie rückfällig und kamen wieder ins Gefängnis. Dann waren ihre Gesichter verschlossen. Sie sprachen voller Sarkasmus Lästerungen aus, und es gelang Don Bosco nicht immer, seine Entmutigung zu unterdrücken. Eines Tages brach er in Tränen aus. Es war ein Augenblick der Unsicherheit.
„Warum weint dieser Priester?" fragte einer.
„Weil er uns mag. Auch meine Mutter würde weinen, wenn sie mich hier sehen würde."

Der Entschluß

Nachdem er das Gefängnis verlassen hatte, stand für ihn fest: „Es muß um jeden Preis verhindert werden, daß diese Buben, die noch so jung sind, im Gefängnis landen. Ich will der Retter dieser Jugend sein."
„Das sagte ich dann Don Cafasso", schrieb Don Bosco. „Und mit seiner Hilfe suchte ich nach dem richtigen Weg, um diesen Wunsch in die Tat umzusetzen."
Auch andere Priester in Turin suchten nach Lösungen für die Probleme der Jugend. Der erste war Don Giovanni Cocchi, ein sehr reger Priester. Er kam vom Land, war 1836 zum Priester geweiht worden, als Don Bosco erst am Anfang seiner Seminarzeit stand. In einer Turiner Vorstadt gründete er das erste Sonntagsoratorium Turins und stellte es unter den Schutz der Engel.
Don Bosco dachte nach der erschütternden Erfahrung mit den Gefangenen auch an ein Oratorium, aber nicht an eines nur für sonntags. Er wollte ein Zentrum schaffen, in dem verlassene Buben einen Freund finden, wo jugendliche Strafentlassene Hilfe und Unterstützung erfahren können, ein Oratorium, das nicht nur für den sonntäglichen Religionsunterricht da ist, sondern das sich über die ganze Woche erstreckt durch Freundschaft, Beistand, durch Begegnung am Arbeitsplatz.

Ein Ave Maria zum Anfang

Der zaghafte Anfang in der Verwirklichung seiner Aufgabe geschah am Morgen des 8. Dezember 1841. Es war im selben Jahr, in dem Don Cocchi das erste Oratorium in Turin eröffnete. Fünfunddreißig Tage danach kam Don Bosco im Konvikt an. Später beschrieb er den Vorgang:

„Am Festtag der Unbefleckten Empfängnis Mariens war ich in der Sakristei und zog gerade die Meßgewänder an, als ich eine Unruhe bemerkte. Der Sakristan Giuseppe Comotti sah in einer Ecke einen Jugendlichen stehen und forderte ihn auf, bei der Messe zu dienen.

‚Das kann ich nicht‘, sagte dieser beschämt.

‚Jetzt komm‘, sagte der Sakristan. ‚Ich will, daß du ministrierst.‘

‚Ich kann es nicht‘, wiederholte der Jugendliche. ‚Ich habe das noch nie getan.‘

‚Du Esel‘, schrie der andere wütend, ‚wenn du nicht ministrieren kannst, warum treibst du dich dann hier herum?‘ Dabei griff er nach dem Staubwedel und schlug mit dessen Stange auf die Schultern und den Kopf des Jugendlichen ein.

Dieser lief schreiend davon.

‚Was macht Ihr?‘ rief ich, ‚warum schlagt Ihr ihn?‘

‚Weil er in die Sakristei kommt und gar nicht ministrieren kann.‘

‚Das war Unrecht von Euch.‘

‚Geht Sie das etwas an?‘

‚Ja, denn er ist einer meiner Freunde. Ruft ihn sofort zurück. Ich muß mit ihm sprechen.‘"

Der Bub kam ganz verängstigt zurück. Er hatte kurzes Haar, trug eine von Kalk beschmutzte Jacke, ein Zugezogener also. Wahrscheinlich haben seine Angehörigen gesagt, er soll, wenn er nach Turin kommt, in die Messe gehen. In die Sakristei ist er vielleicht gekommen, weil er es nicht gewagt hat, zusammen mit gut gekleideten Leuten in die Kirche zu gehen – es war ja hoher Festtag. So hat er es durch die Sakristei versucht, wie es die Männer und Burschen in den Dörfern gewohnt waren.

„Ich fragte ihn freundlich:

‚Warst du heute schon in der Messe?‘

‚Nein.‘

‚Dann komm doch mit. Nachher werde ich dir etwas sagen, was dir Freude machen wird.‘

Er versprach zu kommen. Nach der Messe führte ich ihn in eine kleine Seitenkapelle und fragte ihn ganz freundlich:

‚Mein lieber Freund, wie heißt du denn?‘

‚Bartolomeo Garelli.‘

‚Woher kommst du?‘

‚Von Asti.‘

‚Was arbeitest du?'
‚Maurer.'
‚Lebt dein Vater noch?'
‚Nein, er ist gestorben.'
‚Und deine Mutter?'
‚Sie ist auch gestorben.'
‚Wie alt bist du?'
‚Sechzehn.'
‚Kannst du schreiben?'
‚Nein.'
‚Kannst du singen?' Der Bub wischte sich die Augen aus, schaute mich ein wenig verwundert an und sagte: ‚Nein.'
‚Kannst du pfeifen?' Bartolomeo lachte. Das war es, was ich wollte. Wir begannen, Freunde zu werden.
‚Warst du schon bei der Erstkommunion?'
‚Noch nicht.'
‚Hast du schon einmal gebeichtet?'
‚Ja, als ich noch klein war.'
‚Und gehst du in den Religionsunterricht?'
‚Ich getrau mich nicht. Die anderen Buben sind viel kleiner als ich, und dann lachen sie mich aus . . .'
‚Wenn ich dir eigens, also ganz allein Unterricht geben würde, würdest du dann kommen?'
‚Sehr gern.'
‚Auch hierher?'
‚Wenn ich nicht geschlagen werde.'
‚Sei ganz ruhig, jetzt bist du mein Freund, und niemand wird dich anrühren. Wann willst du anfangen?'
‚Wann Sie wollen.'
‚Auch sofort?'
‚Mit Freude!"'
Don Bosco kniete nieder und betete ein Gegrüßet seist du, Maria. Fünfundvierzig Jahre später wird er zu seinen Salesianern sagen: „Aller Segen, den wir vom Himmel erhalten haben, ist die Frucht dieses ersten Ave Maria, das ich mit Eifer und in rechter Absicht gebetet habe."
Nach dem Gebet machte Don Bosco das Kreuzzeichen, um zu „beginnen". Dabei bemerkte er, daß Bartolomeo eine Geste machte, die in etwa an ein Kreuzzeichen erinnerte, denn er konnte es nicht. Nun zeigte Don Bosco es ihm ganz freundlich und erklärte ihm im Dialekt (beide stammten ja aus dem Kreis Asti), warum wir Gott „Vater" nennen. Am Schluß sagte er zu ihm:
„Ich würde mich freuen, wenn du nächsten Sonntag wieder kommen würdest, Bartolomeo."

„Gern."
„Aber komm nicht allein, sondern bring deine Freunde mit!"
Bartolomeo Garelli, der kleine Maurer aus Asti, war der erste Bote Don Boscos unter den Jugendlichen seines Stadtviertels. Er erzählte ihnen von seiner Begegnung mit dem freundlichen Priester, „der auch pfeifen konnte", und sprach von seiner Einladung.
Vier Tage darauf war Sonntag. In die Sakristei kamen neun. Sie kamen, um „Don Bosco zu sehen". Sein Oratorium war geboren.

„Sofort" – ein Wort, das zum Kennzeichen wird

Das kleine Wort „sofort", das Don Bosco zu Bartolomeo Garelli gesagt hatte, war die Losung einer Gruppe von Turiner Priestern. In der Unsicherheit der industriellen Revolution, in der Unmöglichkeit, gute und fertige Pläne und Aktionsprogramme zu finden, legten diese Priester ihre ganze Kraft in das „Sofort-etwas-zu-unternehmen" für die Menschen im Elend.
Dieses „Sofort" wird das besondere Kennzeichen Don Boscos bleiben und später der Salesianer, die sich als Menschen vom „Sofortdienst" für die arme Jugend spezialisiert haben.
Es war Don Bosco klar, daß er „sofort etwas unternehmen" mußte, denn die arme Jugend kann sich den Luxus, auf Reformen zu warten, auf den Umsturz des Systems, nicht leisten. Sicher ist es besser, die Hungrigen zu lehren, wie man Fische fängt, als ihnen einen Fisch zu geben. Wer aber bereits am Verhungern ist, braucht zuerst einen Fisch.
Don Bosco und seine ersten Salesianer waren zum Sofort-Einsatz bereit. Sie erteilten den Jugendlichen Religionsunterricht, um ihnen in geistig-moralischer Not zu helfen, sie gaben ihnen Brot, um leben zu können, und ermöglichten ihnen eine Berufsausbildung, die durch einen Vertrag geschützt war. Sie mobilisierten erwachsene Katholiken, damit sie in Konkurrenz zu den Sozialisten, Kommunisten und Anarchisten Pläne zur Umwandlung des liberalen Staates vorbereiten, eines Staates, der sich heuchlerisch aus dem Arbeitskonflikt „heraushielt" und ihn damit den Mächtigen und Übermächtigen überließ, die die Armen ausbeuteten.

Sechzehntes Kapitel:

Das Oratorium der kleinen Maurer

Auf der Kanzel von St. Franziskus predigt ein junger Priester mit ganzem Eifer. An einem Seitenaltar sitzen junge Maurer auf den Stufen und schlafen, einer auf die Schultern des anderen gestützt.
Don Bosco, der durch die Kirche geht, tippt einen davon leicht an. Alle wachen auf und schauen verlegen drein. Er lächelt. Leise fragt er:
„Warum schlaft ihr?"
„Wir verstehen ja doch nichts", brummt der älteste.
„Der da droben spricht sowieso nicht für unsereiner", sagt ein anderer.
„Kommt mit mir!"
Auf Zehenspitzen schleichen sie zur Sakristei. „Es waren Carlo Buzzetti, Giovanni Gariboldi, Germano", erzählt Don Bosco seinen Salesianern. Kleine Maurer aus der Lombardei, die dreißig bis vierzig Jahre zusammenbleiben werden. „Damals waren sie schlichte Maurerlehrlinge, jetzt sind sie Baumeister und überall in Valdocco bekannt."
In die Sakristei kam auch Bartolomeo mit seinen Freunden. Die Zahl wuchs. Don Bosco hielt ihnen eine kleine Predigt, die ganz ihnen angepaßt war, lebendig, im Dialog, voller Beispiele und spannender Berichte. Anschließend nahmen sie in den Bänken an der Messe Don Boscos teil.
Aber ein Vormittag ist lang. Nach der Messe und dem Frühstück wollten sie natürlich spielen. Also ging es in den Hof des Konvikts.

Medaillen ja, aber auch Brot

Wenn das Wetter es erlaubte, wanderte Don Bosco mit den Buben am Fluß entlang, zu einem Hügel, zu verschiedenen Marienheiligtümern.
In diesem Winter beabsichtigte Don Bosco, sich „nur mit gefährdeten Jugendlichen, vor allem mit Strafentlassenen zu befassen". Aber er wird nie imstande sein, einen Buben wegzuschicken, der bei ihm bleiben möchte. In ganz kurzer Zeit ist seine „Truppe" gebildet, und zwar vor allem aus Steinhauern, Maurern, Stukkateuren, Pflasterern, die von entlegenen Dörfern stammen und aus verschiedenen Gründen während des Winters (Dezember bis März) nicht nach Hause können.
Don Guala und Don Cafasso stellten sich als Beichtväter für die Buben zur Verfügung, kamen aber auch, um sich mit ihnen zu unterhalten und ihnen zu helfen.
Don Bosco machte eine Notiz in sein Heft: „Sie gaben mir gern Bildchen,

Medaillen, Bücher." Aber seine Maurer und Strafentlassenen brauchten andere Dinge viel nötiger. „Sie baten mich um Kleidungsstücke, manche sogar um Brot." Das erklärte Don Bosco den beiden Priestern und erhielt von ihnen solange Brot, bis die Jungen wieder etwas verdienen konnten.

Während der Woche hat Don Bosco eine andere Aufgabe: Arbeitsplatzsuche, bessere Arbeitsbedingungen aushandeln für die, die Arbeit haben. „Ich suchte sie bei ihren Arbeiten auf, in ihren Werkstätten, auf Baustellen. Darüber freuten sich meine jungen Leute. Sie erlebten, daß sich ein Freund ihrer annahm, sich um sie kümmerte, und das gab ihnen auch während der Woche Geborgenheit. Auch die Arbeitgeber begrüßten dies und nahmen gern Jugendliche an, denen während der Woche und auch an Sonntagen jemand beistand."

Das schwierigste Problem war die Unterbringung von Strafentlassenen. Don Bosco versuchte, sie einzeln an gute Meister zu vermitteln, und besuchte sie ebenfalls während der Woche. „Der Erfolg blieb nicht aus: Sie führten ein ordentliches Leben, vergaßen ihre Vergangenheit und wurden gute Christen und anständige Bürger."

Jeden Samstag ging Don Bosco in die Gefängnisse, um dort sein schwierigstes Apostolat auszuüben. Er brachte immer etwas mit: „Einmal einen Beutel Tabak, ein andermal Obst und auch Brot." So konnte er die Jugendlichen dort gewinnen und „sie einladen, ins Oratorium zu kommen, wenn sie entlassen würden."

Der Bub aus Caronno

Es ist Frühling, und die kleinen Maurer kehren wieder aus ihren Dörfern in die Stadt zurück. Die „Mannschaft" Don Boscos wächst von Sonntag zu Sonntag. Aus Caronno kommt auch Giuseppe Buzzetti, der kleine Bruder von Carlo. Er ist erst zehn Jahre alt, hängt sehr an Don Bosco und trennt sich nicht mehr von ihm.

Vom Frühjahr 1842 bis zum 31. Januar 1888, dem Todestag Don Boscos, ist Giuseppe Buzzetti immer bei ihm als stiller Zeuge all dessen, was durch Don Bosco geschah auf menschlicher und übernatürlicher Ebene, war er doch der Priester, „der ihn gern hatte". Vieles aus dem Leben Don Boscos würde längst als „Legende" abgetan sein, wenn es nicht der kleine Maurer aus Caronno, der immer „seinem" Don Bosco ganz nahe war, gesehen und bezeugt hätte.

„Wenn ich ein einziges Stück Brot hätte"

Was die Jugendlichen zu Don Bosco hinzog, war seine herzliche und tiefe Güte. Sie spürten sie und sahen sie in seinem alltäglichen Handeln. Jeden Augenblick des Tages stand Don Bosco ihnen zur Verfügung.

Mußten sie Lesen oder Grundrechnungsarten lernen, fand Don Bosco immer Zeit oder geeignete Leute, die ihnen halfen.

Hatten sie einen groben Arbeitgeber oder waren sie arbeitslos, griff Don Bosco ein, mobilisierte seine Freunde, um einen guten Meister zu finden.

Selbst wenn sie dringend Geld brauchten, wußten sie, daß Don Bosco ihnen den letzten Soldo geben wird.

Bei Schwierigkeiten am Arbeitsplatz baten sie Don Bosco zu kommen, und er besuchte sie in Werkstätten und auf Baustellen. Mit ihm sprechen zu können, gab den Buben viel Mut. Oft hörten sie ihn sagen: „Ich mag dich so gern, daß ich, wenn ich nur ein einziges Stück Brot hätte, es mit dir teilen würde" und vergaßen es nie.

Mußte er einem ins Gewissen reden, tat er es nie in Gegenwart anderer, um ihn nicht zu beschämen. Hatte er ihnen etwas versprochen, konnten sie sich darauf verlassen.

In diesen Jahren setzten sich viele Priester für die arme Jugend ein. Ihre Haltung war jedoch allgemein „ernste Liebenswürdigkeit". Es genügt, bestimmte Handbücher über die christliche Erziehung zu lesen. Da heißt es z. B., man soll mit der Jugend liebenswürdig sein, aber ihr nicht erlauben, laut zu sein, laut zu lachen. Man muß ihr Stillschweigen auferlegen, Sammlung, sonst bricht im Jugendlichen das „kleine Raubtier" hervor.

Die Liebenswürdigkeit Don Boscos war ganz anderer Art. Sie war von Fröhlichkeit geprägt, hatte er doch bereits den „Club der Fröhlichen" gegründet. Er weiß um den Wert einer Freude, die aus den jugendlichen Kräften hervorbrechen und sich laut äußern darf. „Spielt, springt, macht Lärm. Mir genügt, daß ihr nicht sündigt." Der Erzieher muß alles verhindern, was die Freude zerstören würde.

Die Buben mochten Don Bosco aufrichtig gern. Sie liebten ihn aus ganzem Herzen. Ihm zu begegnen, war für sie geradezu ein Fest.

In der Via Milano, nahe dem städtischen Palast, begegnete er einem Buben, der vom Einkaufen zurückkam und eine Flasche Öl und ein Glas Essig in Händen hatte. Als er Don Bosco sah, lief er ihm entgegen und rief begeistert: „Guten Tag, Don Bosco!" Essig und Öl schwankten bedenklich in ihren Gefäßen. Don Bosco lachte, weil der Kleine sich so freute, und sagte im Scherz: „Wetten, daß du das nicht kannst, was ich tu." Dabei schlug er die Hände zusammen. Der Bub bemerkte vor lauter Freude nicht, daß es Scherz war. Er klemmte die Flasche unter den Arm, schlug seine Hände zusammen und schrie: „Es lebe Don Bosco!"

Flasche und Glas entglitten ihm, fielen zu Boden und gingen in Scherben. Da bekam er Angst: „O je, meine Mutter wird mich schlagen."

„Sei nur ruhig", sagte Don Bosco, „dieses Übel läßt sich schnell beheben." Er ging mit ihm in eine Drogerie und kaufte ihm Essig und Öl.

„Euer Gewand ist zu dünn"

Am 30. April starb in Chieri der Kanonikus Cottolengo. In seinem „Kleinen Haus" liegen Hunderte von unheilbar Kranken. Einige Jahre zuvor ließ ihn der Finanzminister rufen.
„Sind Sie der Leiter des ‚Kleinen Hauses der Göttlichen Vorsehung'?"
„Nein, ich bin nur ein einfacher Handlanger der Vorsehung."
„Ist egal. Aber woher nehmen Sie die Mittel, um das Krankenhaus zu unterhalten?"
„Das habe ich Ihnen schon gesagt, von der Göttlichen Vorsehung."
Der Minister, ein Mann, der mit beiden Füßen auf der Erde stand, prüfte die Buchführung, schaute sich Einnahmen und Ausgaben an.
„Aber das Geld, Hochwürden, wo bringt Ihr es denn her?"
„Nun habe ich es Ihnen schon zweimal gesagt. Die Göttliche Vorsehung versorgt uns mit allem und läßt es uns an nichts fehlen. Ich werde sterben, und Sie, Herr Minister, werden sterben. Aber die Göttliche Vorsehung wird fortfahren, den Armen im Kleinen Haus zu helfen."
So war es. Nach dem Tode Don Cottolengos wurde der Kanoniker Anglesio sein Nachfolger. Das Leben im „Kleinen Haus" nahm weiterhin seinen ruhigen Verlauf.
Don Bosco gedachte in diesen Tagen seiner ersten Begegnung mit Don Cottolengo. Kurz nachdem er in Turin angekommen war, hatte er das „Kleine Haus" besucht. Der Kanoniker hatte ihn nach seinem Namen und seiner Herkunft gefragt. Dann meinte er in seiner humorvollen Art:
„Ihr habt das Aussehen eines edlen Menschen. Kommt doch und arbeitet im Kleinen Haus. An Arbeit wird es Euch hier sicher nicht fehlen.
Don Bosco ging tatsächlich öfters hin, hörte die Beichte der Kranken und verbrachte manche Stunde mit den behinderten Buben. Eines Tages begegnete ihm Don Cottolengo wieder, nahm sein Gewand zwischen die Finger und befühlte den Stoff. Dann meinte er:
„Es ist zu leicht, besorgt Euch ein haltbares, denn es werden sich viele Buben daranhängen."

„Er sprach ganz ungezwungen über Gott"

Sie hängten sich wirklich an ihn. Monat für Monat kamen mehr ins Oratorium. Nun waren es schon hundert. Sie brauchten nicht nur Arbeit, sondern auch den Glauben, der ihnen Kraft gab, auch wenn das Brot knapp war; den Glauben, der das Brot sicher nicht einfach ersetzen kann, den aber auch das Sattsein nicht zu ersetzen vermag, weil nur er dem Leben Sinn geben kann. Don

Bosco war kein Philanthrop, sondern Priester, und darum bemühte er sich vor allem, den Jugendlichen Gott näher zu bringen.

„Es war für mich etwas Besonderes", schreibt er, „zu sehen, wie während der Woche und auch sonntags mein Beichtstuhl von vierzig bis fünfzig Buben umlagert war, die bereit waren, auch lange zu warten, bis sie an die Reihe kamen."

Beichten ist sicher nichts Angenehmes. Don Bosco aber half ihnen und gab ihnen ganz einfache Regeln. „Wenn du nicht weißt, wie du dich ausdrücken sollst, dann sag das dem Beichtvater, und er hilft dir. Er stellt dir dann einfache Fragen, und alles kommt wieder in Ordnung."

Die Krönung der Beichte war die Kommunion, die viele seiner Buben jeden Sonntag empfingen (und das in einer Zeit, in der geboten werden mußte, sie wenigstens einmal im Jahr zu empfangen).

Selbst mitten in einer gewöhnlichen Unterhaltung, beim Erzählen von Witzen, sprach Don Bosco ganz ungezwungen von Gott. In einem Augenblick großer Freude schaute er beispielsweise seine Buben an und rief aus:

„Wie schön wird es sein, wenn wir einmal alle im Himmel sind!"

Manchmal diskutierten sie miteinander, z. B. über das Gute, das Böse, das Leben hier und im Jenseits. Da kam es vor, daß einer fragte:

„Komme ich wohl in den Himmel?"

„Ja, meinst du denn, in die Hölle?" erwiderte ihm Don Bosco. „Glaubst du, daß Gott den Himmel erschaffen hat, um ihn dann leerstehen zu lassen. Sicher bedarf es vieler Mühen und Opfer. Aber ich will, daß wir uns alle da oben wiederfinden, und dann werden wir feiern!"

Siebzehntes Kapitel:

Die Gräfin und der „kleine Pater"

Inzwischen war es Sommer 1844 geworden, und die drei Studienjahre im Konvikt waren für Don Bosco zu Ende.

Don Cafasso ging hinunter nach Valdocco und suchte den Theologen Borel auf, den Leiter des von der Gräfin Barolo gegründeten Heimes.

„Ich möchte Euch einen tüchtigen Priester schicken. Ihr müßt für ein Zimmer und ein kleines Stipendium sorgen."

„Aber hier gibt es ja nicht einmal für mich genug Arbeit. Was soll ich denn dann mit ihm machen?"

„Laßt ihn frei. Wenn Ihr wegen des Stipendiums Schwierigkeiten habt, zahle ich es. Er heißt Don Bosco und hat im Konvikt eine Art Oratorium angefangen. Wenn wir keinen Posten für ihn in der Stadt finden, schickt ihn der Erzbischof als Kaplan in ein Dorf, und die Buben dieses Oratoriums stehen wieder auf der Straße. Das wäre wirklich eine Sünde."

„Gut, dann bin ich einverstanden und spreche mit der Gräfin."

Don Cafasso kehrte ins Konvikt zurück und sagte kurzerhand zu Don Bosco: „Schnürt Euer Bündel, und geht ins Heim der Gräfin Barolo. Dort werdet Ihr mit dem Theologen Borel arbeiten und Zeit haben, Euch um Eure Buben zu kümmern."

Reich um der Armen willen

Die Markgräfin Juliette Françoise de Colbert war eine Persönlichkeit von höchstem Rang in der Turiner Gesellschaft. Während der Französischen Revolution war sie aus Frankreich geflüchtet und hatte den Markgrafen Carlo Tancrede Falletti di Barolo geheiratet, der 1825 Bürgermeister von Turin wurde.

Als er 1838 kinderlos starb, hinterließ er ihr ein enormes Erbe. Die dreiundfünfzigjährige Witwe widmete sich ganz den Armen.

Viele Jahre hindurch hielt sie sich täglich drei Stunden in den Frauengefängnissen auf und hatte dabei Beleidigungen und sogar Schläge zu erdulden. Aber dennoch wollte sie diesen armen Frauen helfen und sie auch unterrichten. Zuletzt erhielt sie von den zuständigen Stellen die Erlaubnis, die gefangenen Frauen von den Männern zu trennen und sie in einem gesünderen Gebäude unterzubringen, das sie eigens für diesen Zweck herrichten ließ.

Auch Waisenhäuser und Heime für junge Arbeiterinnen gründete sie.

In Valdocco errichtete sie neben dem Haus Cottolengo ein „Rifugio" (zu deutsch: Zufluchtsstätte) für ehemalige Prostituierte, die ein neues Leben beginnen wollten. Zugleich eröffnete sie ein Heim für gefährdete Mädchen ab vierzehn Jahren.

In diesem Jahr, es war 1844, baute sie gerade ihr drittes Werk, ein Hospital für kranke und körperbehinderte Kinder.

Obwohl sie von ihren Werken völlig in Anspruch genommen wurde, blieb sie elegant und lebhaft. In ihrem Salon trafen sich die bekanntesten Intellektuellen, und in ihrem Palast stand geschrieben: „Meine Gefängnisse". Camillo Cavour war ihr Vertrauter.

Der Theologe Borel ging also zur Gräfin:

„Ich habe einen geistlichen Leiter für Ihr Krankenhaus gefunden. Er heißt Don Bosco und kommt aus dem Konvikt."

„Schön, aber das Krankenhaus befindet sich ja erst im Bau. Wir sprechen dann in einigen Monaten darüber."

„Nein, Frau Gräfin, das geht nicht. Entweder nehmen Sie Don Bosco sofort, oder er wird anderswohin geschickt. Don Cafasso hat ihn mir wärmstens empfohlen. Er hat von einem Oratorium gesprochen, das dieser Priester gegründet hat, und gesagt, es wäre Sünde, wenn man dieses zugrunde gehen lassen würde."

Der Gräfin genügte das noch nicht. Sie wünschte weitere Informationen, die sie überzeugen würden. Daraufhin gewährte sie Don Bosco ein Stipendium von 600 Lire pro Jahr und gab ihm ein Zimmer neben Don Borel, nahe dem „Rifugio".

Auch Don Bosco wollte bei der ersten Begegnung mit der Gräfin Informationen und Garantien erhalten. Er akzeptierte den Dienst im Rifugio unter der Bedingung, daß seine Buben während der Woche jederzeit zu ihm kommen können.

Die Gräfin war inzwischen sechzig Jahre alt, besaß aber immer noch ihr energisches und offenes Wesen. Deshalb gefiel ihr der Freimut Don Boscos, und sie erlaubte ihm, sein Oratorium innerhalb ihres Grundstücks zu versammeln, und zwar an dem Platz, der an den Neubau grenzte. Sobald es möglich wäre, sagte sie, würde sie ihm innerhalb des Gebäudes zwei Zimmer zur Verfügung stellen, so daß er eine Kapelle einrichten könne.

Eine Unterkunft hatte er nun. Aber das Ganze war unverbindlich.

Ein neuer Wegweiser

Am 12. Oktober 1844, einem Samstag, ist Don Bosco sehr nachdenklich, denn am morgigen Sonntag muß er seinen Buben mitteilen, daß das Oratorium an die Peripherie der Stadt, nach Valdocco, verlegt werden muß. Die Unsicherheit über den neuen Wirkungsort und über die finanziellen Mittel belastet ihn, wie er schreibt. Da erhält er unverhofft Hilfe: „In dieser Nacht hatte ich einen Traum, der mir wie ein Anhang zu dem erschien, den ich mit neun Jahren hatte. Ich sah eine große Herde Wölfe und wollte fliehen. Aber eine Frau in Gestalt einer Hirtin gab mir ein Zeichen, diese eigenartige Herde zu begleiten. Sie ging voran. Dreimal machten wir Halt, und jedesmal verwandelte sich eine große Anzahl der Wölfe in Lämmer. Langsam wurde ich so müde, daß ich mich setzen wollte, aber die Hirtin forderte mich auf, weiterzugehen. Plötzlich waren wir in einem großen Hof, der mit Säulengängen umgeben war. An einer Seite befand sich eine Kirche. Die Anzahl der Lämmer wurde ungeheuer groß. Es kamen zwar immer mehr Hirten dazu, um sie zu hüten, sie blieben aber nur kurz. Dann geschah unversehens etwas Seltsames: Viele Lämmer verwandelten sich in Hirten und sorgten für die anderen Lämmer. Jetzt forderte mich die Hirtin auf, meinen Blick nach Süden zu richten. Ich sah ein weites Feld . . . ‚Schau noch einmal', sagte sie. Da sah ich eine wunderschöne große Kirche . . . In ihrem Innern befand sich ein weißes Band, auf dem mit großen Buchstaben geschrieben stand: ‚Hic domus mea, inde gloria mea' (Dies ist mein Haus, von hier wird mein Ruhm ausgehen)."

Zehn Zeilen weiter schließt Don Bosco: „Ich wollte erst nicht recht glauben, was ich sah, aber als sich die Dinge nach und nach verwirklichten, verstand ich es. Mehr noch, dieser Traum diente mir als Orientierung in meinen Entscheidungen."

„Wo ist Don Bosco? Wo ist das Oratorium?"

Am 13. Oktober kündet Don Bosco seinen Buben die Umsiedlung des Oratoriums ins „Rifugio" an. Es entsteht Beunruhigung. Deshalb erzählt er ihnen, was er im Traum gesehen hat, und verkündet freudig: „Dort haben wir ein großes Gelände ganz für uns zum Singen, Laufen, Springen." Nun werden alle neugierig.

Am folgenden Sonntag, dem 20. Oktober, ziehen Gruppen von Buben die Zollinie entlang und steigen ins tiefer gelegene Valdocco hinunter, wo sich bis zum rechten Ufer der Dora Wiesen und Felder ausdehnen. Dazwischen liegen verstreut Hütten. Das Haus Cottolengo und das Rifugio der Gräfin Barolo stehen neben Bauernhäusern, in denen die Menschen ein ruhiges Leben führen. Da die Buben nicht genau wissen, wo Don Bosco zu finden ist, klopfen sie an verschiedene Türen und rufen:

„Wo ist Don Bosco? Wo ist das Oratorium?"

Die Leute, die in dieser Gegend immer wieder einmal Jugendbanden antrafen, denken an einen schlechten Scherz und schreien:

„Was für ein Oratorium? Was für ein Don Bosco? Schaut, daß ihr

verschwindet, sonst machen wir euch Beine und bringen euch das Laufen mit der Mistgabel bei!"
Als Don Bosco das Geschrei hört, tritt er mit Don Borel vor die Tür. Sofort verebbt der Lärm, und alle rennen auf ihn zu. Platz zum Spielen ist mehr als genug da. Aber einen Raum zum Beten, Beichten und zur Meßfeier gibt es nicht.
„Der große Raum, den ich euch versprochen habe, ist noch nicht fertig", sagt Don Bosco. „Aber wer möchte, kann auf mein Zimmer kommen und auch zu Don Borel."
An diesem und den folgenden Sonntagen kamen so viele Buben, daß sie sich auf engstem Raum drängen mußten. „Zimmer, Flur, Treppe, alles war von den Buben in Beschlag genommen. Zum Beichthören waren wir zwei, aber die beichten wollten, waren zweihundert", so Don Bosco. „Und wer kann schon gelassen bleiben, wenn zweihundert Buben warten?"
„Einer wollte Feuer machen, der andere es löschen, einer schichtete Holz auf, andere verschütteten Wasser. Eimer, Schaufel, Krug, Waschschüssel, Stühle, Schuhe, Bücher, alles war durcheinander, denn alle wollten aufräumen und machten dabei die Unordnung immer größer", erzählt Don Bosco.
Sechs Sonntage lang kamen zweihundert Buben, stellten sich am Vormittag auf wie ein kleines Heer, um auf den Kapuzinerberg, zur Consolata oder nach Sassi zu gehen und dort die hl. Messe zu feiern.
Oft begleitete sie Don Borel, den die Leute seiner Figur wegen den „kleinen Pater" nannten. Er arbeitete unermüdlich. Den jungen Don Bosco hatte er unter seine Fittiche genommen und half ihm nun in herzlicher Freundschaft, auch immer wieder einmal mit Geld.
Die Predigten des „kleinen Paters" waren bei den Buben sehr beliebt, denn er sprach frei, im Dialekt und lockerte seine Ausführungen durch Sprüche, Witze und geistreiche Bemerkungen auf. Manch einer meinte Don Borel gegenüber, er müsse ‚schicklicher' predigen, worauf dieser antwortete: „Die Menschen sind plump, und deshalb muß man so predigen."

Schneeflocken im Kohlenbecken

Am 8. Dezember sind die beiden Zimmer, die als Kapelle ausgestattet worden sind, fertig. Es wurde auch Zeit, denn seit dieser Nacht schneite es ziemlich stark.
Am Morgen lag hoher Schnee, und es war kalt. In die Kapelle wurde ein Kohlenbecken getragen. Giuseppe Buzzetti erinnerte sich, daß beim Öffnen der Tür Schneeflocken hineingeweht wurden.
Die Buben kamen trotzdem. Sie fanden einen kleinen Altar vor sowie einen Tabernakel und einige Bänke. „Wir feierten die Messe", schrieb Don Bosco.

In dieser Sakristei fand die entscheidende Begegnung
Don Boscos mit Bartolomeo Garelli statt

Innenhof des „Rifugio", wohin Don Bosco zunächst sein Oratorium verlegte. Hinter
dem 2. Fenster von links im Erdgeschoß befand sich sein Zimmer

„Einige Buben beichteten und gingen zur Kommunion. Mir kamen die Tränen, denn ich glaubte, jetzt den endgültigen Ort für das Oratorium gefunden zu haben."
Etwas Endgültiges erhielt das Oratorium Don Boscos tatsächlich an diesem 8. Dezember 1844: den Namen „Franz von Sales". Die Gründe dafür gibt Don Bosco selbst an:
„Weil die Gräfin Barolo ein Gemälde dieses Heiligen der Sanftmut über den Eingang hatte anbringen lassen. Vor allem aber, weil gerade unsere Aufgabe, unser Dienst, große Beherrschtheit und Sanftmut erfordert."
Um seinen Buben Freude zu machen, kauft Don Bosco Kugeln, Steinscheiben und Stelzen. (Der Ball war damals noch nicht erfunden.) Den ärmsten seiner Buben hilft er weiterhin mit Nahrung, Kleidung, Schuhen.
Jetzt, wo ein Raum zur Verfügung steht, denkt er daran, den intelligenteren seiner Buben Unterricht zu geben. So kommen sie an Sonntagen in kleinen Gruppen, die einen das Gesicht rußgeschwärzt, die anderen weiß vom Kalk. Über die Schultern tragen sie einen Umhang, um sich vor der Kälte zu schützen. Aber sie freuen sich darauf, etwas lernen zu dürfen.
Für Bücher, Kleidung und Spielgeräte braucht man allerdings Geld, und Don Bosco ist zu gehemmt und unbeholfen, um bei Herrschaftsfamilien um Spenden zu bitten. Es ist Don Borel, der ihn dazu antreibt.
„Wenn du deine Buben wirklich gern hast, dann mußt du auch zu diesem Opfer bereit sein."
Don Bosco tut es. Die erste adelige Familie, die er aufsucht (sie wurde von Don Borel vorbereitet), ist die von Ritter Gonella. Don Bosco fühlt, wie er errötet, als er die Hand ausstreckt, um die ersten 300 Lire in Empfang zu nehmen.
Zweiundvierzig Jahre später wird er einen Salesianerobern bitten, Spenden zu sammeln. Dieser wird ihm antworten, es fehle ihm der Freimut Don Boscos. Dann wird er ihm mit ernstem Ausdruck sagen:
„Du weißt nicht, was es mich gekostet hat, zu bitten."
Er wird nie seine Befangenheit verlieren, aber er wird auch nie seine Würde preisgeben, wird weder schüchtern noch fordernd sein, und seine Wohltäter werden ihn achten und schätzen.

Die Enttäuschung

Während der ersten Monate im Rifugio dachte Don Bosco vielleicht daran, er könnte die Gräfin umstimmen, das neue Gebäude anstatt für kranke Mädchen für verlassene Buben bereitzustellen. Die Gräfin hatte allerdings genau entgegengesetzte Hoffnungen: Don Bosco würde schon seine Buben verlassen und sich ganz ihrem Werk widmen.

Das war eine gegenseitige Illusion. Im Laufe der Zeit nahm die Anzahl der Buben und mit ihr der Lärm immer mehr zu. Rosenbeete wurden verwüstet, vor allem aber gab es Bedenken wegen der großen Jungen in der Nähe der Mädchen.
Der Gräfin wurde es zuviel, und das Oratorium mußte auswandern.
Aber wohin, das war das Problem. Die Träume spornten Don Bosco zwar an; doch es gab keine Stadt- bzw. Landkarten, worauf er die im Traum gesehenen Plätze hätte suchen können.
In der Fastenzeit 1845 versuchte er einen teilweisen Auszug. Er versammelte die älteren Oratorianer in St. Peter in Ketten zum Religionsunterricht (der während der Fastenzeit und im Advent für alle Kinder vorgeschrieben war).
Neben der Kirche lag ein Friedhof, in dem seit zehn Jahren keine Beerdigung mehr stattgefunden hatte. Dieser hatte eine große Halle und einen kleinen Hof, der von Säulen umgeben war.
Die Zusammenkünfte für den Religionsunterricht verliefen reibungslos. Der Kaplan, Don Tesio, war mit Don Bosco befreundet. Da das kleine Krankenhaus nun fertig war, fragte Don Bosco im Mai Don Tesio, ob er das Oratorium in die Kirche und in den Hof von St. Peter in Ketten verlegen könne.
Am Sonntag, dem 25. Mai, mußte Don Tesio nach Turin. So bat er Don Bosco, an diesem Sonntag mit seinen Buben zu kommen. Er könnte ihn dann gleich in der Messe vertreten.
Vermutlich unterlag Don Tesio zwei Täuschungen: Er meinte, das Oratorium Don Boscos werde nur von den wenigen Buben besucht, die während der Fastenzeit zum Religonsunterricht gekommen sind. Außerdem glaubte er, daß die Buben (wie es in anderen Oratorien auch war) nach der Messe nach Hause gehen oder höchstens ihr Frühstück im Hof essen würden.
Aber es kam ganz anders. Die Pfarrhaushälterin sah eine ungeheure Schar Buben ankommen, die die ganze Kirche füllten, nach der Messe geschwind ihr Frühstücksbrot nahmen und sofort lärmend in den Hof und unter die Säulengänge rannten, wo einige Hühner herumliefen. Die Pfarrhaushälterin war zunächst total verblüfft, wurde dann aber wütend, begann zu schreien und die Buben zu verfolgen, sie mit dem Besen zu bedrohen, während ihre Hühner, von den Buben verfolgt, erschreckt davonflatterten.
Bei ihrer Verfolgungsjagd stieß sie auf Don Bosco und beschimpfte ihn mit allen Ausdrücken, die sie zur Verfügung hatte. Einer der harmlosesten war noch „Schänder heiliger Orte".
Don Bosco war es klar, daß es das beste war, das Freispiel abzubrechen und zu gehen. Alle aber gingen fort mit der Hoffnung, an den kommenden Sonntagen wieder hierherkommen zu können.
Die ganze Sache wäre ein kleiner Zwischenfall geblieben, wenn nicht im Anschluß daran etwas Sonderbares geschehen wäre, was im Seligsprechungsprozeß zur Sprache kam. Don Rua sagte unter Eid folgendes aus: „Viele Jahre

danach erzählte mir ein gewisser Melanotte aus Lanzo, der bei dieser Szene anwesend war, daß Don Bosco, ohne sich der Beschimpfungen wegen aufzuhalten oder zu ärgern, sagte: ‚Die Ärmste, jetzt befiehlt sie uns zu gehen, und sie selbst wird am kommenden Sonntag schon unter der Erde sein.'"

Als Don Tesio zurückkam, berichtete ihm die Haushälterin so katastrophale Dinge, daß der Kaplan (wahrscheinlich, weil er nicht wagte, sein gegebenes Wort zurückzunehmen) an das Rathaus schrieb, man möge jedes Spielen innerhalb des Friedhofs verbieten.

„Ich bedauere, es sagen zu müssen", schreibt Don Bosco, „aber das war der letzte Brief Don Tesios." In der darauffolgenden Woche starben er und seine Haushälterin überraschend.

Achtzehntes Kapitel:

Das wandernde Oratorium

Nach dem mißglückten Versuch kehrte das Oratorium zum Rifugio zurück. Die Gräfin hatte keine Einwände. Sie erinnerte Don Bosco lediglich daran, daß das kleine Krankenhaus am 10. August eingeweiht wird und von diesem Tag an die Buben vor verschlossenen Türen stehen werden.
Am 12. Juli erhielt Don Bosco einen Brief von der Stadtverwaltung: Aufgrund einer Empfehlung des Erzbischofs wurde ihm erlaubt, die Kapelle der städtischen Mühle für den Religionsunterricht bei den Buben zu benutzen, und zwar von 12 Uhr mittags bis 3 Uhr nachmittags.
Eine Kirche für drei Stunden jeden Sonntag, das war zwar nichts Überwältigendes, aber immerhin eine Möglichkeit, sich über Wasser zu halten. „Wir nahmen Bänke, Betstühle, Kerzenleuchter, Stühle und einige Bilder", berichtet Don Bosco, „und jeder trug, was er tragen konnte. So marschierten wir miteinander, um unser Hauptquartier zu beziehen." Die städtische Mühle befand sich auf einem großen Platz in der Nähe der Dora.

Schwere Beschuldigungen

Don Bosco gefiel seine neue Umgebung nicht, den Buben ebensowenig, denn sie waren gezwungen, auf der Straße und dem Kirchplatz zu spielen, wo Wagen und Pferde durchkamen.
Don Bosco mietete ein Zimmer im Erdgeschoß des Gebäudes und hielt dort Religionsunterricht und andere Schulstunden. Erst wenige Sonntage waren sie hier, da begannen auch schon die Schwierigkeiten.
Vom Sekretariat der Mühle kam über die Stadtverwaltung ein Brief, der eine Reihe erheblicher Beschuldigungen enthielt: „Die Buben verursachen schwere Beschädigungen an der Kirche und den Gebäuden, die Zusammenkünfte könnten jederzeit als Vorbereitung für eine Revolution benutzt werden" (das war eine sehr gefährliche Beschuldigung zu dieser Zeit) und stellten „eine Brutstätte der Unsittlichkeit" dar.
Auf Anordnung des Bürgermeisters kam eine Kommission, um die Verhältnisse zu prüfen. Was sie vorfand, war durchaus normal: Die Buben machten Lärm, an einer Wand war mit einer Nagelspitze eingeritzt worden, aber es gab weder für eine Revolution noch für Unsittlichkeit Anzeichen. Der einzige Punkt von Bedeutung – und der eigentliche Grund der Beschwerde – war die Verärgerung der Mieter. Das Singen, Schreien, die lauten Spiele störten die sonntägliche Ruhe.

Don Bosco litt mehr unter den Verleumdungen (die ja immer Spuren hinterlassen), weniger wegen der Anordnung der Stadtverwaltung. Diese zog zwar nicht die gegebene Erlaubnis zurück, erneuerte sie aber am 1. Januar nicht mehr. Das amtliche Schreiben diesbezüglich wurde Don Bosco im November zugeschickt.
Ab dieser Zeit benutzte Don Bosco nur noch die Kirche als Versammlungsort. Zum Spielen führte er seine Schar auf die Wiesen an der Dora, zum Beten in verschiedene Marienheiligtümer. „In diesen Kirchen", schrieb er, „feierte ich die Messe und erklärte das Evangelium. Am Abend hielt ich ein wenig Religionsunterricht und erzählte einige Geschichten. Wir sangen auch Lieder." Man wanderte dann umher, bis es Zeit war, daß die Buben nach Hause oder in ihre Unterkünfte zurückkehrten. Trotzdem nahm die Anzahl der Buben gerade jetzt besonders zu.

„Nimm, Michele, nimm!"

Im September hatte Don Bosco nahe der städtischen Mühle eine der entscheidenden Begegnungen seines Lebens. Buben drängten sich um ihn, um eine Medaille zu bekommen. Etwas abseits stand ein blasser Achtjähriger, der eine schwarze Binde am linken Arm trug. Vor zwei Monaten war sein Vater gestorben. Der Bub wollte sich nicht in die Menge hineindrängen, und so waren alle Medaillen ausgeteilt, und er war leer ausgegangen.
Da näherte sich ihm Don Bosco und sagte lächelnd:
„Nimm, Michele, nimm!"
Aber was sollte er denn nehmen? Dieser eigenartige Priester, der ihm an diesem Tag zum erstenmal begegnet war, hatte ihm ja nichts gegeben. Er streckte ihm nur seine linke Hand entgegen und machte mit der rechten eine Geste, als wollte er sie in zwei Teile schneiden. Der Bub sah ihn fragend an. Don Bosco aber sagte:
„Wir zwei werden halbpart machen."
Was mag Don Bosco in diesem Augenblick gesehen haben? Er hat nie darüber gesprochen. Aber dieser Bub wurde seine rechte Hand, sein erster Nachfolger als Generaloberer der salesianischen Kongregation.
Michele Rua hieß er. Er verstand nicht, was Don Bosco damals meinte, auch nicht nach vielen Jahren. Aber er faßte Zuneigung zu ihm, bei dem man sich wohl fühlen konnte.
Michele wohnte bei der Waffenfabrik, wo sein Vater Angestellter gewesen war. Vier seiner Brüder waren jung gestorben, und er selber war schmächtig. Deshalb ließ ihn seine Mutter nur selten ins Oratorium gehen. Trotzdem begegnete er immer wieder Don Bosco bei den Christlichen Schulbrüdern, wo er die dritte Klasse besuchte. Davon berichtet er:

„Wenn Don Bosco zu uns für die Messe und die Predigt kam, dann waren wir alle wie elektrisiert. Wir sprangen auf, rannten aus den Bänken hinaus und drängten uns um ihn. Es dauerte jedesmal lange, bis er in die Sakristei gelangte. Die Schulbrüder konnten diese offensichtliche Unordnung nicht verhindern. Kamen andere Priester, geschah nichts dergleichen."

Das erste Schulbuch!

Im Oktober geschah etwas sehr Wichtiges: Die „Kirchengeschichte zum Schulgebrauch" wurde veröffentlicht. Es war das erste Lehrbuch, das Don Bosco für seine Buben herausgab. Er hatte es bei Nacht geschrieben im Schein einer Petroleumlampe, mit unglaublicher Schrift. Es war kein „wissenschaftliches" Werk; keines der Schulbücher Don Boscos war dies. Vielmehr war es volkstümlich, dem einfachen Verständnis und der bescheidenen Bildung seiner Buben angepaßt. Es sprach von den Päpsten, von den glänzenden Zeiten der Kirche, zeigte in kurzen Abrissen das Leben der Heiligen auf, beschrieb Werke der Nächstenliebe, die im Volk Gottes zu allen Zeiten blühten.
Als nächstes Buch folgte 1847 die „Biblische Geschichte", dann 1849 das „Dezimalsystem" und 1855 die „Geschichte Italiens".
Daneben fand Don Bosco immer noch Zeit, viele andere Bücher und Kleinschriften zu verfassen: Das Leben der Heiligen, Unterhaltungsschriften, Gebetbücher und solche für den Religionsunterricht. Sie sind keine Meisterwerke, aber ein Zeichen seiner Liebe zur Jugend, zum einfachen Volk, zur Kirche. Manche von ihnen werden ihm noch Unannehmlichkeiten bereiten. Man holte ihn und mißhandelte ihn, damit ihm die Lust am Schreiben vergehen sollte.

Drei Zimmer im Haus Moretta

Der schon erwähnte Brief der Stadtverwaltung kam im November an, zusammen mit der trüben Jahreszeit. „Das Klima", schrieb Don Bosco, „war nicht mehr geeignet für Spaziergänge und Wanderungen außerhalb der Stadt. Im Einverständnis mit Don Borel habe ich drei Zimmer im Haus Moretta gemietet."
Heute steht dieses Haus nicht mehr. Seine letzte Mauer ist in die Seitenkapelle der Mariahilf-Basilika eingefügt.
In den drei Zimmern „verbrachten wir drei Monate. Es war eng. Aber wir waren froh, wenigstens die Buben versammeln, sie unterrichten zu können, ihnen Möglichkeit zur Beichte zu geben."

Don Bosco lächelte, wenn er daran dachte, daß er in diesen Zimmern einige seiner Vorsätze, die er vor langer Zeit im Priesterseminar gefaßt hatte, brechen mußte. Um die Buben auf so engem Raum unterhalten zu können, griff er auf die alten Trickspiele zurück. Er behielt sie auch bei, denn der Erfolg war überwältigend.

Hier begann er auch mit Hilfe von Don Carpano eine regelmäßige Abendschule, die sich von dem bisherigen Gelegenheitsunterricht sehr unterschied.

Schwarze Wolken über dem Oratorium

Der Winter 1845/46 kommt zwar spät, dafür aber mit äußerster Härte. Er bläst sogar in die engen Gassen dichte Schneewehen. Die Stadt leidet unter einer langen, bedrückenden Kälteperiode.

Don Bosco versieht den Dienst eines Kaplans im Kleinen Krankenhaus, geht in Strafanstalten, ins Haus von Don Cottolengo und in Erziehungsheime. Zudem wird er noch vom Oratorium aufs äußerste beansprucht und besucht seine Buben am Arbeitsplatz. In diesen Wintermonaten wird seine Gesundheit besorgniserregend. Es entwickelt sich eine bedenkliche Lungenschwäche. Don Borel bemerkt sie und macht die Gräfin Barolo aufmerksam. Sie gibt Don Bosco 100 Lire für sein Oratorium und „verordnet" ihm, „bis zur vollen Genesung jede Beschäftigung zu unterlassen".

Don Bosco gehorcht und gibt jede Beschäftigung auf, außer die mit seinen Buben. Eine vorübergehende Besserung hält nicht an, und er muß sich über den Ernst seiner Situation klarwerden.

Was aber war die Sorge um die Gesundheit im Vergleich zu den düsteren Wolken, die sich über dem Oratorium zusammenballten. Mit Bitterkeit schrieb er: „Während dieser Zeit konnte man eigenartige Bemerkungen hören. Manche nannten Don Bosco einen Revolutionär, andere hielten ihn für verrückt."

Hinrichtung in Alessandria

Im selben Jahr wurde ein Zweiundzwanzigjähriger, den Don Bosco im Gefängnis als Freund gewinnen konnte, zusammen mit seinem Vater zum Tode durch den Strang verurteilt. Die Hinrichtung sollte in Alessandria stattfinden. Als Don Bosco, selbst voller Angst, ihn besuchte, begann der junge Mann zu weinen und bat ihn flehentlich, ihn auf seinem letzten Weg zu begleiten. Don Bosco fehlte der Mut dazu und auch die Kraft. Er versprach es nicht.

Die Verurteilten wurden abtransportiert.

Don Cafasso mußte mit der Postkutsche nach Alessandria fahren, um ihnen

in ihrer letzten Stunde beizustehen. Nachdem er erfahren hatte, daß Don Bosco nicht mitkommen wollte, ließ er ihn rufen:
„Versteht Ihr denn nicht, daß eine solche Weigerung grausam ist? Macht Euch sofort fertig! Wir fahren zusammen nach Alessandria."
„Ich kann diese Hinrichtung nicht durchstehen."
„Beeilt Euch, die Postkutsche wartet nicht!"
Am Vorabend kamen sie in Alessandria an. Als der junge Mann Don Bosco in seine Zelle eintreten sah, fiel er ihm um den Hals und brach in heftiges Weinen aus. Auch Don Bosco weinte. Sie verbrachten die letzte Nacht zusammen im Gebet und im Gespräch über Gott.

Um zwei Uhr morgens gab Don Bosco dem Verurteilten die sakramentale Lossprechung, feierte mit ihm in der Zelle die hl. Messe und reichte ihm die Kommunion.

Die Domglocke schlug zur Hinrichtung. Die Zellentür öffnete sich, und herein kamen die Wärter und der Henker, der sich, wie das immer geschah, vor dem Verurteilten niederkniete und ihn um Verzeihung bat. Dann fesselte er ihm die Hände und legte ihm den Strick um den Hals.

Wenige Minuten später fuhr der Karren mit den Verurteilten durch das Gefängnistor hinaus. Neben dem jungen Mann saß Don Bosco. Direkt dahinter kam der Karren mit dem Vater, dem Don Cafasso beistand. Viel Volk säumte schweigend die Straßen.

Als am Ende das Gerüst mit dem Galgen auftauchte, wurde Don Bosco bleich und ohnmächtig. Don Cafasso, der ihn ständig beobachtet hatte, ließ sofort die Karren anhalten und Don Bosco herunterheben.

Der traurige Zug kam an der Richtstätte an, und die Exekution wurde durchgeführt. Als Don Bosco wieder zu sich kam, war alles vorbei. Es tat ihm aufrichtig leid. Leise sagte er zu Don Cafasso:
„Mir tut es um den jungen Menschen leid. Er hatte soviel Vertrauen zu mir ..."
„Ihr habt getan, was Ihr konntet. Den Rest überlaßt Gott."

Wieder eine Kündigung

Im März 1846 wandte sich Don Moretta an Don Bosco:
„Nehmt es mir nicht übel, Don Bosco, aber ich kann den Mietvertrag für die drei Zimmer nicht mehr erneuern."
„Warum denn das?"
„Schaut!"
Dabei hielt er ein Bündel Briefe in der Hand. Sie waren von den Mietern, die sich beschwert hatten, daß die Buben beim Kommen und Gehen ein solches Geschrei machen. Alle hatten erklärt, daß sie ausziehen werden, wenn diese Versammlungen nicht sofort aufhören würden.

In Don Bosco rebellierte es. Ist es denn möglich, daß kein Mensch Jugendliche ertragen kann? Diese Erwachsenen waren doch auch einmal jung oder nicht? Trotzdem schlug er Don Moretta freundschaftlich auf die Schulter.

„Sei unbesorgt, wir gehen schon."

Allerdings wußte er nicht wohin, doch zum Glück wurde es bereits Frühling. So war man nicht unbedingt auf ein Dach über dem Kopf angewiesen.

Neunzehntes Kapitel:
Ein Ende und ein Anfang

Es gelang Don Bosco, eine von einer Hecke eingezäunte Wiese zu mieten, die nur etwa fünfzig Schritte vom Haus Morettas entfernt lag.
In der Mitte stand eine Art Schuppen, in dem die Spielgeräte untergebracht werden konnten. Hier tobten sich nun jeden Sonntag dreihundert Buben aus. In einer Ecke hörte Don Bosco auf einer Bank sitzend Beichte.
Gegen zehn Uhr wirbelte eine Trommel, und die Buben stellten sich auf. Dann schmetterte eine Trompete, und die Marschkolonne setzte sich in Bewegung. Entweder ging es zur Consolata oder zum Kapuziner Berg. Der Maurerlehrling Paolo C., der erst vor kurzem in die Stadt gekommen war, schloß sich dem Zug an und ging mit der ganzen Schar zum Kapuziner Berg. Hier sein Bericht: ‚Es wurde die Messe gefeiert, und viele gingen zur Kommunion. Anschließend frühstückten alle im Klosterhof. Ich glaubte, ich hätte kein Recht darauf, und zog mich zurück. Beim Rückmarsch wollte ich mich dann wieder anschließen. Da sah mich Don Bosco und kam auf mich zu.
‚Wie heißt du denn?‘
‚Paolo.‘
‚Hast du schon gefrühstückt?‘
‚Nein, ich war ja nicht bei der Beichte und Kommunion.‘
‚Aber man muß doch nicht beichten und kommunizieren, um zu frühstücken.‘
‚Was muß man denn dann?‘
‚Hunger haben.‘ Er führte mich zum Korb und gab mir ein großes Stück Brot und Obst. Ich ging mit ihm zurück und spielte auf der Wiese bis zum Abend. Von da an blieb ich viele Jahre im Oratorium. Don Bosco hat mir viel Gutes getan."
Eines Sonntagabends, während die Jungen spielten, erblickte Don Bosco jenseits der Hecke einen etwa Fünfzehnjährigen. Er rief ihn:
„Komm doch herein! Woher kommst du denn? Wie heißt du?"
Der Bub sagte nichts. Don Bosco fragte weiter:
„Was hast du? Geht es dir nicht gut?"
Wieder folgte keine Antwort. Dann, nach einer Weile, sagte er zaghaft:
„Ich habe Hunger."
Der Korb war leer, und deshalb schickte Don Bosco jemanden zu einer benachbarten Familie, um Brot zu holen, das der Bub jetzt in aller Ruhe verzehren konnte. Dann begann er zu erzählen. Er sprach, als wollte er sich das Herz erleichtern:
„Ich habe als Sattler gearbeitet, und nun hat mich mein Meister weggeschickt. Er hat gesagt, ich habe nicht gut genug gearbeitet. Meine Familie ist zu Hause

im Dorf. Heute nacht habe ich vor dem Dom auf den Stufen geschlafen. Ich habe versucht zu betteln, aber die Leute haben gesagt: ‚Du bist gesund und kräftig, du kannst auch arbeiten.' Dann habe ich die Buben lärmen gehört und bin gekommen."
„Hör zu", sagte Don Bosco, „für heute werde ich für dich sorgen, und morgen gehen wir zu einem guten Meister. Du wirst sehen, daß er dich nimmt. Wenn du dann weiter an den Sonntagen hierherkommen willst, freue ich mich."
„Ja, ich komme gern."
Im Laufe der drei Monate, die Don Bosco mit seiner Schar auf dieser Wiese war, wuchs der Widerstand gegen ihn, zunächst von seiten der zivilen Autorität. Dazu kam, daß gemunkelt wurde, er sei nicht normal. Außerdem mußte er damit rechnen, daß nach einer neuen Kündigung alles zu Ende sein wird.

Der Graf und die Polizei

Es waren die Revolutionsjahre, und dreihundert Jugendliche, die unter Trompetenklängen geschlossen durch das Stadttor einmarschierten, konnten der Polizei schon verdächtig erscheinen. „Es waren nicht nur Kinder", schrieb Don Lemoyne, „sondern auch starke und mutige Burschen darunter, die sich nicht scheuten, ein Messer versteckt bei sich zu tragen."
Graf Michele Cavour (Vater des Camillo Cavour, der später für Don Bosco noch eine Rolle spielen wird), Vikar der Stadt und Polizeichef, ließ Don Bosco zu sich rufen. Anfangs verlief die Unterredung mehr in diplomatischer Form. Dann aber gerieten beide aneinander. Don Bosco erhielt die strikte Anweisung, die Zahl seiner Jugendlichen zu verringern, sie nicht in Marschkolonnen in die Stadt ziehen zu lassen und die größten als die gefährlichsten auszuschließen. Das lehnte Don Bosco ab. Nun wurde Cavour heftig.
„Warum bürden Sie sich diese Gauner auf? Lassen Sie sie doch in ihren Wohnungen. Nehmen Sie nicht diese Verantwortung auf sich, denn sie schaden allen."
„Ich gebe ihnen Religionsunterricht", antwortete Don Bosco bestimmt, „das kann doch niemandem schaden. Außerdem tu ich nichts ohne Erlaubnis des Erzbischofs."
„So, der Erzbischof weiß also um diese Dinge? Dann werde ich mit ihm sprechen, und er wird diesen Unfug schon unterbinden."
Erzbischof Fransoni schritt nicht ein, vielmehr verteidigte er Don Bosco. Von diesem Tag an waren häufig Polizeistreifen auf dem Gelände anzutreffen. Don Bosco lächelte zwar darüber, aber die Situation spitzte sich dramatisch zu. Hätte man auch nur den geringsten Verstoß gegen die Ordnung bemerkt, hätte das für sein Oratorium das Ende bedeutet, denn Cavour stellte eine Macht dar.

Ist Don Bosco verrückt?

Ohne es zu wollen, lieferte Don Bosco selbst den Grund dafür, für verrückt gehalten zu werden. Damit seine Buben nicht überdrüssig wurden wegen des ständigen Ortswechsels (vom Rifugio zum Friedhof, von da zu einer Mühle, dann in ein Mietshaus und wieder auf eine Wiese), begann er, ihnen von seinen Träumen zu erzählen.

Er sprach von einem Oratorium, das groß und geräumig ist, von Kirchen, Häusern, Schulen, Werkstätten, von Tausenden von Buben, von Priestern, die ihm gänzlich zur Verfügung stehen werden; alles Dinge, die zur mißlichen Lage, in der er sich befand, im Widerspruch standen.

Die Buben waren die einzigen, die fähig waren, mit offenen Augen zu träumen und Don Bosco zu glauben. Aber daheim und an ihrer Arbeitsstelle, wo sie diese Träume erzählten, waren sie den Leuten völlig unverständlich, so daß es allgemein hieß:

„Der Ärmste muß Zwangsvorstellungen haben. Inmitten der dauernden Anspannung und Überbelastung, des ständigen Lärms, wird er noch soweit kommen, daß er in einer psychiatrischen Klinik landet."

Es waren keine böswilligen Anspielungen, die in Umlauf gesetzt wurden. Aber sie verbreiteten sich schnell und zeigten ihre Wirkung. Michele Rua erzählte später: „Ich hatte gerade in der Kapelle der Waffenfabrik ministriert und wollte gehen, als mich der Kaplan fragte: ‚Wohin gehst du denn?' ‚Zu Don Bosco, es ist Sonntag.' ‚Sag mal, weißt du nicht, daß Don Bosco eine Krankheit hat, die kaum zu heilen ist?' Das traf mich wie ein Schlag. Wenn jemand gesagt hätte, daß mein Vater schwer erkrankt sei, hätte mich das nicht härter treffen können. Ich rannte zum Oratorium, fand aber zu meinem Erstaunen Don Bosco vor, der wie immer lächelte. Es stimmt, er ist von seinen Jugendlichen so in Beschlag genommen, daß er hin und wieder den Kopf verliert." War das vielleicht die Krankheit, von der man in diesen Tagen in Turin sprach?

Don Borel, sein treuer Mitarbeiter und brüderlicher Freund, versuchte, Don Bosco daran zu hindern, seine Träume zu erzählen.

„Du sprichst von einer Kirche, einem Haus, einem Hof zum Spielen; aber wo sind denn alle diese Dinge?"

„Das weiß ich nicht, aber sie existieren, denn ich sehe sie", sagte Don Bosco leise.

Eines Abends, nachdem wieder ein Versuch, ihn „zur Vernunft zu bringen", fehlgeschlagen hatte, kamen Don Borel die Tränen. „Armer Don Bosco, er ist tatsächlich von Sinnen."

Es scheint, daß auch die kirchliche Behörde einen Beobachter geschickt hatte, um den Geisteszustand Don Boscos prüfen zu lassen, denn zwei seiner besten Freunde, Don Vincenzo Ponzati und Don Luigi Nasi vereinbarten, Don Bosco zu helfen.

Wahrscheinlich versuchten sie, einen Arztbesuch zu organisieren und eine sorgfältige psychiatrische Untersuchung im Krankenhaus zu erreichen, der dann die notwendige Behandlung gefolgt wäre (entsprechend den damaligen Verhältnissen).
Eines Abends hielt Don Bosco gerade einigen Buben Religionsunterricht, als eine geschlossene Kutsche vorfuhr. Don Ponzati und Don Nasi stiegen aus und luden Don Bosco zu einer kleinen Spazierfahrt ein.
„Du bist sicher müde. Meinst du nicht, daß dir etwas frische Luft guttun würde?"
„Ihr habt recht. Ich hole meinen Hut und komme dann mit euch."
Einer der beiden öffnete den Kutschenschlag.
„Steig schon ein!" Aber Don Bosco bemerkte sofort, daß dies eine Falle war. Der Schlag war von innen nicht zu öffnen.
„Danke, aber doch nach Euch."
Die Herren drängten ihn ein wenig. Weil sie aber das Unternehmen nicht mißglücken lassen wollten, stiegen sie als erste ein. Doch kaum waren sie drinnen, schloß Don Bosco rasch den Kutschenschlag und rief dem Kutscher zu:
„Schnell in die psychiatrische Klinik, die beiden werden dort erwartet!" Die Klinik war nicht weit entfernt. Die Pfleger standen schon bereit und erwarteten einen Priester. Aber nun kamen zwei an, und beide waren sehr erregt. Sie wurden vorerst festgehalten. Der Kaplan der Klinik mußte eingreifen, um die Unglücklichen zu befreien.
Der Vorfall war peinlich und mußte Don Bosco mehr zu denken geben als den beiden Freunden. Don Ponzati und Don Nasi waren zutiefst beleidigt. Später aber wurden sie wieder Freunde Don Boscos, vor allem Don Nasi, der einmal die Seele der Musik im Oratorium sein wird.
Don Bosco wurde nach und nach von allen verlassen. Voll Bitterkeit schreibt er:
„Alle mieden mich. Meine Mitarbeiter ließen mich allein inmitten von über vierhundert Buben."
Jetzt war der Augenblick gekommen, in dem man normalerweise aufgibt. Don Bosco tut es nicht. Entweder ist er ein Heiliger oder ein Narr. Für seine Zeitgenossen war es schwierig, dies zu beurteilen. Die Situation war ähnlich der, in der Franz von Assisi seine Kleider auszog, sie seinem Vater ins Gesicht warf mit den Worten:
„Jetzt kann ich wirklich sagen: ‚Vater unser im Himmel'"; vergleichbar auch der Situation, in der Don Cottolengo das letzte Geld aus dem Fenster warf und dabei sagte: „Jetzt wird es sich zeigen, ob das Kleine Haus mein Werk ist oder das Werk Gottes."
Wer könnte es Menschen verdenken, die aus gesundem Menschenverstand und aus Besonnenheit heraus geglaubt hatten, Don Bosco sei verrückt geworden?

Das Ende auf der Wiese

Zu allem Unglück erschienen nun auch noch die Besitzer der Wiese. Ob der Graf sie geschickt hatte? Sie beugten sich über die Grasfläche, die von 800 Schuhen zertrampelt war. Dann riefen sie Don Bosco.
„Das hier ist zu einer Wüste geworden."
„Auf diese Weise wird unsere Wiese zu einer festgestampften Straße."
„Verstehen Sie doch bitte, daß es so nicht weitergehen kann. Sie brauchen die Miete nicht zu bezahlen, aber Sie müssen gehen."
Vierzehn Tage bekam er Zeit, um die Wiese zu räumen.
Don Bosco stand da, wie vom Blitz getroffen. Nach all dem, was er in diesen Tagen durchzumachen hatte, kam jetzt auch noch die Sorge, wie er eine andere Wiese finden könnte. Er fand auch tatsächlich nichts. Wer vermietet denn schon gern an einen Irren?
Der 5. April 1846, der letzte Sonntag auf dieser Wiese, war für Don Bosco einer der bittersten seines Lebens.
Er ging mit seinen Buben zum Marienheiligtum „Madonna di Campagna". Bei der hl. Messe predigte er diesmal ohne irgend etwas einzufügen, worüber sie lachen konnten. Traurig sagte er, daß sie ihm vorkommen wie Vögel, denen jemand ihr Nest zerstören will, und bat sie, zur Muttergottes zu beten; schließlich waren sie ja trotz allem in ihren Händen.
Gegen Mittag machte er einen letzten Versuch bei den Besitzern, aber vergeblich. Muß er nun wirklich seine Buben wegschicken?
„Am Abend dieses Tages", schrieb Don Bosco, „schaute ich auf die Schar der Buben, die spielte. Ich hatte keine Kraft mehr, fühlte mich krank. Deshalb zog ich mich zurück und wollte allein spazierengehen. Es gelang mir nicht, die Tränen zurückzuhalten. ,Mein Gott', rief ich, ,sag mir doch, was ich tun soll!'"

Ein riesiges Werk aus einem kleinen alten Schuppen

Genau in diesem Augenblick kam – nein, kein Erzengel – sondern ein kleiner stotternder Mann. Er hieß Pancrazio Soave und war Fabrikant für Soda und Reinigungsmittel.
„Stimmt es, daß Ihr einen Platz sucht für ein Laboratorium?"
„Nicht für ein Laboratorium, sondern für ein Oratorium."
„Ich kenne den Unterschied nicht, aber ein Platz wäre da. Kommen Sie, schauen Sie ihn an. Er gehört Herrn Francesco Pinardi, einem rechtschaffenen Mann."
Don Bosco ging mit. Nach etwa zweihundert Metern standen sie vor einem einstöckigen Holzhaus mit Holztreppe und Holzbalkon, umgeben von Gemüsegärten, Wiesen und Feldern. „Ich wollte die Treppe hinaufsteigen",

schrieb Don Bosco, „aber Herr Pinardi und Herr Soave riefen: ‚Nein, der Ort, der für Sie bestimmt ist, liegt dahinter.' Es war ein Schuppen."
Wer nach Turin kommt und durch den Hof geht, der rechts neben der Mariahilf-Basilika liegt, sieht in einer Ecke zwischen anderen Gebäuden eine kleine Kapelle, die eine Aufschrift mit großen Buchstaben trägt: „Pinardi-Kapelle".
Sie wurde 1929 von den Salesianern rekonstruiert und mit Fresken und Gemälden ausgestattet.
Damals jedoch, als Don Bosco ankam, stand da ein armseliger, niedriger Schuppen, der an das Pinardihaus angebaut war. Vor kurzem erst war er errichtet worden und hatte als Arbeitsraum für einen Hutmacher, dann als Lager für Waschmittel gedient. Unweit davon mündet ein Kanal in die Dora. Der Schuppen maß fünfzehn mal sechs Meter. Daneben lagen noch zwei kleinere.
„Der ist zu niedrig, er nützt mir nichts."
„Ich lasse ihn ändern, wie Sie ihn haben wollen", sagte Herr Pinardi. „Ich werde den Boden ausgraben, Stufen anbringen und den Fußboden auswechseln lassen. Aber ich dachte eben, Sie wollen ihn als Laboratorium einrichten."
„Ich brauche kein Laboratorium, sondern ein Oratorium", wiederholte Don Bosco, „eine kleine Kirche, in der ich meine Buben versammeln kann."
Der Irrtum Pinardis ist verständlich. In Flußnähe wurden zu dieser Zeit zahlreiche Laboratorien und Werkstätten errichtet. Einen Augenblick lang war er überrascht, dann aber sagte er:
„Noch besser. Ich bin Sänger, da kann ich Ihnen behilflich sein. Ich bringe dann zwei Stühle mit für mich und meine Frau."
Don Bosco war noch immer unschlüssig, aber dann sagte er:
„Wenn Sie mir garantieren, daß der Boden um fünfzig Zentimeter tiefer wird, nehme ich an."
Er wollte auch nicht mehr nur für einige Monate etwas mieten, sondern zahlte dreihundert Lire für ein Jahr. (Das war die Hälfte des Stipendiums, das er im Kleinen Krankenhaus bekam.) Nun konnte er über den Schuppen und das umliegende Land verfügen. Seine Buben hatten Platz zum Spielen.
Schnell kehrte er zu ihnen zurück und rief:
„Freut euch, meine Kinder! Wir haben ein Oratorium gefunden. Wir werden eine Kirche haben und eine Schule und einen Hof zum Spielen. Schon am kommenden Sonntag werden wir dorthingehen. Es ist das Pinardihaus!"
Es war Palmsonntag, und der kommende Sonntag war Ostern, das Fest der Auferstehung.

Als die Glocken läuteten

Francesco Pinardi hatte Wort gehalten. Sofort waren Maurer gekommen, hatten die Erde ausgehoben und Mauern und Dach verstärkt. Die Schreiner erneuerten den Fußboden und stellten ein Holzpodest auf. Am Samstag war bereits alles fertig.

Der 12. April war dann der große Tag. Am Ostermorgen läuteten alle Glocken der Stadt. Der Pinardischuppen besaß keine Glocken. Aber die Liebe Don Boscos rief seine Buben zusammen.

Sie kamen scharenweise an, pferchten sich in der Kapelle zusammen und bevölkerten die Wiesen ringsum. In gesammeltem Schweigen nahmen sie an der Segnung der Kapelle teil. Sie feierten mit Don Bosco die Messe und nahmen anschließend in Eile ihr Frühstücksbrot, um sogleich auf die Wiese hinauszustürmen. Laut brach die Freude aus ihnen heraus. Hatten sie doch endlich ein Haus ganz für sich allein.

Erstes Bild des „Pinardihauses". Von hier aus entwickelte sich das riesige Jugendwerk Don Boscos

Zwanzigstes Kapitel:

Das Wunder der kleinen Maurer

„Am frühen Morgen wurde die Kirche geöffnet", schreibt Don Bosco, wenn er sich an die ersten Sonntage des Oratoriums erinnert. Zunächst war Beichtgelegenheit, die bis zum Beginn der Messe dauerte." Nach der Messe erzählte Don Bosco in Fortsetzung die biblische Geschichte. Er tat es auf seine Art, interessant und spannend. Dann gab es für diejenigen, die es wünschten, Schulunterricht bis Mittag.
Nach dem Mittagessen war Zeit zum Spiel mit Kugeln, Stelzen, Gewehren und Schwertern aus Holz. Auch Gymnastikgeräte hatte er bereits. Um halb drei begann der Religionsunterricht, dann wurde der Rosenkranz gebetet, da die Buben die Vesper noch nicht singen konnten. Anschließend fand eine kurze Predigt statt, der die Litanei und der eucharistische Segen folgten.
Nach der kirchlichen Funktion war wieder Freizeit. Einige setzten den Religionsunterricht fort, andere sangen zusammen, wieder andere ließen sich vorlesen. Die meisten aber spielten bis zum Abend.
„Ich nützte diese Freizeit, um jedem ein kurzes Wort ins Ohr zu sagen, eine kleine Mahnung oder eine Aufmunterung. Manchem flüsterte ich zu, er soll doch mal zur Beichte gehen."

Vor allem aber Priester

Don Bosco war Anführer beim Spiel, er war Zauberkünstler, vor allem aber war er Priester, und wenn es nötig war, konnte er zwar höflich, aber doch ganz entschieden vorgehen. Dazu berichtet er „eines der vielen Ereignisse".
Ein Bub, der öfters von ihm aufmerksam gemacht wurde, die Osterbeichte abzulegen, versprach es zwar immer, hielt aber nie Wort. Eines Nachmittags nun, während er mit ganzem Eifer beim Spiel war, bat ihn Don Bosco, für eine bestimmte Angelegenheit mit ihm in die Sakristei zu kommen.
‚Er wollte mitkommen, wie er war, in Hemdsärmeln. ‚Nein', sagte ich, ‚nimm dir ein Jäckchen und komm!'"
In der Sakristei angelangt, sagte ich:
‚Knie dich hier auf den Schemel.'
‚Was wollen Sie mit mir?'
‚Deine Beichte hören.'
‚Ich bin ja nicht vorbereitet.' ‚Das weiß ich.' ‚Bereite dich vor und dann beichte.'
‚Das haben Sie gut gemacht, mich einfach zu nehmen, ich hätte mich nie dazu entschlossen.'

Während ich das Brevier betete, bereitete er sich ein wenig vor. Dann legte er eine gute Beichte ab. Von da an erfüllte er seine religiösen Pflichten regelmäßig."

Abschied an der Kreuzung

Wenn es Abend wurde, gingen alle noch einmal in die Kapelle zum Abendgebet, das mit einem Lied endete. Dann gab es vor dem Schuppen fröhliche und rührende Szenen des Abschieds:
„Aus der Kirche herausgekommen", schreibt Don Bosco, „sagte jeder immer wieder ‚Gute Nacht', ohne sich fortzubewegen. Ich konnte noch sooft sagen: ‚Geht nach Hause, denn es wird Nacht, und eure Angehörigen machen sich um euch Sorgen.' Es half nichts. Ich mußte zulassen, daß sie sich zusammentaten, daß sechs der stärksten mit ihren Armen einen Sessel bildeten, auf den ich mich setzen mußte. Als ich dann saß, stellten sich alle in Reihen auf und lärmend zog die Prozession bis zur Straßenkreuzung. Dort wurden noch einige Lieder gesungen. Dann trat Schweigen ein. Ich wünschte ihnen eine gute Nacht und eine gute Woche. Auf ihre Antwort ‚Gute Nacht' hin wurde ich abgesetzt. Jeder ging nach Hause, während einige der größeren mich nach Hause zurückbegleiteten. Ich war jedesmal halbtot vor Müdigkeit."
Manche dieser Buben haben ihm zugeflüstert: „Don Bosco, lassen Sie mich nicht allein während der Woche. Besuchen Sie mich doch." Und ab Montag erlebten die Maurer auf den Baustellen ein schönes Schauspiel: Ein Priester stülpt seinen Rock hoch und klettert auf das Gerüst, steigt zwischen Kalkeimern und aufgestapelten Ziegelsteinen hindurch, um seine Buben zu besuchen.
Für sie war das ein Fest. Die „Familie", zu der sie abends zurückkehrten, war in vielen Fällen nicht die ihrer Eltern. Sie waren im Dorf zurückgeblieben. Es war die Familie eines Onkels, eines anderen Verwandten oder eines Bekannten aus dem Dorf. Manchmal war sie die des Arbeitgebers, dem die Eltern ihren Sohn anvertraut haten. Diese Buben erhielten wenig Wärme. Einem „wahren" Freund zu begegnen, der ihnen ernstlich zu helfen suchte, bedeutete viel für sie.
Gerade weil er seine Buben gern hatte, hielt sich Don Bosco auch bei den Meistern auf, plauderte mit ihnen über den Lohn, die Freizeit und fragte zwischendurch auch, ob sie die Sonn- und Feiertage halten könnten. Er war einer der ersten, die Lehrverträge forderten und darüber wachten, daß der Arbeitgeber sie auch einhielt.
Er suchte seinen Buben zu begegnen, aber auch andere dabei zu treffen, ging in die Fabriken, wo zahlreiche Lehrlinge arbeiteten, und lud sie alle in sein Oratorium ein. Vor allem wandte er sich an auswärtige Jugendliche.

Blutspucken

Auch Don Bosco war nur ein Mensch und hatte seine Grenzen. Nach der ständigen Überforderung im Frühjahr wurde sein Gesundheitszustand beängstigend.
Die Gräfin Barolo, die ihn sehr schätzte, rief ihn Anfang Mai zu sich. Auch Don Borel war anwesend. Sie übergab Don Bosco die enorme Summe von fünftausend Lire (das war soviel, wie er in acht Jahren Stipendium erhielt) und sagte ihm gebieterisch:
„Nehmen Sie dieses Geld, und gehen Sie, wohin Sie wollen, aber arbeiten Sie nicht mehr." Don Bosco antwortete:
„Ich danke Ihnen, Sie sind sehr wohltätig. Aber ich bin nicht Priester geworden, um meine Gesundheit zu pflegen."
„Aber auch nicht, um krank zu werden. Ich habe gehört, Sie spucken Blut. Ihre Lunge ist schwer angegriffen. Wie lange glauben Sie denn, daß Sie so weitermachen können? Lassen Sie die Gefängnisbesuche, den Cottolengo, vor allem aber, lassen Sie auf längere Zeit Ihre Buben. Don Borel wird sich um sie kümmern." Don Bosco sah darin einen von vielen Versuchen, ihn von seinen Buben wegzubringen. Deshalb reagierte er äußerst heftig.
„Das werde ich nie annehmen."
Die Gräfin verlor die Geduld.
„Wenn Sie im Guten nicht nachgeben wollen, muß ich eben zu anderen Mitteln greifen. Sie sind auf mein Stipendium angewiesen. Entweder Sie geben das Oratorium für einige Zeit auf, um sich auszuruhen, oder ich entlasse Sie."
„Gut. Sie werden viele Priester finden, die Sie an meinen Platz stellen können. Aber meine Buben haben niemanden, ich kann sie nicht verlassen."
Die Haltung Don Boscos war sicher heroisch, vernünftig war sie nicht. Er glaubte, die Gräfin wolle ihn quälen. Aber sie hatte recht, und die kommenden Monate bewiesen es. Don Bosco war ein heiligmäßiger Priester, aber jung (31 Jahre) und halsstarrig. Er hatte seine Grenzen noch nicht erkannt. Die Gräfin war 61 Jahre alt und erwies sich als klüger. Sie war eine edle Frau. „Nach dieser Auseinandersetzung kniete sie sich vor Don Bosco nieder und bat um seinen Segen", berichtete Don Giacomelli und fügte hinzu: „Bei mir tat sie das nie."
Don Bosco spuckte wirklich Blut. Höchstwahrscheinlich hatte er einen Anflug von Tuberkulose, dennoch dachte er an die Zukunft. Am 5. Juli 1846 mietete er drei Zimmer im ersten Stock des Pinardihauses für fünfzehn Lire im Monat.
In dieser Zeit ließ auch Graf Cavour wieder von sich hören. Jeden Sonntag schickte er ein halb Dutzend Polizisten, um Don Bosco zu überwachen. Später, 1877, wird Don Bosco zu Don Barberis sagen: „Leider hatte ich keinen Fotoapparat. Es wäre schön, ein Bild zu haben von den Hunderten von Buben, die geradezu an meinen Lippen hingen, wenn ich predigte, und den sechs Polizisten, die in Uniform paarweise an verschiedenen Stellen der Kirche

strammstanden und sich ebenfalls die Predigt anhörten. Sie leisteten mir übrigens gute Dienste für die Ordnung unter den Buben, auch wenn sie meinetwegen geschickt waren. Mancher wischte sich verstohlen mit dem Handrücken die Tränen ab. Es wäre doch schön, Fotos zu haben, auf denen sie zwischen den Jugendlichen um meinen Beichtstuhl herum knieten und warteten, bis auch sie an die Reihe kamen. Ich hielt nämlich die Predigten mehr für sie als für meine Buben, sprach über die Sünde und den Tod, das Gericht und die Hölle."

„Gott, laß ihn doch nicht sterben!"

Am ersten Sonntag im Juli 1846, nach einem aufreibenden Tag im Oratorium bei einer schier unerträglichen Hitze, kehrte Don Bosco zum Rifugio zurück. Als er sein Zimmer betrat, stürzte er ohnmächtig zu Boden. Er wurde in sein Bett gebracht, Husten, hohes Fieber, ständiges Blutspucken ließen auf eine Lungenentzündung schließen. Zu dieser Zeit war das eine gefährliche Krankheit.
In wenigen Tagen verschlechterte sich sein Zustand dermaßen, daß man überzeugt war, er müsse sterben. Ein Priester reichte ihm die Sterbesakramente.
Auf den Gerüsten, wo die kleinen Maurer arbeiteten, und in den Werkstätten verbreitete sich rasch die Nachricht: Don Bosco stirbt!
An jenen Abenden kamen vor dem Zimmer im Rifugio, wo Don Bosco im Todeskampf lag, Gruppen armer verängstigter Buben an. Ihre Kleidung war noch von der Arbeit beschmutzt, ihr Gesicht weiß vom Kalk. Sie hatten noch nicht zu Abend gegessen, um schnell nach Valdocco laufen zu können. Sie weinten und flehten:
„Gott, laß ihn doch nicht sterben!"
Der Arzt hatte jeden Besuch verboten, der Krankenpfleger (den die Gräfin sofort Don Bosco an die Seite gab) hinderte jeden daran, das Zimmer zu betreten. Die Buben waren verzweifelt.
„Lassen Sie mich ihn doch bloß sehen!"
„Er braucht ja nicht reden."
„Ich habe ihm nur ein einziges Wort zu sagen, wirklich nur eines."
„Wenn Don Bosco wüßte, daß ich da bin, würde er mich ganz bestimmt hineinlassen."
Acht Tage lang schwebte Don Bosco zwischen Leben und Tod. Es gab Buben, die während dieser Zeit bei der Arbeit in glühender Hitze keinen Tropfen Wasser zu sich nahmen, um dem Himmel die Gunst der Genesung für Don Bosco abzuringen. In der Kirche der Consolata, der Trösterin der Betrübten, wechselten sich einige ständig vor dem Bild der Gottesmutter ab. Manchmal

fielen ihnen die Augen zu (sie hatten vorher zwölf Stunden gearbeitet), aber sie hielten aus, damit ihr Don Bosco nicht stirbt.

In der unvernünftigen Großmut, wie Jugendliche sie aufzubringen vermögen, versprachen einige, ihr ganzes Leben lang jeden Tag den Rosenkranz zu beten, andere, ein Jahr lang bei Wasser und Brot zu fasten.

Am Samstag trat die Krise ein. Don Bosco hatte keinerlei Kraft mehr, und die geringste Anstrengung führte zu einem neuen Blutsturz. Während der Nacht befürchteten viele, das Ende sei nun gekommen. Aber es kam nicht.

Vielmehr besserte sich sein Zustand. Es war die „Gnade", die die Buben der Gottesmutter abgerungen hatten, die Buben, die ohne Vater nicht leben konnten.

Eines Sonntags gegen Ende Juli kam Don Bosco, auf einen Stock gestützt, zum Oratorium. Die Buben flogen ihm geradezu entgegen. Die größten zwangen ihn, sich auf einen kleinen Sessel zu setzen und hoben ihn dann auf ihre Schultern. So trugen sie ihn im Triumphzug in den Hof, sangen und weinten, sie, die kleinen Freunde Don Boscos, und er selbst weinte auch.

Dann zogen sie in die Kapelle ein und dankten Gott gemeinsam. In der Stille, die entstanden war, gelang es Don Bosco, einige Worte zu sagen: „Mein Leben schulde ich euch. Aber seid sicher, von jetzt an werde ich es ganz für euch verausgaben."

Das waren vielleicht die einschneidendsten Worte, die Don Bosco in seinem Leben gesprochen hat. Sie waren das „feierliche Gelübde", mit dem er sich für immer den Jugendlichen und nur ihnen weihte. Die anderen bedeutenden Worte, die er einmal auf dem Sterbebett sagen wird und als Fortsetzung dieser ersten betrachtet werden können, waren: „Sagt meinen Buben, daß ich sie alle im Himmel erwarte."

Die geringen Kräfte, über die Don Bosco an diesem Tag verfügte, gebrauchte er, um mit jedem einzeln zu sprechen, „um die Gelübde und Versprechen, die sie ohne reifliche Überlegung für mich abgelegt hatten, als ich in Lebensgefahr war, in erfüllbare umzuwandeln."

Die Ärzte verordneten Don Bosco einen langen Genesungsurlaub mit absoluter Ruhe. Deshalb ging er nach Becchi in das Haus seines Bruders und seiner Mutter. Seinen Buben aber versprach er:
„Wenn die Blätter fallen, bin ich wieder in euerer Mitte."

„Geld oder das Leben!"

Die Reise machte er auf einem Esel. In Castelnuovo hielt er Rast, denn er fiel vor Müdigkeit fast vom Esel. Am Abend kam er dann in Becchi an.

Auf der Tenne wurde er herzlich und besonders laut von den Nichten und Neffen begrüßt, den Kindern Antonios, der sich ein kleines Haus vor dem

Geburtshaus gebaut hatte. Inzwischen hatte er fünf Kinder: Francesco 14, Margherita 12, Teresa 9, Giovanni 6, Francesca mit gerade 3 Jahren. Auch Giuseppe hatte sich ein Haus gebaut, und zwar gegenüber dem Geburtshaus, und wohnte dort mit Mama Margherita und seinen vier Kindern: Filomena, die inzwischen 11 Jahre alt war, Rosa Domenica 8, Francesco 5 und Luigi, der noch in der Wiege lag.

Don Bosco war Gast bei Giuseppe. Die gute Luft, die stille Zuneigung der Mutter, die immer längeren Spaziergänge, die er gegen Abend zwischen den Weinreben machte, wo die Trauben sich langsam rot färbten, gaben ihm Leben und Kraft zurück.

Von Zeit zu Zeit schrieb er an Don Borel, um Nachricht über seine Buben zu bekommen. Im August machte er einen Spaziergang bis nach Capriglio. Bei der Rückkehr durchquerte er einen Wald, als ihn eine gebieterische Stimme anrief:

„Geld oder das Leben!" Don Bosco erschrak. Dann antwortete er:
„Ich bin Don Bosco und habe kein Geld." Dabei schaute er diesen jungen Mann an, der zwischen den Bäumen herausgekrochen war und eine Sichel schwang.
„Cortese, bist du es, der mich umbringen will?"

Er hatte in diesem bärtigen Gesicht einen Jugendlichen erkannt, der im Gefängnis von Turin sein Freund geworden war. Auch der Jugendliche erkannte ihn jetzt und wäre am liebsten in den Erdboden versunken.
„Don Bosco, verzeihen Sie mir. Ich weiß, ich bin ein Schurke." Dann erzählte er ihm Stück für Stück seine ganze bittere Geschichte. Aus dem Gefängnis entlassen, hatte man ihn zu Hause nicht mehr gewollt. „Auch meine Mutter zeigte mir die kalte Schulter. Sie sagte, ich brächte die Familie in Schande." Von Arbeit war nicht zu reden. Sobald man erfuhr, daß er aus dem Gefängnis kam, wurde ihm die Tür vor der Nase zugeschlagen.

Bevor sie noch in Becchi angekommen waren, hatte er bei Don Bosco gebeichtet. „Jetzt kommst du mit mir", sagte Don Bosco und stellte ihn seinen Angehörigen vor:

„Ich habe diesen guten Freund gefunden. Heute abend wird er mit uns essen."
Am nächsten Morgen nach der Messe gab er ihm einen Brief mit einer Empfehlung an einen Pfarrer und an einen tüchtigen Meister von Turin, dann umarmte er ihn.

Im Oktober konnte er bereits lange Spaziergänge machen. Und allmählich hatte er seinen Plan für die nächste Zukunft entworfen. Nach Turin zurückgekehrt, wird er in den gemieteten Zimmern im Haus Pinardi wohnen. Dort wird er Buben aufnehmen, die keine Familie haben.

Aber dieser Ort war nicht geeignet für einen Priester, um dort allein zu wohnen. Unweit davon war die Kneipe „Zur Gärtnerin", wo die Betrunkenen Tag und Nacht lauthals sangen. Er mußte also mit jemandem zusammen wohnen, der ihn davor bewahrte, in schlechten Ruf zu kommen.

An wen sonst konnte er sich wenden als an seine Mutter; wie aber ihr das beibringen? Margherita war inzwischen 58 Jahre alt und in Becchi geradezu eine Königin. Wie kann man sie einfach entwurzeln, sie wegholen von ihren Enkeln und Enkelinnen, aus den liebgewordenen täglichen Gewohnheiten? Vielleicht fühlte sich Don Bosco ermutigt durch die traurige Jahreszeit. Die Ernte war schlecht ausgefallen, und für das kommende Jahr sah es noch schlimmer aus.

„Mama", sagte er eines Abends und nahm seinen ganzen Mut zusammen. „Warum kommt Ihr nicht für einige Zeit zu mir? Ich habe in Valdocco drei Zimmer gemietet und werde dort bald mit verlassenen Buben wohnen. Ihr habt einmal gesagt, wenn ich reich werden würde, würdet Ihr mein Haus nie betreten. Jetzt bin ich arm, habe eine Menge Schulden, und es ist auch riskant für einen Priester, in diesem Viertel allein zu wohnen."

Margherita überlegte. Das war ein Vorschlag, mit dem sie nicht gerechnet hatte. Ganz sachte drang Don Bosco auf sie ein.

„Würdet Ihr nicht die Mutter meiner Buben machen?"

„Wenn du glaubst, daß dies der Wille Gottes ist", sagte sie leise, „dann komme ich mit."

Unterwegs und mittellos

Der 3. November war ein Dienstag. Der Herbstwind wehte die Blätter von den Bäumen. Don Bosco ging, wie versprochen, nach Turin zurück. Unter dem Arm trug er ein Meßbuch und das Brevier. Neben ihm ging seine Mutter. Sie trug einen Korb mit etwas Nahrungsmitteln auf dem Arm. Don Bosco hatte Don Borel seine Rückkehr mitgeteilt, und dieser hatte dessen Habseligkeiten vom Rifugio zum Pinardihaus gebracht.

Die beiden legten den langen Weg zu Fuß zurück. Als sie in die Straße zum Oratorium einbogen, stand vor ihnen ein befreundeter Priester, der die müden und verstaubten Wanderer verwundert anschaute.

„Herzlich willkommen, Don Bosco! Wie geht es Ihnen denn jetzt?"

„Danke, ich bin wieder gesund. Schauen Sie, ich habe meine Mutter mitgebracht."

„Aber warum seid Ihr denn zu Fuß gekommen?"

„Weil das da fehlt" – dabei rieb er Daumen und Zeigefinger.

„Und wo wohnt Ihr jetzt?"

„Hier im Pinardihaus."

„Aber wie macht Ihr denn das ohne alle Mittel?"

„Das weiß ich auch nicht. Die Göttliche Vorsehung wird schon an uns denken."

„Ihr seid doch immer der gleiche", sagte der Priester und schüttelte den Kopf.

Dann zog er seine Uhr aus der Tasche (damals etwas Seltenes und Kostbares) und reichte sie ihm hin.
„Ich möchte der erste sein, der Euch hilft. Ich tu nur, was ich kann."
Margherita betrat zuerst das Haus. Es waren drei Zimmer, leer und kalt, mit zwei Betten, Stühlen und einigen Töpfen. Sie lächelte und wandte sich an ihren Sohn:
„In Becchi hatte ich den ganzen Tag zu tun, um Ordnung zu machen, alles sauberzuhalten, zu spülen. Hier ist das viel einfacher."
Beide holten noch einmal Luft und begannen dann mit der Arbeit. Während Margherita das Abendessen bereitete, hängte Don Bosco ein Kreuz an die Wand und ein Muttergottesbild. Dann richtete er die Betten her, und Sohn und Mutter sangen zusammen:
„Weh dir, wenn du in der Welt
fremd dich fühlst und ohne Geld . . ."
Ein Bub, Stefano Castagno, hörte von der Ankunft Don Boscos, und die Nachricht lief rasch durch Valdocco:
„Don Bosco ist da!"

Don Bosco ist wieder da!

Am kommenden Sonntag, dem 8. November, war ein großes Fest: Don Bosco mußte in seinem Lehnstuhl mitten auf der Wiese Platz nehmen und die Buben saßen rings um ihn auf dem Boden, sangen und brachten ihm Glückwünsche dar.
Don Cafasso war nicht damit einverstanden, daß Don Bosco früher zurückgekehrt war als der Arzt erlaubt hatte. Er ließ ihm ein Wort des Erzbischofs zukommen: „Ich habe von der Rückkehr ins Oratorium gehört und verbiete Dir für zwei Jahre das Predigen." Don Bosco fügte dieser Aufzeichnung hinzu: „Ich habe nicht gehorcht."
Die erste Sorge Don Boscos galt der Wiederaufnahme und Erweiterung der Abendschulen.
„Ich habe noch ein anderes Zimmer gemietet. Jetzt hielten wir Unterricht in der Küche, in meinem Zimmer, in der Sakristei, im Chor und in der Kirche. Unter den Schülern waren richtige Rowdies, die alles ruinierten und durcheinanderbrachten. Einige Monate später war es mir möglich, noch zwei weitere Zimmer zu mieten."
Zeugen aus dieser Zeit erinnerten sich: „Es war geradezu ein Schauspiel, am Abend die erleuchteten Fenster zu sehen und dahinter die vielen Buben und Jugendlichen. Die einen standen und hielten ein Buch in der Hand, die anderen saßen auf Bänken und waren am Schreiben. Wieder andere saßen auf dem Boden und kritzelten große Buchstaben in ihre Hefte."

Don Nasi und seine anderen früheren Helfer waren zurückgekehrt. Von der Geschichte über die „fixen Ideen" hörte man durch die Krankheit und die lange Genesungszeit nichts mehr. Aber wenn Don Bosco einmal eine Idee fest im Auge hatte, war er auch fähig, sie zu verwirklichen, selbst dann, wenn dabei seine Gesundheit angegriffen wurde.

Der Vertrag mit der Gräfin Barolo war im August abgelaufen und nicht mehr erneuert worden. Don Bosco ging ab und zu noch ins kleine Krankenhaus, um den Mädchen eine Predigt zu halten. Und die Gräfin gab ihm durch Don Borel und Don Cafasso reichliche Spenden, bis sie 1864 starb.

Doch was waren all diese Schwierigkeiten gegenüber den düsteren Wolken, die sich über Italien zusammenbrauten. Für Don Bosco aber war im Augenblick das Wichtigste, daß es ihm gelungen war, dem Oratorium Stabilität zu verleihen und seine Gesundheit wiederherzustellen, bevor das politische Unwetter hereinbrach.

Einundzwanzigstes Kapitel:
Mit neuer Kraft

Im Jahr 1846 gleicht Italien einem Pulverfaß. Im Juni wird Kardinal Mastai-Ferretti zum Papst gewählt und nimmt den Namen Pius IX. an. Er ist ein tiefgläubiger Mann, kein Politiker, und hat für die neuen Ideen nichts übrig. Aber er ist human und nimmt einige Reformen in Angriff, die im Kirchenstaat längst erwartet wurden und als liberal galten. Liberal war gleichbedeutend mit demokratisch und damit gegen die österrreichische Monarchie gerichtet. Wenige Tage nach seiner Wahl, am 17. Juli, erläßt er trotz massiver Einwände von Kardinälen eine weitgreifende politische Amnestie im Kirchenstaat. Viele Gefangene, deren einzige „Schuld" darin bestand, der „Befreiungsbewegung" anzugehören, werden in Freiheit gesetzt. Als nächstes schränkt der Papst die Macht der Polizei ein. Im Frühjahr gewährt er eine gewisse Pressefreiheit, setzt Räte ein, denen auch Laien angehören, und erlaubt die Bildung einer bürgerlichen Polizei – alles Dinge, die damals vielen als unglaublich erschienen.

Den Angehörigen der Freiheitsidee schien er der längst erwartete Papst zu sein. Er wurde gerühmt als der Verwirklicher der Einheit und Unabhängigkeit Italiens. Begeisterung brach aus, wo immer der Papst sich zeigte. Es gab Aufmärsche, Huldigungen, Fackelzüge. Ob es die politische Rechte oder Linke war, für alle galt er als das „Wunder", auch wenn der Papst nicht der war, für den man ihn hielt.

Der österreichische Kanzler Metternich rief aus: „Alles hätte ich mir erwartet, aber nicht einen liberalen Papst!" Um vorzubeugen, besetzte Metternich den Kirchenstaat. Die Liberalen verstanden dies als Bruch Österreichs mit dem Papst, als Funken, der den nahen Befreiungskrieg entzünden würde. Carlo Alberto bot dem Papst militärische Hilfe an. Von Amerika aus stellte Garibaldi dem Papst seine freiwilligen Legionen zur Verfügung, aus London schrieb Mazzini einen begeisterten Brief.

Pius IX. war zum Symbol der nationalen Befreiung geworden. Der Wunsch nach Einheit wurde immer stärker. Der Papst hatte nie die Absicht, einen Krieg zu provozieren. Nun wurde er von den Ereignissen überrannt. Der Unabhängigkeitskrieg, mit dem Namen des Papstes gerechtfertigt, stand vor dem Ausbruch.

Nach Rom wurde Turin zum Mittelpunkt von Demonstrationen „zugunsten" Pius IX.

Die kleine Herde

Während dieser Ereignisse ging in Valdocco das tägliche Leben, die verborgene Mühe zum Wohl der Jugend, weiter.

Don Bosco war es im Dezember 1846 gelungen, von Pancrazio Soave alle Zimmer des Pinardihauses in Untermiete zu erhalten (für 170 Lire im Jahr). Nun begann er, die Mauer um die Spielwiese herum auszubessern, an beiden Seiten eiserne Tore anzubringen, damit der Pöbel, der sonntags die Kneipe und die umliegenden Häuser belagerte, nicht mehr eindringen und die Buben belästigen konnte.

Aus einem Teil der Wiese, dort, wo heute der Andenkenladen steht, macht Don Bosco einen Gemüsegarten. Die Buben nannten ihn „Mama-Margherita-Garten". Neben den Kosten für Miete und für Dinge, die die Buben dringend brauchten, war nicht mehr viel Geld für die Küche übrig. Und diese Bauersfrau, die zu sparen verstand, pflanzte Gemüse, Salat und Kartoffel.

Auf den umliegenden Wiesen trieben sich Jugendbanden herum. Sie spielten um Geld, tranken den Wein flaschenweise, fluchten und griffen die Buben an, die ins Oratorium wollten. Don Bosco ging mit aller Ruhe zu ihnen. Es gelang ihm auch, sich zu ihnen zu setzen und eine Partie Karten zu spielen. Nach und nach konnte er einige gewinnen. Mehr als einmal jedoch, während er im Freien Religionsunterricht hielt, mußten die Buben in die Kapelle flüchten vor dem wütenden Steinhagel, der auf sie herniederging.

Don Bosco wußte sehr wohl, daß die fünfhundert Buben, die er in seinem Oratorium versammelte, wenige waren im Vergleich zu den Horden, die durch die Stadt vagabundierten ohne Glauben, oft ohne Brot.

Besonders heimgesucht war das Stadtviertel Vanchiglia, unweit von Valdocco, wo Rowdies die Polizei auf Trab hielten. Sie entrissen Leuten, die vom Markt kamen, Taschen und Bündel. Oft geriet man mitten in einen fürchterlichen Steinhagel, und es kam auch zu Messerstechereien. Suchte jemand, sich einzumischen, wurde ihm ein Holzschuh ins Gesicht geschlagen. Auch Don Bosco kam nicht ungeschoren davon, wenn er sich durch Vanchiglia wagte.

Besser vorbeugen

Don Bosco war es klar, daß er nur auf die Jugendlichen Einfluß gewinnen konnte, die ins Oratorium kamen. Er konnte es wagen, auch einige „Nichtsnutze" aufzunehmen, denn inzwischen hatte er eine große Schar Jugendlicher, die treu zu ihm stand, die von seiner ehrlichen Liebe so überzeugt war, daß sie alles für ihn getan hätten, und auch andere mitzureißen vermochte. Also ging er auf Suche.

Er wollte die Buben gewinnen, bevor sie in Banden gerieten oder wenigstens bevor sie im Gefängnis landeten. So wandte er verschiedene Methoden an, die heute sicher etwas fragwürdig scheinen.

Zunächst ging er in Werkstätten, wo Jugendliche arbeiteten, und sprach den Inhaber an:
„Würden Sie mir einen Gefallen tun?"
„Gern, wenn ich kann, Herr Pfarrer."
„Ja, Sie können es. Schicken Sie mir doch am Sonntag diese Buben ins Oratorium von Valdocco. Da könnten sie etwas über Religion erfahren und anständige Menschen werden."
„Das haben sie auch wirklich nötig. Mancher ist ein richtiger Faulenzer, ein frecher Kerl."
„Aber nein, die schauen doch gar nicht so aus. Hört mal, am Sonntag erwarte ich euch im Oratorium. Dann spielen wir zusammen, und ihr werdet sehen, wie schön es da ist."
Anderen Jugendlichen gegenüber versuchte er es mit einer anderen Taktik. In der Zeit, in der Don Borel auf das Oratorium achtete, wanderte Don Bosco durch die Straßen der Peripherie, wo viele Jugendliche in Gruppen um Geld spielten. Während die Karten die Runde machten, lag das Geld (manchmal sogar bis 20 Lire) auf einem Taschentuch in der Mitte.
Don Bosco schaute sich die Situation gut an, dann packte er mit einem Handgriff das Taschentuch mit dem Geld und rannte davon. Im ersten Augenblick waren die Buben total verblüfft. Sie hatten schon viel gesehen, aber einen Priester, der stiehlt, noch nicht. Jetzt sprangen sie auf und rannten hinter ihm her.
„Das Geld!" schrien sie. „Geben Sie uns das Geld zurück!"
Don Bosco aber rannte, so schnell er konnte, dem Oratorium zu. Von Zeit zu Zeit rief er:
„Wenn ihr mich erwischt, gebe ich es euch zurück. Los, rennt schon!" Er aber rannte durch das Tor des Oratoriums, direkt in die Kapelle, wo Don Borel gerade predigte.
Don Bosco tat, als wäre er ein ambulanter Händler, hob das Taschentuch mit dem Geld hoch und schrie:
„Nougat! Nougat! Wer kauft Nougat?" Der Prediger tat, als würde er die Fassung verlieren.
„Hinaus, du Gauner! Wir sind nicht auf der Straße!"
„Aber ich verkaufe Nougat, und hier sind so viele Buben. Kauft mir niemand Nougat ab?"
Dann ging es im Dialekt hin und her. Die Buben lachten sich halbtot. Die neueingetroffenen waren sprachlos. Wohin waren sie nur geraten?
Nun ging es Schlag auf Schlag zwischen Prediger und Don Bosco weiter, mit vielen Witzen dazwischen. Der Diskurs kam auf das Spiel um Geld, das Fluchen

und schließlich auf die Freude, mit Gott in Freundschaft zu leben. Auch die Neuangekommenen lachten bald mit und interessierten sich.
Nach dem Singen der Litanei machten sie sich an Don Bosco heran.
„Und das Geld? Bekommen wir es jetzt wieder?"
„Einen Augenblick noch, nach dem Segen."
Beim Hinausgehen gab Don Bosco ihnen das Geld zurück und legte noch ein Abendbrot dazu. Dann ließ er sich versprechen, daß sie wiederkommen. Viele hielten dieses Versprechen und blieben bei Don Bosco.

Engel waren sie sicher nicht

„Don Bosco war immer der erste beim Spiel", berichtete ein ehemaliger Oratorianer. „Ich weiß überhaupt nicht, wie er das machte. Man traf ihn in jeder Ecke des Hofes, inmitten einer jeden Gruppe. Er sah alles, was da und dort geschah. Wir waren schmutzig, zerzaust, aufdringlich, launisch, und er freute sich, wenn er bei uns sein konnte. Mit den Kleinsten war er wie eine Mutter. Wenn bei uns gestritten und geprügelt wurde, trennte uns Don Bosco. Er hob die Hand so, als wollte er uns schlagen, tat es aber nie. Er zog uns einfach am Arm weg."
Giuseppe Buzzetti berichtet: „Ich kannte viele Buben, die ins Oratorium kamen und vorher nie eine Schule besucht, keinerlei religiöse Gefühle hatten und doch nach kurzer Zeit anders geworden sind. Sie kamen sehr gern ins Oratorium, gingen jeden Sonntag zur Beichte und Kommunion.
Was das Leben im Oratorium störte, und zwar besonders im Sommer, war die „Gärtnerin", die Kneipe nebenan, in der sehr viel Betrieb war. Wenn man in der Kapelle Fenster und Türen offenlassen mußte, hörte man das Grölen der Betrunkenen. Manchmal übertönte der Lärm bei den heftigen Schlägereien die Stimme des Predigers. Es kam auch vor, daß Don Bosco vom Podest stieg, in die Kneipe ging und drohte, die Polizei zu rufen.

Die kleinen Lehrer und die Laien

Immer dringlicher wurde das Problem der Mitarbeiter. Don Borel, Don Carpano und die anderen Priester, die Don Bosco im allgemeinen halfen, waren sonntags oft anderweitig verpflichtet. Aber wo sollte er Helfer finden, die den Buben zur Seite standen, ihnen Religionsunterricht gaben, und solche, die sich für die Abendschule zur Verfügung stellten?
Da erinnerte sich Don Bosco, wie im Traum „einige Lämmer sich in Hirten verwandelten". Nun begann er, unter seinen Jugendlichen Mitarbeiter zu suchen. Von den größten wählte er die besten aus und gab ihnen Privat-

unterricht. „Diese ‚Lehrer'", schreibt Don Lemoyne, „die anfangs acht bis zehn waren, machten ihre Sache bestens. Einige von ihnen wurden sogar Priester."

Auch tüchtige Laienkräfte aus der Stadt stellten sich Don Bosco zur Verfügung: ein Goldschmied, zwei Geschäftsleute, ein Drogist, ein Makler und ein Schreiner.

Zweiundzwanzigstes Kapitel:

Wenn ein Zuhause fehlt

Im Winter 1846/47 geschah etwas, was Don Bosco nie mehr vergessen konnte. Einem Vierzehnjährigen, der seit einiger Zeit das Oratorium besuchte, wurde von seinem Vater, der jeden Abend betrunken war, streng verboten, wieder zu Don Bosco zu gehen. Der Bub tat, als würde er nicht verstehen. Da wurde der Vater wütend und drohte, ihm den Kopf zu spalten, wenn er noch einmal zu Don Bosco ginge. An einem Sonntag kam dieser Bub spät vom Oratorium nach Hause und fand seinen Vater wie immer sinnlos betrunken vor. Er hatte ein Beil in der Hand. Als er seinen Sohn sah, hob er es hoch und schrie: „Du warst bei Don Bosco!"
Der Bub rannte vor Schrecken davon, der Vater hinter ihm her.
„Wenn ich dich erwische", schrie er, „bringe ich dich um!"

Ein Baum im Nebel

Auch die Mutter, die den Auftritt gehört hatte, rannte. Sie wollte ihren Mann entwaffnen. Der Bub war mit seinen vierzehn Jahren natürlich schneller und erreichte das Oratorium mit einem guten Vorsprung. Aber das Tor war verschlossen. Verzweifelt pochte er. Als er merkte, daß niemand ihm öffnen würde, bevor der Vater ankam, kletterte er schnell auf einen danebenstehenden Maulbeerbaum. Dieser hatte keine Blätter mehr, unter denen er sich hätte verstecken können. Aber es war dunkel und nebelig.
Keuchend kam der Vater an und schlug kräftig gegen das Tor. Margherita, die durch das Fenster beobachtet hatte, wie der Bub auf den Baum geklettert war, lief zum Tor, ohne vorher Don Bosco zu verständigen. Kaum hatte sie geöffnet, stürmte der Mann schnurstracks an ihr vorbei die Treppe hinauf in das Zimmer Don Boscos. Dabei schrie er:
„Wo ist mein Sohn?" Don Bosco trat ihm energisch entgegen.
„Hier ist er nicht."
„Und ob er da ist!" Er riß Schränke und Türen auf. „Ich werde ihn finden und umbringen!"
„Mein Herr", sagte Don Bosco energisch, „ich habe gesagt, er ist nicht hier. Aber selbst wenn er hier wäre, ist das mein Haus, und Ihr habt kein Recht einzutreten. Entweder verschwindet Ihr sofort, oder ich rufe die Polizei."
„Nein, keine Angst, Hochwürden, ich geh selbst sofort zur Polizei, dann müssen sie mir meinen Sohn herausgeben."
„Sehr gut, dann gehen wir gleich zusammen. Ich habe den Herren dort sowieso

noch manches über Euch zu berichten. Und dies ist gerade eine günstige Gelegenheit."
Da der Mann tatsächlich einiges auf dem Kerbholz hatte, versuchte er, sich brummend und mit Drohungen davonzumachen.
Nun ging Don Bosco mit seiner Mutter hinaus und sah den Buben auf dem Baum sitzen. Leise rief er ihn, aber es kam keine Antwort. Jetzt sagte er lauter: „Komm herunter, es ist niemand mehr da." Wieder kam keine Reaktion. Der Bub hatte Angst.
Don Bosco holte eine Leiter und stieg hinauf. Er schaute in die weit aufgerissenen Augen und schüttelte ihn sachte. Wie aus einem schrecklichen Traum erwacht, begann der Bub zu schreien und aufgeregt um sich zu schlagen. Es hätte nicht viel gefehlt, und er wäre vom Baum gestürzt. Don Bosco mußte ihn fest an sich drücken, während er flüsterte:
„Es ist nicht dein Vater, ich bin es, Don Bosco. Hab keine Angst."
Langsam beruhigte sich der Bub und fing an, leise zu weinen. Don Bosco ließ ihn vom Baum heruntersteigen und nahm ihn mit in die Küche. Mama Margherita bereitete ihm etwas Warmes, Don Bosco legte einen Strohsack in die Küche, damit der Bub neben dem Feuer schlafen konnte. Am nächsten Morgen schickte er ihn zu einem guten Meister in einem nahe gelegenen Stadtteil, um ihn vor der Wut seines Vaters zu schützen. Erst nach längerer Zeit konnte er wieder nach Hause zurückkehren.
Vielleicht war es dieses Ereignis, das die Wunde, die Don Bosco in der Seele trug, wieder aufbrechen ließ. Einige seiner Buben wußten am Abend nicht, wo sie schlafen konnten. Sie legten sich unter Brücken oder gingen in die elenden Obdachlosen-Schlafstätten. Schon längere Zeit dachte daher Don Bosco daran, die verlassensten in sein Haus zu nehmen.
Das erste Experiment machte er eines Abends im April 1847. An das Pinardihaus war auf einer Seite ein Heustadel angebaut. Dort ließ er ein halb Dutzend Jugendlicher schlafen. Aber es war ein Mißerfolg. Am nächsten Morgen waren nicht nur seine Gäste verschwunden, sondern auch die Decken, die Mama Margherita ihnen geliehen hatte.
Einige Tage danach machte Don Bosco wieder einen Versuch. Dieser endete noch schlimmer. Die Buben hatten auch die Strohsäcke mitgenommen.
Aber Don Bosco ließ sich nicht entmutigen.

Durchnäßt und verzweifelt

Eines Abends im Mai gießt es in Strömen. Don Bosco und seine Mutter haben gerade zu Abend gegessen, als jemand an das Tor pocht. Don Bosco selbst beschrieb diesen Vorfall. Ein Fünfzehnjähriger steht völlig durchnäßt draußen.

„Ich habe keine Eltern mehr, komme aus Valsesia und bin Maurer. Aber ich habe noch keine Arbeit gefunden. Ich friere so und weiß nicht, wohin ich gehen soll."

„Komm herein", sagt Don Bosco, „setz dich ans Feuer, so naß, wie du bist, wirst du ja krank."

Mama Margherita bereitet ihm ein warmes Abendessen, dann fragt sie ihn: „Und jetzt, wohin willst du denn gehen?"

„Das weiß ich nicht. Ich habe drei Lire gehabt, als ich in Turin angekommen bin. Ich habe alles ausgegeben." Er beginnt leise zu weinen. „Bitte, schickt mich nicht weg!"

Mama Margherita denkt an die Decken, die verschwunden sind.

„Ich könnte dich schon behalten, aber wer garantiert mir, daß du mir nicht die Töpfe fortträgst?"

„Nein, bestimmt nicht, gute Frau. Ich bin zwar arm, aber gestohlen habe ich noch nie."

Don Bosco ist inzwischen hinausgegangen in den Regen, um einige Ziegel zu holen. Mit ihnen macht er vier Stützen und legt Bretter darauf. Dann holt er seinen eigenen Strohsack und legt ihn über die Bretter.

„Du kannst hier schlafen, mein Lieber, und du kannst bleiben, solange es notwendig ist. Don Bosco wird dich nicht wegschicken."

Mama Margherita lädt ihn ein, mit ihr das Abendgebet zu beten.

„Ich kann es nicht", antwortet der Bub.

„Gut, dann betest du mit uns", sagt sie. Und so geschieht es. Nun gibt sie ihm noch einige gute Worte über die Notwendigkeit der Arbeit, der Treue und der Religion.

Die Salesianer haben in diesen Worten Mama Margheritas die erste „Gute Nacht" gesehen (ein kurzes Wort des Hausobern), mit dem man gewöhnlich in Salesianerhäusern den Tag beschließt und in dem Don Bosco den „Schlüssel der Moral, des guten Fortgangs des Hauses und des Erfolgs" sah.

Mama Margherita war nicht recht überzeugt von der Wirksamkeit ihrer Worte. „Deshalb", so schließt Don Bosco, „wurde zur Sicherheit die Küchentür abgeschlossen und erst am Morgen wieder geöffnet."

Es war der erste elternlose Junge, den Don Bosco in sein Haus aufgenommen hatte. Am Ende des Jahres waren es sieben. Und es werden Tausende werden.

Der zweite war ein Zwölfjähriger aus einer „bürgerlichen Familie". Don Bosco begegnete ihm auf der Massima-Allee. Der Bub hatte seinen Kopf an eine Ulme gelehnt und weinte. Am Tag vorher war seine Mutter gestorben. Sein Vater war schon seit längerem tot. Nun hat der Hausbesitzer ihn vor die Tür gesetzt und den Hausrat als Entschädigung für die schuldig gebliebene Miete zurückbehalten. Don Bosco führte den Buben zu Mama Margherita. Er fand für ihn einen Arbeitsplatz als Verkäufer. Dem Jugendlichen gelang es mit der

Zeit, sich emporzuarbeiten und eine gute Position zu erwerben. Er blieb zeitlebens ein Wohltäter Don Boscos.
Der dritte war Giuseppe Buzzetti, der kleine Maurer aus Caronno. Eines Abends, als alle sich verabschiedeten, hielt Don Bosco ihn an der Hand zurück.
„Würdest du bei mir bleiben?"
„Aber gern!"
„Dann spreche ich mit Carlo." Der große Bruder, der seit sechs Jahren das Oratorium besuchte, war einverstanden. Giuseppe war nun 15 Jahre alt und arbeitete weiter als Maurer in der Stadt. Das Zuhause Mama Margheritas war nun auch sein Zuhause.

Er zitterte wie Espenlaub

Als nächster kam Carlo Gastini. Eines Tages im Jahr 1843 war Don Bosco zum Friseur gegangen, um sich rasieren zu lassen. Ein kleiner Bub kam, ihn einzuseifen.
„Wie heißt du denn, und wie alt bist du?"
„Carlino, ich bin elf Jahre."
„Schön, Carlino, dann seife mich also gut ein. Was macht denn dein Vater?"
„Der ist gestorben. Ich habe nur noch meine Mutter."
„Ach, du Ärmster, das tut mir aber leid." Der Bub war mit dem Einseifen fertig.
„Also, jetzt nimm das Messer und rasiere mich."
In diesem Augenblick kam auch schon der Meister gerannt.
„Hochwürden, um Gottes willen! Der Bub kann das noch nicht, der seift nur ein."
„Aber einmal muß er doch anfangen zu rasieren oder nicht? Drum soll er eben jetzt bei mir anfangen. Komm, Carlo, mach schon!"
Carlino rasierte Don Bosco. Aber er zitterte dabei wie Espenlaub. Als er das Rasiermesser um das Kinn herum führte, schwitzte er. Das Gesicht Don Boscos hatte manchen Kratzer bekommen und auch manchen Schnitt. Aber der Bub schaffte es doch.
„Tüchtig, Carlino!" lächelte Don Bosco. „Und jetzt, wo wir Freunde geworden sind, würde ich mich freuen, wenn du manchmal zu mir kämst."
Gastini begann, das Oratorium zu besuchen und gewann große Zuneigung zu Don Bosco.
Im Sommer 1846 sah ihn Don Bosco weinend neben dem Friseurladen stehen.
„Was ist denn geschehen?"
„Meine Mutter ist gestorben. Mein Arbeitgeber hat mich entlassen, und mein großer Bruder ist Soldat. Wohin soll ich jetzt gehen?"
„Komm zu mir!" Während beide nach Valdocco hinuntergingen, hörte Carlo

Gastini einen Satz, den viele Buben schon gehört hatten und nie mehr vergessen werden:
„Schau, ich bin ein armer Priester, aber wenn ich auch nur ein Stück Brot hätte, würde ich es mit dir teilen."
Mama Margherita bereitete wieder einmal ein Bett. Carlino blieb mehr als fünfzig Jahre im Oratorium. Froh und lebendig, wie er war, wurde er im Laufe der Zeit ein glänzender Darsteller bei jedem Fest. Seine Aufführungen brachten alle zum Lachen. Aber wenn er von Don Bosco sprach, weinte er wie ein Kind.

„Er hat mich gern gehabt", sagte er nur und sang einen Vers, den längst schon alle kannten:
„Mit siebzig Jahren hochbetagt
sterb ich, hat Don Giovanni gesagt."
Das war eine der vielen Prophezeiungen, die Don Bosco zwischen Scherz und Ernst ausgesprochen hat.

Carlo Gastini starb am 28. Januar 1902 mit 70 Jahren und einem Tag.

Für die ersten Jugendlichen, die bei ihm wohnten, machte Don Bosco aus zwei Zimmern einen Schlafsaal. Acht Betten, ein Kreuz, ein Muttergottesbild, eine Tafel mit der Inschrift „Gott sieht mich" waren die ganze Einrichtung.

Am frühen Morgen feierte Don Bosco die Messe mit seinen Buben. Dann steckten sie sich ein Brot in die Tasche und gingen zur Arbeit in die Stadt. Zum Mittag- und Abendessen kehrten sie zurück. Die Suppe war immer reichlich. Gemüse gab es einmal aus dem Garten von Mama Margherita und einmal vom Geld Don Boscos.

Ja, das Geld. In diesen Monaten wurde es zum Problem. Und es wird ein Problem bleiben bis ans Lebensende Don Boscos. Seine erste Mitarbeiterin war keine Gräfin, sondern seine Mutter. Diese arme Bauersfrau ließ aus Becchi ihre Wäscheaussteuer kommen, die sie zur Hochzeit erhalten, die Ohrringe, die Kette, die sie bisher sorgfältig aufbewahrt hatte. Seit dem Tod ihres Mannes hatte sie diese nie mehr getragen. Nun verkaufte sie ihre Schätze, um den Hunger der Buben zu stillen.

Dieses erste Haus wurde von Don Bosco „das an das Oratorium des hl. Franz von Sales angeschlossene Haus" genannt.

Im Mai dieses Jahres gründete Don Bosco unter den Oratorianern die „Bruderschaft des hl. Aloisius". Wer beitrat, übernahm drei Verpflichtungen: gutes Beispiel geben, schlechte Unterhaltungen meiden und die Sakramente empfangen. Die „Bruderschaft" wurde in kurzer Zeit zu einer Gruppe von Jugendlichen, die es sich zur Pflicht machten, einander zu helfen, besser zu werden.

Die Mitra des Bischofs

Einen Monat später, am 21. Juni, wurde das Fest des hl. Aloisius gefeiert. Don Bosco stellte ihn seinen Buben als Ideal der Reinheit vor. Der Erzbischof kam und spendete die Firmung.

„Es war bei dieser Gelegenheit", erinnert sich Don Bosco, „daß der Erzbischof, nachdem er die Mitra aufgesetzt hatte, nicht daran dachte, daß er nicht im Dom ist. Er erhob sich und stieß mit ihr an die Decke. Alle lachten, auch er. Leise sagte Erzbischof Fransoni: ‚Man muß aus Achtung vor den Buben Don Boscos mit entblößtem Haupt predigen.'"
Im September kaufte Don Bosco eine kleine Marienstatue. Sie kostete 27 Lire und steht heute noch in dieser Kapelle. Die Buben trugen sie damals bei der Prozession durch die Umgebung, wenn große Feste gefeiert wurden. Die „Umgebung", das waren einige Häuser, die Kneipe ‚Zur Gärtnerin', mit den stets lärmenden Betrunkenen, zwei kleine Kanäle zur Bewässerung der Felder, ein Gäßchen mit Maulbeerbäumen, der ‚Gärtnerinnenweg'. Er lag im heutigen Hof neben der Basilika.

Ausschwärmen

Die politische Lage wurde immer unruhiger. Die Demonstrationen für Pius IX. (den man irrtümlich für den „Befreier Italiens" hielt) wurden von der Polizei aufgelöst. Der König dachte zwar an Reformen, wollte aber, daß das Volk ruhig bliebe.
Im November unterzeichneten Carlo Alberto, Leopoldo von Toscana und Pius IX. bei Vorverhandlungen Verträge zur Bildung der „Italienischen Liga", einer Zollunion der drei Staaten. Jetzt, so schien es, war der erste Schritt zur Schaffung des „Italienischen Bundesstaates" getan. Ganz Turin war begeistert.
In diesen Monaten fuhr Don Bosco mit seiner bescheidenen Arbeit fort. Die Buben, die das Oratorium besuchten, waren inzwischen Hunderte. Don Lemoyne spricht von achthundert. Sie kamen auch aus entlegenen Stadtteilen. Don Bosco, Don Borel und Don Carpano berieten miteinander und wurden sich einig, daß man ein neues Oratorium im Süden der Stadt benötigte. Auf der Straße, die heute Corso Vittoria heißt, zogen sich primitive Hütten hin, die von Wäscherinnen bewohnt waren. Die Wäsche, die auf den langen Leinen in Sonne und Wind trocknete, zeigte etwas von der Lebendigkeit dieses Dorfes an der Peripherie Turins, „Porta Nuova" genannt. Am Sonntag nachmittag gingen die Bewohner gern auf dieser Straße spazieren, und Scharen von Jugendlichen hielten dort ihre Kriegsspiele.
Mit Einverständnis des Erzbischofs mietete Don Bosco von Herrn Vaglienti

für 450 Lire ein kleines Haus, einen Schuppen und eine Wiese bei der eisernen Brücke. Dann verkündete er seinen Buben: „Meine Lieben, wenn die Bienen in ihrem Stock sich zu sehr vermehrt haben, schwärmt ein Teil aus. Wir machen es ihnen nach. Diejenigen unter euch, die aus den südlichen Stadtteilen kommen, brauchen jetzt nicht mehr einen so weiten Weg zurücklegen. Vom Fest Immaculata an können sie ins Oratorium San Luigi in Porta Nuova gehen. Das liegt in der Nähe der eisernen Brücke." Don Borel weihte am 8. Dezember 1847 das neue Oratorium ein. In diesem besonders kalten Winter wurde Don Carpano dort Leiter. Er machte den Weg zu Fuß und trug unter seinem weiten Umhang ein großes Bündel Holz, um in der Sakristei Feuer zu machen.

Dreiundzwanzigstes Kapitel:
Das Revolutionsjahr 1848

Europa glich seit längerem einem einzigen Pulverfaß, jetzt explodierte es. Vor allem in den Städten wütete die Revolution. Am 23. Februar brach sie in Paris aus. Von hier aus sprang der Funke am 13. März auf Wien über. Am 15. März ergriff er Berlin und Budapest, am 17. März Venedig, am 18. März Mailand. Innerhalb von wenigen Monaten stand Europa in Flammen. Bestürzt fragte der Zar Nikolaus: „Was bleibt denn von Europa noch übrig?"
Wir wollen hier nur einige Ereignisse erwähnen, die sich vor allem in Turin und Piemont abspielten und auf Don Bosco und sein Werk Einfluß hatten.

Auf die Barrikaden!

Das politische Beben dieser Zeit ist nicht verständlich, ohne sich die drei Hauptursachen bewußtzumachen, die eng miteinander verflochten sind: die liberale Bewegung, die den Absolutismus stürzen und eine Verfassung schaffen wollte; die Sehnsucht nach nationaler Unabhängigkeit; die Arbeiterbewegung, die um mehr soziale Gerechtigkeit kämpfte.

Auf den Barrikaden der verschiedenen Städte Europas kämpften die Liberalen, die Patrioten und die Arbeiter Seite an Seite.

Die Arbeiter erhoben sich vor allem in Paris. In einem Blitzkrieg wurde die Monarchie gestürzt, die tägliche Arbeitszeit von zwölf bis vierzehn Stunden auf zehn Stunden reduziert.

Vier Monate später jedoch wurde Paris, wo 140 000 Arbeiter lebten, von General Cavagnac heftig angegriffen und innerhalb von vier Tagen zurückerobert. Die Arbeiter wurden schwer unterdrückt, die Arbeitszeit wieder auf zwölf Stunden festgesetzt.

Die Folge war, daß sich nun die Arbeiter von einem „humanen Sozialismus" abwandten und zum Marxismus überliefen. (Marx hatte in diesem Jahr „Das kommunistische Manifest" veröffentlicht.)

In Italien kämpften die Arbeiter nur in Mailand. Das Land wurde in diesem Jahr von den Liberalen beherrscht, die eine Verfassung forderten, und von den Patrioten, die die Unabhängigkeit anstrebten.

Die Verfassung

In Turin sprach man über Politik, vor allem aber über einen bevorstehenden Krieg. Nachdem einige Länder eine Verfassung erhalten hatten, prüfte Carlo

Alberto mit seinem Ministerrat die Situation. Er wollte den Krieg verhindern, der unnötiges Blutvergießen und einen hohen finanziellen Aufwand bedeuten würde. Einem Freund aber erklärte er: „Wenn ich den Krieg nicht erkläre, verliere ich mein Land und es wird eine Revolution ausbrechen." Die Menge forderte durch die Straßen schreiend den Krieg. So gab der Ministerrat schließlich nach. An der Spitze seines Heeres von 60 000 Mann zog der König gegen das österreichische Mailand. In Turin wurden alle Pferde und Wagen eingezogen. Über der Stadt lag ein unheimliches Schweigen.

Echte und fingierte Kämpfe in Valdocco

Kriegsbegeisterung herrschte auch unter der Jugend. Auf den Wiesen von Valdocco brachen heftige Kämpfe aus zwischen den Banden von Vanchiglia, der Dora-Vorstadt und Porta Susa. Die jungen Leute bewaffneten sich mit Stöcken, Messern, Steinen. Don Bosco ging öfters aus dem Haus, um die Polizei zu holen und zusammen mit ihr die Hitzköpfe zu trennen.

Eines Tages erlebte er, wie ein Fünfzehnjähriger sein Messer in den Leib eines anderen stieß. Kurz darauf brummte dieser im Krankenhaus: „Das wirst du büßen!"

Voll Bitterkeit schrieb Don Bosco später: „Diese Herausforderungen wollten nicht enden." Manchmal vereinigten sich die beiden Banden, um Steine auf das Haus Don Boscos zu werfen. Große Brocken hagelten auf die Dachziegel und durchschlugen Fensterscheiben. Giuseppe Buzzetti und seine Kameraden zitterten vor Angst.

Um mehr Jugendliche für das Oratorium zu gewinnen, nützte Don Bosco die Kriegsstimmung und erfand neue Spiele. Einer seiner Freunde, Giuseppe Brosio, war bei den „Bersaglieri" (einer italienischen Spezialeinheit) gewesen. Als er nach Turin kam, zog er seine Militäruniform an, die während dieser Zeit überall Begeisterung und Respekt auslöste. Don Bosco regte ihn an, unter den Jugendlichen ein Regiment zu bilden und Manöver abzuhalten.

Brosio nahm das Angebot an. Von der Regierung erhielt er zweihundert alte ausgediente Gewehre. Die Rohre waren durch Stöcke ersetzt. Brosio brachte eine Trompete, und schon begann das Exerzieren. Aufmärsche wurden durchgeführt, Angriffe mit „Bajonetten", Rückzüge und Überfälle geübt. Das „Regiment" erhielt für seine Vorführungen stärksten Applaus und leistete Ordnungsdienste in der Kirche.

Eines Sonntag nachmittags, als viel Volk „zusammengetrommelt" war und es dem Manöver begeistert zuschaute, kam es beim Gegenangriff zur „Katastrophe". Das besiegte Heer ergriff die Flucht und rannte Hals über Kopf davon, schnurstracks in den Gemüsegarten Mama Margheritas. Bedrängt von den übermütigen Gegnern, zerhackte es Salat, Petersilie und Tomaten.

Hilflos sah Mama Margherita zu. Sie war niedergeschlagen.
„Da schau, Giovanni, was sie mir angetan haben. Alles haben sie zerstört."

„Laß mich nach Hause zurückkehren!"

Wahrscheinlich war es am Abend nach der „Schlacht", als Mama Margherita keine Kraft zum Durchhalten mehr hatte. Die Buben waren schlafen gegangen, und sie hatte wie gewöhnlich einen Berg Kleidung zu flicken. Am Fußende der Betten lagen zerrissene Hemden, Strümpfe mit Löchern, aufgerissene Schuhe. Sie mußte sich beeilen, wenn sie beim Petroleumlicht das alles flicken wollte, denn am Morgen brauchten es die Buben, wenn sie zur Arbeit gingen. Etwas anderes hatten sie nicht. Don Bosco rückte seinen Stuhl zu ihr hin, setzte Flicken auf die Ellbogen und reparierte Schuhe.

„Giovanni", sagte sie leise, „ich bin müde. Laß mich zurückkehren nach Becchi. Ich arbeite vom Morgen bis zum Abend, bin eine arme, alte Frau, und diese Buben zerstören mir immer wieder alles. Ich kann einfach nicht mehr."

Don Bosco versuchte nicht, sie aufzumuntern. Er sagte kein einziges Wort. Es hätte sie auch keines trösten können. Nur auf das Kreuz an der Wand zeigte er. Und diese alte Bauersfrau verstand. Sie beugte sich über die Strümpfe mit ihren Löchern, die zerrissenen Hemden und fuhr fort zu flicken.

Nie wieder fragte sie, ob sie nach Hause zurückkehren könnte. Sie verbrachte ihre letzten Jahre unter den Buben, die schlecht erzogen waren, die aber eine Mutter brauchten. Von Zeit zu Zeit warf sie einen Blick auf das Kreuz, um neue Kraft zu schöpfen.

Krieg in der Lombardei

Es war am 26. März, als sich die Nachricht verbreitete, der Krieg sei ausgebrochen. Um Carlo Alberto bei der „Befreiung Italiens" zu unterstützen, kamen Truppen aus dem Kirchenstaat, Freiwillige aus der Toscana und den umliegenden Regionen. Sie alle wollten sich mit Piemont vereinigen.

Von der Begeisterung mitgerissen, erklärte Ferdinand von Neapel Österreich den Krieg. Von der Lombardei aus, wo er begonnen hatte, verbreitete er sich über ganz Italien.

Freudige Nachrichten erreichten Turin. Das Heer hatte die ersten Schlachten gewonnen. Garibaldi war mit seiner „italienischen Legion" von Amerika aufgebrochen.

Vierundzwanzigstes Kapitel:
Zusammenbruch der Hoffnung

Am 27. April bat Carlo Alberto Pius IX. um materielle und moralische Unterstützung für seinen Krieg. Der Papst antwortete, daß er ihm materielle Hilfe bereits geschickt habe, moralische aber nicht geben könne. „Wenn ich mit Mastai unterschreiben könnte, würde ich es tun, denn auch ich bin Italiener. Aber ich muß mit Pius IX. unterschreiben, und das Oberhaupt der Kirche muß ein Diener des Friedens und nicht des Krieges sein."
Es schien, als würden Deutschland und Österreich gemeinsam gegen den Kirchenstaat ziehen. Sogar die Gefahr einer Kirchenspaltung drohte.

Plötzlicher Umschwung

Am 29. April erklärte Pius IX. den Kardinälen, daß seiner Reform keine politischen Absichten, sondern rein menschliche zugrunde lagen. Der Gedanke, gegen Deutsche in den Krieg ziehen zu müssen, beunruhigte ihn zutiefst. Er könne nur beten um Verständigung und Frieden. Ausdrücklich erklärte er, daß er nicht das Staatsoberhaupt einer neuen Republik werden will. Als Papst habe er neutral zu sein.
Seine Worte trafen die neue Bewegung wie ein Schlag, hatte sie doch ihre größte Hoffnung auf Pius IX. gesetzt.
Sofort schickte der Papst einen Brief an den österreichischen Kaiser und bat ihn, den besetzten italienischen Gebieten zu gewähren, sich mit allen anderen italienischen Regionen zu einer einheitlichen Nation zusammenzuschließen. Natürlich hatte er keinen Erfolg damit.
Schlagartig hatte sich die Lage verändert. In den Städten Italiens herrschte Verwirrung. Der König von Neapel rief seine Truppen zurück und löste am 15. Mai mit einem Staatsstreich, der schwere Zusammenstöße zwischen Demonstranten und der öffentlichen Gewalt provozierte, das Parlament auf. Piemont stand allein gegen Österreich.
Noch einmal erreichte eine letzte Siegesmeldung Turin. Es war am 30. Mai. Die Straßen wurden mit Fahnen geschmückt, die Fenster illuminiert, alles Volk schrie: „Es lebe Carlo Alberto, der König von Italien!"
Gleich danach aber begannen schwere Zeiten. Radetzky machte neue Eroberungen. Der Krieg belastete Turin schwer. Die Wirtschaft kam zum Stillstand; viele Geschäfte mußten schließen; es gab zahlreiche Arbeitslose. Die Schuster und Schneider streikten wegen der niedrigen Löhne.

Die Ration im Blechnapf

In diesem Klima allgemeiner Not mußte man auch in Valdocco den Gürtel enger schnallen. Wenn die kleinen Maurer, die bei Don Bosco wohnten, mittags heimkamen, holten sie sich mit dem Blechnapf ihre „Ration". Auf dem Herd dampften Kartoffeln, Reis, Nudeln und Bohnen oder ein „nahrhafter" Eintopf, wie er für die Kriegszeiten empfohlen wurde: gekochte Kastanien und Maisbrei.

Die Suppe wurde von Don Bosco selbst ausgeteilt, der sie mit Scherzen würzte: „Mach dem Koch Ehre!" „Eßt gut, ihr müßt noch wachsen!" „Ich möchte dir ja ein Stück Fleisch geben, aber ich habe keines. Doch wenn wir einmal eine herrenlose Kuh finden, dann machen wir ein Fest."

Als Obst gab es nach dem Essen meist einen Apfel, d. h. nicht einen für jeden, sondern eben einen für alle. Don Bosco warf ihn hoch, und wer ihn fing, hatte ihn.

Die „Bar" war für alle die Wasserpumpe, die frisches, gesundes Wasser in Fülle gab. Manchmal geschah es, daß, während alle bei Tisch saßen, eine Henne Mama Margheritas auf den Tisch flatterte, um sich ihren Anteil zu picken.

Jeden Abend verteilte Don Bosco das Brot. Für 25 Centesimi (Pfennige) mußten sie es kaufen. Wer Militärzwieback nahm, bekam ziemlich viel davon. Manche zogen normales Brot, hartes oder weiches, vor. Nach dem Essen wusch jeder seinen Napf und steckte seinen Löffel in die Tasche.

Wer großen Hunger hatte, holte sich vor dem Essen aus dem Gemüsegarten etwas Salat und richtete ihn mit Öl und Essig an, die er von seinem Taschengeld gekauft hatte.

Es waren harte Zeiten. Um das Geld für den Friseur zu sparen, ließen sie sich die Haare von Mama Margherita schneiden. Das gab manchmal einen „Stufenschnitt". „Wenn ich mich darüber beklagte", erinnert sich Dr. Frederico Cigna, „sagte die gute Frau: ‚Das sind die Stufen, auf denen du zum Himmel steigen kannst.'"

Aufregende Nachrichten

In der zweiten Hälfte von 1848 folgte eine schlimme Nachricht der anderen. Im Juli wurden die Aufstände in Prag niedergeschlagen. Vom 23. bis 25. Januar fand eine Entscheidungsschlacht zwischen Piemont und Österreich statt. Für Carlo Alberto war sie so verlustreich, daß er nicht mehr in der Lage war, ein Heer für die Verteidigung Mailands aufzustellen.

Die Nachricht davon erreichte Turin einige Tage später. Es entstanden Tumulte. Die Angriffe richteten sich vor allem gegen die Häuser der Reichen und der Priester.

Am 6. August gab der König den Befehl zur Unterzeichnung des Waffenstillstandes. Das bedeutete das Ende jeder Hoffnung auf die Einheit Italiens. Turin war voller Aufruhr, vor allem gegen die Regierung und die Priester. Das Verkaufen von Zeitungen auf Straßen, das Anschlagen politischer Manifeste und Versammlungen auf Plätzen wurden verboten, die Regierung gestürzt.

Schuß in der Pinardi-Kapelle

„Jeder Angriff auf Priester und Religion", so schrieb Don Bosco über diese Monate, „wurde gutgeheißen. Ich wurde öfter überfallen, im Haus und auf der Straße. Eines Tages, während ich gerade Religionsunterricht gab, durchlöcherte eine Gewehrkugel mein Gewand zwischen Arm und Schulter und schlug dann in die Wand ein." Das geschah in der Pinardi-Kapelle, und die Jungen erschraken nicht wenig über den plötzlichen Knall. Don Bosco, der selbst erschrocken war über den Schuß, der ihn nur um ein Haar verfehlt hatte, mußte seinen Jungen Mut machen.

„So etwas ist ein schlechter Scherz. Mir tut es um mein Gewand leid, es ist ja mein einziges. Aber die Gottesmutter hat uns geholfen."

Ein Bub holte die Kugel, die ungeschliffen war, aus der Wand.

„Ein anderes Mal, während ich inmitten einer großen Schar war, griff mich jemand am hellichten Tag mit einem langen Messer an. Es war ein Wunder, daß ich mich so schnell in mein Zimmer retten konnte. Auch Don Borel entkam einmal wie durch ein Wunder einem Pistolenschuß."

Die Zeitungen schürten den Haß gegen den Klerus. In großen Schlagzeilen wie „Die aufgedeckte Revolution in Valdocco" wurde auch Don Bosco scharf attackiert.

Schlechte Nachrichten aus Rom

Am 23. September kehrte der König nach Turin zurück. Der Empfang verlief kühl und traurig. In der Stadt wurden Stimmen laut: Französische Truppen sind im Anmarsch, um den Krieg von neuem zu entfachen. Der König wird abdanken, die Revolution bricht aus!

Mitte November gelangten erschütternde Nachrichten aus Rom nach Turin: Der erste Mitarbeiter des Papstes, Kardinal Pelegrino Rossi, wurde ermordet. Außerdem soll der Papst gezwungen werden, am Krieg gegen Österreich teilzunehmen.

Eine erregte Menge zieht durch die Straßen Turins und schreit: „Nieder mit Pius IX.! Nieder mit den rückständigen Ministern! Es lebe der Mörder Rossis! Krieg! Krieg!"

Die Angst machte sich breit, die Angst vor der Revolution, vor der Wiederholung des Terrors der Französischen Revolution.
Gegen Ende November kommt Nachricht aus Rom, daß Pius IX. geflüchtet ist. Als einfacher Priester verkleidet, konnte er nach Gaeta entkommen. Mit Begeisterung und Hoffnung hatte das Jahr begonnen. Nun endet es voller Ungewißheit. In anderen Ländern herrschen Krieg und Unterdrückung. Nach Prag wurde Wien gestürmt. Im Dezember wurde das Parlament in Berlin aufgelöst.

In Valdocco zwei Zeichen der Hoffnung

Jetzt, wo es immer düsterer wurde, gab es Zeichen der Hoffnung. Zum erstenmal nimmt einer der Buben Don Boscos den Rock des Klerikers. Es ist Ascanio Savio, der aus der Heimat Don Boscos stammt. Das Oratorium hat er bereits besucht, als es noch im Rifugio untergebracht war. Jetzt müßte er ins Priesterseminar eintreten, aber das von Turin ist geschlossen, und das von Chieri ist eben dabei zu schließen. Deshalb erhält er vom bischöflichen Ordinariat die Erlaubnis, die Einkleidung im Haus von Cottolengo zu halten und dann im Oratorium zu bleiben, um Don Bosco zu helfen.
Er wird nicht immer dort bleiben. Nach vier Jahren wird er ins Priesterseminar eintreten und dann Weltpriester werden. Über Don Bosco wird er später aussagen: „Ich liebte ihn, als wäre er mein Vater gewesen." Und Don Bosco wird über ihn schreiben: „Ich hätte ihm sofort einen Teil meiner Aufgaben übertragen." Das erste Lamm ist ein Hirt geworden.
Das zweite Ereignis war anderer Art. Im Oratorium feierte man ein großes Fest. Einige hundert Buben wollten zur Kommunion gehen. Don Bosco begann die Messe. Giuseppe Buzzetti, der für die Sakristei verantwortlich war (wofür war dieser Bub nicht zuständig?), hatte vergessen, ein anderes Ziborium auf den Altar zu stellen. Erst nach der Wandlung fiel es ihm ein. Es war zu spät. Als die Buben an die Kommunionbank traten, entdeckte Don Bosco, daß nur wenige Hostien im Kelch waren. Die Buben zurückschicken, nein, das brachte er nicht fertig. So begann er, die Kommunion auszuteilen.
Da geschah es zu seiner großen Verwunderung, daß die Hostien nicht weniger wurden. Sie reichten für alle.
Buzzetti, der die Patene hielt, war so verwirrt, daß er es seinen Kameraden erzählte. Noch 1864 berichtete er den ersten Salesianern davon. Don Bosco, der auch anwesend war, bemerkte mit ernster Miene: „Ja, es waren wenige Hostien im Kelch. Trotzdem begann ich, die Kommunion an die vielen Buben auszuteilen. Ich war bewegt, aber nicht erregt, denn ich dachte: Es ist doch ein größeres Wunder, daß Brot in den Leib Christi verwandelt wird, als daß sich die Hostien vermehren. Doch für alles sei der Herr gepriesen."

Während Italien von vernichtenden Schlägen heimgesucht wurde, vermehrte Gott in einem stillen Winkel der Peripherie Turins seine Gegenwart unter den Buben eines armen Priesters. Ein geheimnisvolles, aber beglückendes Zeichen.

Fünfundzwanzigstes Kapitel:

Das traurige Jahr 1849

„Das Jahr 1849 war schmerzlich und erfolglos", schrieb Don Bosco, „und hatte schwere Anstrengungen und enorme Opfer gefordert."
Es begann für ihn mit einem Trauerfall. Am 18. Januar war sein Bruder Antonio mit nur 41 Jahren plötzlich gestorben. Während der letzten Zeit war er öfter ins Oratorium gekommen, um Mutter und Bruder zu besuchen. Sie sprachen miteinander über magere Ernten, drückende Steuern, mit denen die Regierung die Bauern belastete, um den Krieg zu finanzieren. Antonio erzählte von seinen Kindern. Der Zweitjüngste, Nicolao, hatte nur ein paar Stunden gelebt, die anderen aber schienen gesund zu sein.
Die Jahre haben die Brüder versöhnt. Ihre Feindschaft schien lange zurückzuliegen.

„Ich hätte ihn gern geohrfeigt"

Am 1. Februar eröffnete Carlo Alberto das gewählte Parlament. Seine politischen Gegner hörten in ablehnendem Schweigen zu. Auf der Straße erscholl von neuem der Ruf: „Es lebe der Krieg! Es lebe die Republik! Nieder mit den Priestern!" In den Zeitungen karikierte man Pius IX. als „Verräter Italiens". Don Bosco wurde verspottet als „der Heilige", „der Wundertäter von Valdocco". Rowdy-Banden begannen wieder, das Pinardihaus mit Steinen zu bewerfen.
Wenn Don Bosco ausgehen mußte, ließ er sich vom „Bersagliere" Brosio begleiten, der später berichtete: „Wenn wir die Straße entlang gingen, die heute Corso Margherita heißt, wurde Don Bosco jedesmal von einer Rotte Gauner beschimpft. Sie warfen ihm die gemeinsten Schimpfwörter an den Kopf und sangen unverschämte Gassenlieder. Eines Tages kam es so weit, daß ich sie ohrfeigen wollte. Don Bosco aber blieb stehen, kaufte bei einer Händlerin etwas Obst und ging damit auf seine ‚Freunde' zu."

Und wieder ist Krieg

Die demokratische Linke, die in Turin Herr der Lage war, drängte zur Wiederaufnahme der Waffen.
Am 12. März wurde zwar der Waffenstillstand erklärt, aber innerhalb von acht Tagen flammte der Krieg erneut auf. Während der König nach Alessandria ging,

marschierten 75 000 Mann von Turin aus an die Front. Diesmal gab es keine Begeisterungsstürme. Das savoyische Regiment weigerte sich sogar zu marschieren. Es gab Deserteure, obwohl bei Fahnenflucht die Erschießung drohte.

In der Lombardei gab der österreichische Feldmarschall Radetzky seinen Soldaten den Befehl zum Marsch nach Turin. Am 23. März war die Schlacht von Novara auf einer Länge von vier Kilometern entbrannt. Die kleine Burg, der Mittelpunkt heftiger Kämpfe, wurde erobert, verloren, zurückerobert. Bei einem Gegenangriff starb General Passalacqua durch das Bajonett, der Ex-Premierminister, General Perrono, ließ sich sterbend vor den König tragen, um ihn noch einmal zu grüßen. Am Abend war die Schlacht entschieden. Die Artillerie Radetzkys hat gesiegt.

Mit dieser Schlacht war der Krieg verloren. Um ein Uhr nachts dankt Carlo Alberto ab. Mit einem Reisemantel über den Schultern verläßt er in einer kleinen Kutsche Novara, um ins Exil zu gehen.

Vier Stunden lang sucht man im Feldlager den Thronfolger. Als Radetzky von der Abdankung hört, gewährt er sechs Stunden Waffenruhe.

Auf einem Bauernhof trifft der junge Vittorio Emanuele übernächtigt und mit zerzaustem Bart den österreichischen Marschall und bittet ihn, keine unmöglichen Bedingungen aufzuerlegen; sonst müsse auch er abdanken und Piemont den Revolutionären überlassen. Nachdem er fortgegangen ist, flüstert der 82jährige österreichische Oberbefehlshaber dem neben ihm stehenden General Hess zu: „Armer Bursche!"

Ein letzter Rest an Freiheit

Das Land ist geschlagen, die Reparationskosten sind hoch. Vom Feuer, das sich 1848 entzündet hat, bleiben nur wenige Funken übrig. Die Kämpfer, die Schulter an Schulter auf die Barrikaden gestiegen waren, sind fast alle besiegt. Die Arbeiter kehren zurück zum Zwölfstundentag. Zehntausende von Flüchtlingen kommen nach Turin. Das Leben ist hart, die Mieten sind ungeheuer hoch, die Löhne niedrig.

Ein kleiner Rest an Freiheit ist geblieben. Um Piemont herum entsteht langsam Italien. Später werden mit Hilfe der französischen Truppen die Österreicher besiegt und endgültig aus Italien vertrieben. Der Preis wird hoch sein: Piemont muß Savoyen und Nizza 1859 an Frankreich abtreten. Der aus Nizza stammende Garibaldi, der mit Hilfe Cavours den Süden und den Kirchenstaat erobern und so die Einheit Italiens schaffen wollte, wird Franzose werden.

Ein seltsames Geschenk

Am 24. Juni wird das Namensfest Don Boscos gefeiert. Zwei Buben, Gastini und Reviglio, haben sich entschlossen, Don Bosco ein kleines Geschenk zu machen. Monatelang haben sie ihr Geheimnis bewahrt, sich das Geld buchstäblich vom Mund abgespart. Was aber wollen sie bei diesen Preisen kaufen? Zuletzt entscheiden sie sich für zwei silberne Herzen, wie sie die Pilger zu Marienwallfahrtsorten bringen „für erhaltene Gnaden". Ein seltsames Geschenk, aber es macht deutlich, wie sehr sie Don Bosco verehrten.
Am Vorabend des Namenstags, nachdem alle schlafen gegangen sind, klopfen sie an seine Tür. Don Bosco öffnet und errötet bis über beide Ohren.

Ein Versuch

Schon lange fielen Gastini und Reviglio Don Bosco auf. Sie hatten im vergangenen Jahr zusammen mit elf anderen die geistlichen Exerzitien gemacht. Dieses Jahr werden es neunundsechzig sein in zwei Kurse geteilt.
Ein Gedanke beschäftigt Don Bosco besonders: „Einige genauer beobachten, kennenlernen, auswählen", um herauszufinden, ob sie Priester werden könnten.
Am Ende der Exerzitien ruft er Buzzetti, Bellia, Gastini und Reviglio.
„Ich brauche Leute, die mir im Oratorium helfen. Was sagt ihr dazu?"
„Ihnen helfen, aber wie?"
„Zunächst heißt das wieder in die Schule gehen, in eine Schule, in der es schnell geht und man auch Latein lernt. Dann, wenn Gott will, könntet ihr Priester werden."
Die Vier schauen sich gegenseitig an. Sie sind einverstanden. Aber eine Bedingung stellt ihnen Don Bosco. Er zieht ein weißes Taschentuch heraus und zerknüllt es in seinen Händen.
„Ich verlange, daß ihr in meinen Händen wie dieses Taschentuch seid: gehorsam in allem."
Von diesen Vieren hat nur Bellia die Grundschule abgeschlossen. Don Bosco übergibt sie Don Chiaves, damit sie bei ihm ordentlich Italienisch lernen. Im September nimmt er sie mit nach Becchi als Gäste seines Bruders Giuseppe. Dort gibt er ihnen Lateinunterricht.
Im Oktober kehren sie nach Turin zurück, gerade rechtzeitig, um an den Begräbnisfeierlichkeiten für den zurückgetretenen König Carlo Alberto teilzunehmen, der in Oporto verstorben ist.

Das Bataillon von Vanchiglia

Im Oktober eröffnet Don Bosco nach Rücksprache mit Don Cocchi im Stadtteil Vanchiglia das Oratorium zu den Schutzengeln wieder, das für einige Monate geschlossen war. Er hat zwei Schuppen, zwei Zimmer, einen Saal, der für eine Kapelle geeignet ist, für 900 Lire im Jahr gemietet. Don Carpano, der bisher im Oratorium vom hl. Aloisius war, ist bereit, sich als Leiter zur Verfügung zu stellen. An seine Stelle tritt Don Ponte.

In Vanchiglia finden noch immer heftige Gefechte zwischen den verschiedenen Banden statt. Deshalb erhält Don Carpano den „Bersagliere" Brosio zur Unterstützung. Dieser gründet auch dort ein „Bataillon", das bereit ist zu spielen, aber auch im Ernstfall dreinzuschlagen.

„An einem Festtag", so Brosio, „erschienen an die vierzig Rowdies, die, mit Steinen, Prügeln und Messern bewaffnet, ins Oratorium einzudringen versuchten. Don Carpano zitterte am ganzen Körper. Ich schloß das Tor, versammelte die größten Jugendlichen und verteilte unter sie Holzgewehre. Dann teilte ich sie in vier Gruppen ein und gab ihnen den Befehl, im Falle eines Eindringens auf ein Zeichen von mir hin von allen Seiten zum Angriff überzugehen und die Eindringliche erbarmungslos zu verprügeln. Die kleinsten, die vor Angst weinten, versteckte ich in der Kirche und hielt an der Tür Wache. Falls sie versucht hätten, auch hier einzudringen, hätte ich sie mit einem gewaltigen Stoß zu Boden geworfen. Einige der Buben rannten fort, die Kavallerie zu holen, die mit gezückten Säbeln herbeieilte."
Diesmal war es gutgegangen.

Immer mehr Heimbewohner

Am 18. November kam Don Giacomelli, ein Studienfreund aus dem Priesterseminar, und blieb zwei Jahre in Valdocco. Mit seiner Hilfe und der Savios konnte Don Bosco die Anzahl seiner Heimbewohner auf dreißig erhöhen.

Im Januar 1852 wird sich die Zahl auf sechsunddreißig erhöhen, 1853 auf sechsundsiebzig, 1854 auf hundertfünfzehn, 1860 werden es vierhundertsiebzig und 1861 sechshundert sein. Die größte Anzahl erreichten sie mit achthundert.

Die Lebensbedingungen im Heim waren weiterhin armselig. Im Winter war es, mit Ausnahme der Küche und einem Zimmer, wo ein Ofen brannte, eiskalt. Matratzen aus Wolle oder Roßhaar waren Luxus. Man schlief auf mit Laub gefüllten Säcken. Das wenige Geld, über das man verfügte, hatte Don Bosco Giuseppe Buzzetti anvertraut, der in diesem Jahr, 1849, siebzehn Jahre alt wurde und sich über das grenzenlose Vertrauen Don Boscos wunderte.

Vier Soldi für Polenta

Während der letzten Wochen des Jahres 1849, so berichtet die Chronik, mußten viele ihren Gürtel enger schnallen. In ganz Turin litt man Hunger. Zu dieser Zeit geschahen erstaunliche Dinge.

Brosio, der Bersagliere, erzählt in einem Brief an Don Bonetti folgendes: „Eines Tages, als ich gerade im Zimmer Don Boscos war, kam ein Mann und bat um ein Almosen. Er erzählte, er habe fünf Kinder, die seit einem Tag nichts mehr zu essen haben. Don Bosco suchte in seiner Tasche und fand vier Soldi (0,20 Lire). Diese gab er ihm.
Als der Mann fortgegangen war, äußerte Don Bosco, wie sehr er bedauere, nicht mehr gehabt zu haben. Hätte er 100 Lire besessen, er hätte sie ihm gegeben.
Ich fragte ihn:
‚Aber wie wollen Sie wissen, ob dieser Mann die Wahrheit gesagt hat? Könnte er nicht gelogen haben?'
‚Er ist ehrlich. Und ich sage dir noch mehr: Er ist fleißig und hängt sehr an seiner Familie.'
‚Woher wollen Sie das denn wissen?' fragte ich.
Da nahm mich Don Bosco an der Hand, schaute mir fest in die Augen und sagte: ‚Ich habe es in seinem Herzen gelesen.'
‚O wie schön! Dann können Sie vielleicht auch meine Sünden sehen?'
‚Ja, ich rieche Sie', antwortete er lächelnd. Ich muß sagen, daß das stimmte. Wenn ich bei der Beichte etwas vergaß, sagte er mir genau, was es war. Dabei wohnte ich einen Kilometer von ihm entfernt. Eines Tages habe ich ein gutes Werk getan, das mich viel gekostet hat. Niemand wußte davon. Als ich ins Oratorium kam und Don Bosco mich sah, nahm er mich an der Hand und sagte: ‚Was hast du doch Schönes getan für deine Ewigkeit!' – ‚Was habe ich denn getan?' fragte ich. Darauf erzählte er mir haargenau, was ich getan hatte. Einige Zeit später begegnete ich in der Stadt dem Mann, dem Don Bosco die vier Soldi gegeben hatte. Er erkannte mich wieder, hielt mich an und erzählte, daß er mit diesen vier Soldi Maismehl gekauft und seine Frau Polenta zubereitet hatte, mit der die ganze Familie satt wurde. Eigentlich hätte das Mehl kaum für zwei Personen gereicht, und sie waren sieben."

„Ich rief ihn ‚Carlo'!"

Das zweite wunderbare Ereignis wird uns von der Gräfin Fassati, geb. De Maistre, überliefert: „Ich habe diese Erzählung von Don Bosco selbst gehört und versucht, sie mit größter Genauigkeit aufzuschreiben.
Eines Tages fragte jemand nach Don Bosco wegen eines Jugendlichen, der häufig das Oratorium besuchte und nun schwer erkrankt war. Don Bosco war

jedoch nicht anwesend und kam erst zwei Tage darauf zurück. Am nächsten Tag ging er dann gegen 16 Uhr zu ihm.
Als er zu diesem Haus kam, sah er schwarze Tücher, die den Namen des Verstorbenen trugen, vor der Tür hängen. Don Bosco trat ein und stieg die Treppe hinauf, um Carlo wenigstens noch einmal zu sehen und die Eltern zu trösten. Diese erzählten ihm weinend, daß Carlo am Morgen gestorben sei. Don Bosco fragte, ob er ins Sterbezimmer gehen könne. Ein Familienmitglied begleitete ihn.
‚Als ich ins Zimmer eintrat', erzählte Don Bosco, ‚kam mir der Gedanke, daß der Bub gar nicht tot sei. Ich näherte mich seinem Bett und rief ihn mit seinem Namen: Carlo! Da schlug er die Augen auf und grüßte mich mit einem erstaunten Lächeln. ‚O Don Bosco!' sagte er laut, ‚Sie haben mich aus einem schrecklichen Traum geweckt.'
In diesem Augenblick verließen einige Personen, die im Zimmer Totenwache hielten, fluchtartig den Raum und stießen dabei die Kerzenleuchter um. Don Bosco zog rasch das Leintuch weg, in das der Bub gewickelt war. Dieser redete weiter: ‚Mir schien, als sei ich in eine lange, dunkle Röhre gestoßen worden, die so eng war, daß ich kaum atmen konnte. An ihrem Ende sah ich einen weiteren und helleren Raum, in dem viele Seelen gerichtet wurden. Meine Angst und der Schrecken wurden immer größer.
Da erblickte ich viele Verdammte. Nun war die Reihe an mir, jetzt sollte ich gerichtet werden. Auch ich war entsetzt, denn ich hatte meine letzte Beichte schlecht gemacht. In diesem Augenblick haben Sie mich geweckt.'
Inzwischen waren die Eltern Carlos auf die Nachricht hin, daß ihr Sohn lebt, ins Zimmer gekommen. Carlo grüßte sie herzlich, sagte ihnen aber, sie sollten sich keine Hoffnung machen, er würde nicht mehr gesund werden. Hierauf umarmte er sie und bat, ihn mit Don Bosco allein zu lassen.
Nun erzählte er ihm, daß er das Unglück hatte, in eine Sünde zu fallen, die er für schwer gehalten hatte. Er wollte zwar beichten, aber nur bei Don Bosco. Doch ihn hat man nicht gefunden. Gott hat ihm gezeigt, daß er durch diese unwürdige Beichte die Hölle verdient hat.
Jetzt aber beichtete er in tiefer Reue. Nach der Lossprechung schloß er die Augen und starb ruhig."

Der Korb wurde nicht leer

Das dritte Ereignis berichtete Giuseppe Buzzetti, und Carlo Tomatis, der unter den ersten Oratorianern war, bestätigte dies durch seine Unterschrift.
Am Allerseelentag hatte Don Bosco seine Buben zum Friedhof geführt. Nach der Rückkehr, so hatte er ihnen versprochen, würden sie gekochte Kastanien bekommen. Drei Säcke hatte er dafür kaufen lassen.

Mama Margherita aber hatte nicht richtig verstanden, was Don Bosco wollte, und kochte nur ein paar Kilo davon.

Giuseppe Buzzetti, der junge „Verwalter", kam vor den anderen zurück und rief erschrocken aus:

„Das wird Don Bosco aber sehr bedauern, ich muß es ihm gleich sagen." Doch im Gewühl der zurückströmenden Schar gelang es ihm nicht, Don Bosco dies klarzumachen. Er nahm ihm den Korb aus den Händen und begann, mit einem Schöpflöffel auszuteilen. Buzzetti schrie:

„Nicht soviel! Es reicht nicht für alle!"

„Aber es sind doch noch drei Säcke in der Küche!"

„Nein, es gibt nur diese!" versuchte Buzzetti zu erklären, während die Buben heranströmten.

„Aber ich habe versprochen, daß sie alle davon bekommen. Jetzt teilen wir einmal aus, solange wir etwas haben."

Don Bosco gab jedem einen großen Schöpflöffel davon. Buzzetti blickte nervös auf die wenigen Kastanien, die noch im Korb lagen. Und die Reihe, die wartete, schien immer länger zu werden. Jetzt bemerkten es andere auch. Plötzlich trat Schweigen ein. Hunderte von Bubenaugen starrten in den Korb, der nicht leer wurde. Die Kastanien reichten für alle.

Die Spannung war gebrochen, als der letzte seine Handvoll Kastanien erhalten hatte, und man kann sich gut den Jubel und die Begeisterung vorstellen, die jetzt ausbrachen.

Sechsundzwanzigstes Kapitel:

Ein Haus und eine Kirche

Während der letzten Monate des Jahres 1849 reichte Don Bosco eine Bittschrift beim Innenminister ein. Darin bat er um Unterstützung für sein Oratorium. Eines Sonntags im Januar kam am Nachmittag eine Kommission von drei Senatoren nach Valdocco. Sie sollten das Werk besichtigen, um dem Senat und dem Minister Bericht zu erstatten.

Sie gewannen einen sehr positiven Eindruck, als sie sahen, wie fünfhundert Buben im Hof und auf den umliegenden Wiesen spielten, wie sie in der Kapelle dicht gedrängt beteten. Auch das „Heim" wurde besichtigt, in dem dreißig Jugendliche untergebracht waren.

Einer der Senatoren unterhielt sich mit einem Buben und erfuhr, daß dieser aus Varese stammte, in Turin als Steinhauer arbeitete und Vaterwaise war. Unter Tränen erzählte er, daß seine Mutter im Gefängnis sitzt.

„Wohin gehst du denn am Abend zum Schlafen?" fragte der Senator etwas unbeholfen.

„Bis vor ein paar Tagen schlief ich bei meinem Arbeitgeber, aber jetzt hat mich Don Bosco in sein Haus aufgenommen."

Der Bericht eines anderen Senatoren ist in den amtlichen Akten vermerkt: „Die Einrichtung des verehrten und eifrigen Priesters Giovanni Bosco erweist sich als außerordentlich religiös, gut und nützlich. Es wäre ein großer Schaden für die Stadt, wenn sie wegen mangelnder finanzieller Unterstützung geschlossen werden müßte. Unsere Kommission ersucht den Innenminister, ein so nützliches Werk wirksam zu unterstützen."

In Geld ausgedrückt, brachten diese Worte 300 Lire vom Senat und 2000 Lire vom Minister Urban Ratazzi ein.

Aber sie waren nicht das Nützlichste, auch wenn Don Bosco sie gut verwenden konnte. Piemont stand vor dem Ausbruch eines langen und schweren Streits zwischen Staat und Kirche. Der Besuch der drei Senatoren und ihr Bericht bewirkte, daß das Oratorium ohne besonderen Schaden diese schlimme Zeit überstehen konnte.

Den Bischof gefangengesetzt

Zwischen Kirche und Staat herrschte ein äußerst gespanntes Verhältnis. Im Parlament liefen die Diskussionen über einen Gesetzentwurf, den Justizminister Siccardi vorgelegt hatte. Es sollten einige alte Privilegien der Kirche abgeschafft werden: die kirchliche Gerichtsbarkeit (bis dahin kamen Bischöfe und Priester, die sich gegen das staatliche Recht verfehlt hatten, nicht vor das öffentliche, sondern vor das kirchliche Gericht. Es war aus Achtung vor der Weihe dieser Personen), weiter sollte das Asylrecht abgeschafft werden (bisher konnte die Polizei Personen, die wegen eines Delikts angeklagt waren, nicht festnehmen, wenn sie sich in eine Kirche oder ein Kloster geflüchtet hatten); sodann sollte die Möglichkeit abgeschafft werden, kirchliche Güter zu vergrößern.

Am 8. April wurden diese Gesetze vom Parlament und Senat angenommen. Man muß bedenken, daß diese Abgeordnetenkammer nur von 2% der Bevölkerung gewählt werden konnte. Die zahlreichen Katholiken hatten nur einen Sitz im Parlament. In der Stadt gelang es antiklerikalen Stimmungsmachern, viele zu beeinflussen. Diese schrien: „Nieder mit den Priestern! Es lebe Siccardi!" Der Treffpunkt war das bischöfliche Palais. Zunächst blieb es bei Ausrufen wie: „Tod dem Delegierten des Papstes, Fransoni!" Dann aber begannen sie, mit Steinen zu werfen. Die Fensterscheiben gingen in Brüche. Man versuchte sogar, das Eingangstor aufzubrechen. Da aber griff die Kavallerie ein und trieb den Mob auseinander.

Ende Juli erkrankte der Landwirtschaftsminister schwer. Er bat um die Sterbesakramente. Der Geistliche, ein Pater der Kongregation der Serviten, verlangte vom Kranken die öffentliche Zurücknahme der erlassenen Gesetze. Dieser weigerte sich und starb am 5. August ohne die Sterbesakramente.

Auf den Straßen Turins brach der Tumult erneut aus. Die Serviten wurden ausgewiesen. Der Kriegsminister forderte Erzbischof Fransoni auf, zurückzutreten. Doch vor dessen Rücktritt ließ er ihn am 7. August in der Festung Fenestrelle, nahe der französischen Grenze, inhaftieren.

Von dort aus wurde er am 28. September des Landes verwiesen.

Nun brach der Sturm auf die Klöster los. Viele Mitglieder verbarrikadierten sich. Am 14. August wurde Don Bosco zugetragen, daß am Abend das Oratorium angegriffen würde. Er solle am besten mit den Buben fortziehen.

Aber er entschloß sich zu bleiben. Gegen vier Uhr nachmittag näherte sich der Demonstrationszug. Einem der Demonstranten, dem Don Bosco einmal eine Wohltat erwiesen hatte, gelang es, die Vorhut aufzuhalten.

„Wir tun nicht gut daran, wenn wir das Oratorium angreifen. Wir finden dort nur arme Buben und einen Priester, der für ihren Lebensunterhalt sorgt. Don Bosco ist einer aus dem Volk wie wir. Lassen wir ihn doch in Frieden!"

Nach einer kurzen Debatte schlägt der Zug einen anderen Weg ein.

Die zweite Gruppe

Während dieser gefahrvollen Zeit fährt Don Bosco fort, in aller Stille zu arbeiten. Michele Rua hat im Sommer 1850 die Grundschule bei den Christlichen Schulbrüdern beendet. Eines Tages ruft ihn Don Bosco zur Seite: „Was hast du vor im kommenden Jahr?"
„Meine Mutter hat mit dem Direktor der Waffenfabrik gesprochen. Er nimmt mich in sein Büro. So kann ich meiner Familie helfen."
„Auch ich habe mit jemandem gesprochen. Deine Lehrer sagten mir, daß du sehr gut lernen kannst und es wirklich schade wäre, wenn du nicht studieren würdest. Was meinst du dazu?"
„Das wäre sehr schön. Aber meine Mutter ist arm, einen Vater habe ich nicht mehr. Woher soll meine Mutter das Geld für ein Studium nehmen?"
„Das laß meine Sorge sein. Frag du nur deine Mutter, ob sie dich in die Lateinschule gehen läßt."
Die Mutter blickte ihren hochgeschossenen und blassen Sohn lange an. Sie hatte ihn oft begeistert über Don Bosco sprechen gehört und will ihm nichts in den Weg legen.
„Ich bin einverstanden, Michele. Aber wird deine Gesundheit standhalten? Gott hat vier deiner Brüder zu sich geholt, und du warst immer der Schwächste von allen. Sag Don Bosco, er soll dich wenigstens nicht zu viel über Büchern sitzen lassen."
Da Michele wenige Schritte vom Oratorium entfernt wohnte und tatsächlich eine schwache Gesundheit hatte, ließ ihn Don Bosco noch zwei Jahre zu Hause wohnen. Im November schickte er ihn in eine Privatschule und übte am Abend mit ihm Arithmetik und das Dezimalsystem. Mit ihm machten noch Angelo Savio und zwei weitere Kameraden die Ausbildung. Es war die zweite Gruppe, die Don Bosco zum Priestertum zu führen hoffte.
Am Sonntag, während Buzzetti Don Bosco half, gingen Rua und Savio in die Oratorien von Vanchiglia und Porta Nuova, um dort mitzuhelfen.
Nach vierzehn Monaten „Schnellkurs" hatten vier der ersten Gruppe am 2. Februar 1851 ihre Prüfungen in Turin glänzend bestanden und erhielten nun das Kleid des Klerikers. Don Bosco strahlte geradezu. Ihm schien, als seien jetzt tatsächlich die ersten Lämmer zu Hirten geworden. Aber er irrte sich. Nur einer von ihnen wurde Priester, blieb aber nicht im Oratorium. Zwei gaben ihr Studium auf. Buzzetti blieb zwar bei Don Bosco, wurde aber nicht Priester. Die erste Hoffnung, die sich dann verwirklichen sollte, war der hochgeschossene, blasse Michele Rua.

30 000 Lire und ein wenig Kopfzerbrechen

Nach der Einkleidung der ersten vier Kleriker dachte Don Bosco an ein eigenes Haus. Er konnte es nicht wagen, länger in einer Wohnung zu leben, die ihm nicht gehörte, die von heute auf morgen seinen Besitzer wechseln konnte. Eines Sonntagnachmittags, während Don Borel predigte, ging Don Bosco zu Francesco Pinardi.
„Wenn Sie mir einen anständigen Preis nennen, kaufe ich das ganze Haus."
„Das tu ich. Wieviel bieten Sie mir?"
„Ich habe es schätzen lassen. Im jetzigen Zustand ist es 26 000 bis 28 000 Lire wert. Ich biete ihnen 30 000."
„In bar und in einer Summe?"
„Gut."
„Geben Sie mir die Hand darauf. In vierzehn Tagen unterschreiben wir dann den Vertrag."
Don Bosco drückte ihm die Hand. Ein wenig Kopfzerbrechen machte es ihm doch. 30 000 Lire damals entsprechen heute etwa 90 000 DM, und die sollte er in vierzehn Tagen auftreiben. „Nun zeigte sich die göttliche Vorsehung", schrieb Don Bosco. „Am gleichen Abend erschien Don Cafasso und überreichte mir 10 000 Lire, die ihm eine Gräfin gegeben hatte mit der Auflage, sie so zu verwenden, wie er meine, daß sie zur größeren Ehre Gottes gereichen würden. Am Tag darauf bot mir ein Anhänger des Philosophen Rosmini in dessen Namen 20 000 Lire leihweise an." Die Zinsen betrugen damals 4 %. Aber Rosmini bestand weder auf der Zahlung der Zinsen noch auf der Rückzahlung des Kapitals. „Die 3000 Lire an Nebenkosten gab der Eigentümer der Bank, in der dieser Vertrag abgeschlossen wurde."
Es ist kaum möglich, nicht die Hand Gottes dahinter zu sehen. Don Bosco war auf seinem Weg wieder bestärkt.

„Jetzt eine schöne Kirche"

Noch im selben Monat, als Mama Margherita eines Abends wieder die Kleidung der Buben flickte, murmelte Don Bosco vor sich hin:
„Und jetzt möchte ich eine Kirche bauen zu Ehren des hl. Franz von Sales."
Margherita fiel die Nadel aus der Hand.
„Eine Kirche? Woher willst du denn das Geld nehmen? Wir wissen nicht, wie wir diese Buben satt bekommen und ihnen Kleidung verschaffen sollen, und du redest von einer neuen Kirche. Ich hoffe, du überlegst dir das noch gründlich und machst es auch mit dem Herrgott aus, bevor du dich auf etwas so Waghalsiges einläßt."
„Mama, sagt mir, wenn Ihr Geld hättet, würdet Ihr es mir geben?"

„Natürlich. Aber ich habe eben keines."
„Und Gott, der doch noch viel besser und großzügiger ist als Ihr, soll es mir nicht geben."
Wie konnte man mit einem solchen Sohn vernünftig reden?
Don Bosco hatte tatsächlich gute Gründe, eine Kirche zu bauen. Die Pinardi-Kapelle war zwar vergrößert worden, aber die Buben hätten nicht einmal Platz gehabt, wenn sie in drei Stockwerken übereinander gewesen wären. Dazu kam, daß man zwei Stufen hinuntersteigen mußte und daher bei Regen oder Schnee im Wasser stand. Im Sommer war es kaum auszuhalten, denn die Decke war sehr niedrig.
Don Bosco ließ einen Plan entwerfen und übergab den Bau Frederico Bocca.
„Aber ich sage Euch gleich", so Don Bosco, „daß ich nicht immer Geld zum Zahlen habe."
„Dann arbeiten wir eben langsamer."
„Nein, ich möchte, daß wir schnell vorankommen. In einem Jahr soll die Kirche fertig sein."
Frederico Bocca zog die Schultern hoch.
„Dann beeilen wir uns. Aber beeilen Sie sich dann auch mit dem Bezahlen!"

Sechzehn Jahre lang der Mittelpunkt

„Nachdem der Grund ausgehoben war", erinnerte sich Don Bosco, „fand am 20. Juli die Grundsteinlegung statt." Ritter Giuseppe Cotta, einer der größten Wohltäter Don Boscos, nahm sie vor. Die Dankesworte las der vierzehnjährige Michele Rua. Die Rede hielt der berühmte Pater Barrera. Gewöhnlich wird bei solchen Gelegenheiten übertrieben. Man malt sich aus, welche Wirkungen ein solcher Anfang zeitigen könnte. Auch Barrera tut dies, übertreiben wird ihm jedoch nicht möglich sein. „Dieser Stein ist das Senfkorn", sagt er. „Es wird wachsen und zu einem Baum werden, unter dem viele Buben Zuflucht suchen werden."
Das nötige Geld aufzubringen, machte Don Bosco erhebliches Kopfzerbrechen. Es gelang ihm zunächst nur, 35 000 Lire an Spenden zu bekommen. 30 000 fehlten noch. Auch die Buben legten Hand an, um Kosten zu sparen. Später berichtete Don Giovanni Turchi: „Die Mauern der neuen Kirche reichten bis zu den Fenstern empor, und wir warteten schon, bis wir Ziegelsteine das Gerüst hinauftragen könnten."
Um die fehlenden 30 000 Lire aufzutreiben, stürzte sich Don Bosco zum erstenmal in das Abenteuer einer öffentlichen Verlosung. „3300 Geschenke wurden gesammelt. Der Papst, der König, die Königin Mutter und die Königin zeichneten für Geschenke." Die Gewinne wurden in einem großen öffentlichen

Saal hinter der Dominikuskirche ausgestellt. Ein umfangreiches illustriertes Verzeichnis lag vor.
Der Verkauf der Lose kostete Don Bosco große Überwindung. Aber die eingebrachte Summe lohnte die Mühe: 26 000 Lire netto. Von jetzt ab, wenn Don Bosco blank war, dachte er an eine Lotterie. In seinen letzten Briefen, die er bereits mit zitternder Hand schrieb, bat er noch, „einen Block Lose für meine Lotterie anzunehmen".
Am 20. Januar 1852 wurde die Kirche eingeweiht. Sie steht heute noch neben dem Pinardihaus, von der großen Mariahilf-Basilika etwas in den Schatten gedrückt. In ihren Mauern schlug durch sechzehn Jahre hindurch das Herz des Werkes Don Boscos.
Der noch sehr junge Domenico Savio kniete dort. Vor dem kleinen Muttergottesaltar auf der rechten Seite weihte er sich ihr. Michele Magone und Francesco Besucco, die einem Domenico Savio an Heroismus nicht nachstanden, weilten oft dort.
Hier feierte Don Rua seine Primiz. Vier Jahre lang besuchte noch Mama Margherita mehrmals täglich – inzwischen war sie älter geworden – diese Kirche. Hier fand sie jeden Tag neu den Mut, ihre Arbeit für die armen Buben wieder zu beginnen.

Das war nicht geplant

„In dieser neuen Kirche", so berichtet Don Bosco, „konnte man den Jugendlichen, die an den Funktionen mitwirken wollten, Gelegenheit dazu geben. Auch Abend- und Tagesschulen wurden hier eingerichtet. Die Pinardi-Kapelle, die Kirche, die neue Sakristei dienten tagsüber als Schulräume. Wie aber sollte man für die Buben sorgen können, die fortwährend um Aufnahme baten?" In aller Ruhe schließt Don Bosco: „In diesen Augenblicken dringendster Notwendigkeit entschied ich mich, einen neuen Trakt anzubauen."
Es war bereits Herbst. Mit allen Kräften wurde gebaut. Bis zum Dach war man gekommen, dann begann das schlechte Wetter. „Tag und Nacht drang das Wasser ein und spülte den frischen Kalk aus. Bald standen nur noch die ausgewaschenen Ziegelsteine. Am 2. Dezember gegen Mitternacht hörte man ein Getöse, das immer lauter und beängstigender wurde. Nun war es soweit: die Mauern stürzten ein.
Zu den entsetzten Buben sagte Don Bosco: „Da hat uns der Teufel einen Streich gespielt. Aber mit Gottes und Mariens Hilfe werden wir wieder aufbauen."
Es war kaum nötig für den Teufel, noch etwas dazu beizutragen. Der Verwalter, Don Giraudi, der die Mauerreste überprüfte, stellte fest, daß sie aus Steinen und Fließsand gemengt und der Kalk sehr mager war. Don Bosco wollte

möglichst billig bauen, und der Baumeister wollte trotzdem etwas verdienen.
Der Schaden, den Don Bosco tragen mußte, belief sich auf 10 000 Lire. Das wären heute etwa 30 000 DM. Dazu kam, daß die Arbeiten vor dem Frühjahr nicht wieder aufgenommen werden konnten. „Da wir die Räume dringend benötigten", schrieb Don Bosco, „haben wir versucht, sie zu benutzen, sobald es möglich war." Schule, Speisesaal, Schlafsaal konnten bald eingerichtet werden. Die Anzahl der Heiminsassen belief sich nun auf fünfundsechzig.

Siebenundzwanzigstes Kapitel:

Und Gott schickte einen Hund

Im Frühjahr 1848 hatte Carlo Alberto allen christlichen Kirchen und den Juden die Gleichberechtigung vor dem bürgerlichen Gesetz gewährt. Bis dahin waren die nichtkatholischen Religionsgemeinschaften nur geduldet. Nun dachten die Katholiken, daß die Andersgläubigen sich jetzt ruhig verhalten würden. Aber sie stellten mit zunehmender Besorgnis fest, daß vor allem die Sekte der Waldenser einen wahren Werbefeldzug startete, um viele Anhänger zu gewinnen.
Sie gaben drei Zeitschriften heraus: „Die gute Nachricht", „Das Licht des Evangeliums", „Der piemontesische Hetzer". Außerdem druckten und verbreiteten sie zu annehmbaren Preisen Propagandabücher und hielten Kurse und Konferenzen. Bald gab es die ersten heftigen Zusammenstöße. Die piemontesischen Katholiken empörten sich, mehr konnten sie aber nicht tun.
Die Bischöfe Piemonts versammelten sich 1849 in der Nähe von Cuneo. „Empörung allein nützt nichts", schlossen sie. „Wir müssen wirksame Gegenmaßnahmen ergreifen und uns einsetzen in Presse und Predigt."
Konkrete Früchte dieser Versammlung waren die Publikationen „Collezione dei buoni Libri" (Sammlung guter Bücher), erschienen im September 1849. Die Zeitschrift „La Campana" (Die Glocke) kam im März erstmals heraus und die „Letture Cattoliche" ab 1853.
Diese letzteren, eine Serie leicht verständlicher Hefte, wurde von Don Bosco ins Leben gerufen und vor allem vom Bischof von Ivrea unterstützt.

Hart auf hart

Die ersten sechs Hefte schrieb Don Bosco selbst. Sie kamen vom März bis August 1853 heraus und hatten als allgemeinen Titel: „Der in seiner Religion gebildete Katholik".
Don Bosco erinnerte sich lächelnd an das, was der Generalvikar von Turin damals gesagt hatte: „Ich möchte nicht meine Unterschrift daruntersetzen. Tun Sie das lieber." Don Bosco schrieb gegen die Waldenser mit der gleichen Entschiedenheit, mit der man in den Kampf zieht. Er dachte nicht an einen versöhnlichen Dialog. Sein Stil war „hart gegen hart". Die Jugendlichen und Erwachsenen, so dachte er, müssen für die Kirche, für Gott, für das ewige Leben gewonnen werden, und deshalb heißt es kämpfen. Die Letture Cattoliche fanden breite Zustimmung und wurden außerordentlich viel gelesen. „Aber das forderte die Wut der Waldenser heraus", schrieb er.

Waldenser-Pastoren kamen nach Valdocco und suchten Don Bosco zu überzeugen, daß es besser wäre, seine Zeitschrift nicht mehr herauszugeben oder wenigstens den Ton zu mäßigen. Aber sie erreichten nichts.
„An einem Sonntagabend im Januar wurden mir zwei Herren gemeldet", schreibt Don Bosco. „Sie traten ein und machten mir Komplimente.
‚Sie, Herr Theologe, haben eine besondere Gabe. Sie schreiben für das Volk verständlich. Sie sollten über die Geschichte schreiben, die Geographie, die Physik. Die Letture Cattoliche sollten Sie besser aufgeben, das ist abgedroschenes Zeug. Wir sind bereit, Ihnen ein Geschichtswerk zu finanzieren. (Dabei legten sie mir vier Tausendlire-Scheine auf den Tisch.) Hören Sie doch mit dieser unnützen Arbeit auf!'
‚Wenn sie wirklich unnütz ist, warum wollen Sie mir dann Geld geben, damit ich aufhöre? Sehen Sie, als ich Priester wurde, habe ich mich dem Wohl der Kirche und der Armen geweiht und habe die Absicht, darin fortzufahren, auch durch die Herausgabe der Letture Cattoliche.'
Jetzt wechselte der Ton. Er wurde drohend.
‚Ihr tut übel daran. Wenn Ihr aus dem Haus geht, seid Ihr dann sicher, daß Ihr wieder zurückkommt?'
Ich erhob mich und öffnete die Tür.
‚Buzzetti', sagte ich, ‚führ diese beiden Herren bis ans Tor.'"

Wein und Kastanien

Beim Hinausgehen brummten die beiden: „Wir werden uns wiedersehen!" Im letzten Kapitel seiner „Memorie" erzählt Don Bosco, wie dieses Wiedersehen aussah, und bemerkte dazu: „Es schien, als hätten sie einen Anschlag auf mich vor.
Eines Abends, während ich Unterricht hielt, kamen zwei Männer, die mich eilig riefen: ‚In der Gaststätte zum goldenen Herzen liegt ein Sterbender.' Ich ging, wollte aber einige der größeren Buben als Begleitung mitnehmen. Die Männer versuchten vergeblich, mich davon abzuhalten.
In der Gaststätte angekommen, führten sie mich in ein kleines Zimmer im Erdgeschoß, wo mehrere Zechbrüder Kastanien aßen. Sie wollten, daß ich mit ihnen esse. Ich lehnte ab.
‚Aber wenigstens ein Glas von unserem Wein trinken Sie. Ein Schluck schadet Ihnen sicher nicht.' Sie schenkten Wein für alle ein. Als sie aber zu mir kamen, bemerkte ich, wie einer sich umdrehte und nach einer anderen Flasche griff. Ich nahm das Glas, sagte ‚Gesundheit' und stellte es zurück auf den Tisch.
‚So nicht, das tut man nicht!'
‚Das ist eine Beleidigung!'
‚Aber ich habe keine Lust zu trinken.' Nun drohten sie mir:

‚Sie müssen trinken!' Einer packte mich an der linken Schulter, ein anderer an der rechten. ‚Sie trinken jetzt, freiwillig oder unfreiwillig!'
‚Wenn ihr absolut wollt, daß ich trinke, müßt ihr mir wenigstens meinen Arm frei lassen. Und da ich nicht trinken kann, gebe ich das einem meiner Buben, der es für mich trinken wird.' Bei diesen Worten machte ich einen großen Schritt zum Ausgang hin, riß die Tür auf und forderte die Buben auf, einzutreten.
Vor diesen langen Burschen wechselten sie sogleich den Ton. Sie entschuldigten sich, sagten, daß der Kranke gestern gebeichtet hätte. Eine befreundete Person forschte nach und berichtete mir, daß jemand diesen Männern ein Abendessen gezahlt hatte mit der Bedingung, mich zu zwingen, den Wein zu trinken, den er eigens für mich zubereitet hatte."

„Sie sollten mir einen Empfang bereiten"

„Die Attentate, die ich erzähle, scheinen Märchen zu sein. Aber leider sind sie wahr, und ich habe viele Zeugen.
Eines Sonntagabends im September wurde ich eilig in ein Haus nahe dem Rifugio gerufen, um die Beichte einer sterbenden Frau zu hören. Ich nahm einige der größten Jugendlichen als Begleitung mit, da ich inzwischen auf alles gefaßt war. Einige ließ ich im Haus unten an der Treppe zurück. Giuseppe Buzzetti und Giacinto Armaud begleiteten mich bis zum Treppenabsatz neben der Tür der Kranken.
Als ich eintrat, sah ich eine keuchende Frau, die dem letzten Atemzug nahe schien. Ich bat die vier Anwesenden, wegen der Beichte das Zimmer zu verlassen. ‚Bevor ich beichte', krächzte die Alte, ‚verlange ich, daß dieser Schurke sich entschuldigt.'
‚Ich habe dir nichts getan!'
‚Schweig!' schrie ein anderer und stand auf. Es begann ein heftiger Streit. Noch bevor ich verstand, worum es ging, löschte jemand die Lichter, und von allen Seiten schlug man auf mich ein. Ich konnte gerade noch einen Stuhl erwischen, ihn über meinen Kopf stülpen und zur Tür stürzen. Die Prügel, die mich treffen sollten, schlugen den Stuhl entzwei. Ein Schlag traf mich und verletzte mich am Daumen der linken Hand. Er riß mir den Nagel heraus. Mit meinen jungen Leuten kehrte ich nach Hause zurück."
„Es schien", fügte Don Bosco hinzu, „daß sie alles versuchten, um mich daran zu hindern, gegen die Waldenser vorzugehen."

Der „Graue"

„Die folgenden Ereignisse ließen mir anraten, nicht mehr allein in die Stadt zu gehen oder zurückzukehren. Damals lag zwischen dem Oratorium und der Stadt ein großes Stück Land, übersät mit Akaziensträuchern. Eines Abends, es war sehr dunkel, ging ich wieder mutterseelenallein nach Hause. Plötzlich geriet ich in Schrecken, als ich neben mir einen großen Hund bemerkte. Ich tat, als sei ich sein Herr. Wir haben uns schnell angefreundet, und er begleitete mich bis zum Oratorium. Das geschah öfter. Ich muß sagen, daß mir der „Graue" wichtige Dienste geleistet hat. Was ich darlege, ist die reine Wahrheit.

Gegen Ende November 1854 – es war an einem nebligen und regnerischen Abend – kam ich allein aus der Stadt zurück. Plötzlich sah ich zwei Männer unweit von mir. Sie gingen schneller oder langsamer, je nachdem, ob ich schneller oder langsamer ging. Ich versuchte umzukehren, aber es war zu spät. Mit zwei Sprüngen waren sie da und warfen mir einen Umhang über den Kopf. Ich versuchte, mich zu wehren, wollte schreien. Es gelang mir nicht mehr. In diesem Augenblick erschien der Graue. Laut bellend fuhr er dem einen mit den Pfoten ins Gesicht und biß den anderen.

‚Rufen Sie diesen Hund!' fingen sie an zu schreien.

‚Ich rufe ihn, wenn ihr mich in Ruhe laßt.'

‚Rufen Sie ihn sofort!' flehten sie.

Der Graue fuhr fort, wie ein Wolf zu bellen. Die beiden flüchteten, und der Graue begleitete mich nach Hause.

Jeden Abend, wenn ich allein war und zu den Sträuchern kam, sah ich den Grauen auftauchen. Die Buben des Oratoriums sahen ihn oft in den Hof kommen. Einmal waren zwei so erschrocken, als sie ihn bemerkten, daß sie Steine aufhoben. Giuseppe Buzzetti aber trat dazwischen:

‚Laßt ihn, das ist der Hund Don Boscos.'

Jetzt streichelten sie ihn und gingen mit ihm in den Speisesaal, wo ich mit einigen Klerikern und meiner Mutter beim Abendessen war. Diese schauten bestürzt auf ihn.

‚Keine Angst!' sagte ich. ‚Es ist mein Grauer. Laß ihn kommen.' Tatsächlich kam er. Er machte einen weiten Bogen um den Tisch herum und setzte sich zu mir. Ich bot ihm Suppe an, Brot und andere Speisen. Aber er verschmähte alles, lehnte nur seinen Kopf an mich, wie wenn er mir ‚guten Abend' sagen wollte. Dann ließ er sich ohne weiteres von den Buben zur Tür begleiten. Mir fiel ein, daß ich an jenem Abend spät nach Hause gekommen war und ein Freund mich mit seiner Kutsche heimgefahren hatte."

Carlo Tomatis, der in diesen Jahren als Student das Oratorium besuchte, berichtete: „Er war ein außergewöhnlicher Hund. Oft rief Mama Margherita bei seinem Anblick aus: ‚So ein häßliches Vieh!'

Er war einen Meter hoch, hatte die Figur eines Wolfes, eine lange Schnauze, gerade Ohren und ein graues Fell."

„Eines Abends", so Michele Rua, mußte Don Bosco wegen dringender Angelegenheiten fortgehen. Aber er fand den Grauen ausgestreckt vor der Tür liegen und versuchte, ihn zu vertreiben, über ihn zu steigen. Doch bei jedem Versuch knurrte der Hund und stieß Don Bosco zurück. Mama Margherita verstand inzwischen und sagte zu ihrem Sohn:
„Wenn du schon auf mich nicht hören willst, dann hör wenigstens auf den Hund. Geh nicht fort!"
Am nächsten Tag erfuhr Don Bosco, daß jemand mit einer Pistole bewaffnet ihm bei einer Wegbiegung auflauerte.
Mehrmals versuchte Don Bosco, die Herkunft des Hundes zu erfahren. Aber es gelang ihm nicht. Noch 1872 fragte ihn die Baronin Bassati, was er denn über ihn denke. Don Bosco antwortete lächelnd:
„Zu sagen, daß er eigentlich ein Engel ist, würde zum Lachen reizen. Aber man kann nicht sagen, daß er ein gewöhnlicher Hund ist."

Ein seltsamer Schlafplatz

Tagsüber arbeitete Don Bosco für seine Buben, versuchte Spenden aufzutreiben, hörte Beichte und predigte in zahlreichen sozialen Einrichtungen der Stadt. Während der Nacht verbrachte er viele Stunden damit, Schuhe zu flicken und seine Bücher zu schreiben. Manchmal überwältigte ihn dabei der Schlaf. Nach dem Mittagessen, so erzählte Don Cagliero, schlief er manchmal auf einem Stuhl ein. Dann verschwanden die Anwesenden auf leisen Sohlen. Diese Stunde war die drückendste des Tages für ihn. Deshalb ging er um diese Zeit oft aus, machte seine Besorgungen in der Stadt, besuchte Wohltäter und bat sie um weitere Hilfe. „Wenn ich laufe, bleibe ich wach", sagte er. Aber nicht immer gelang es ihm.
Eines Nachmittags befand er sich auf dem kleinen Platz vor der Consolata-Kirche und war so müde, daß er nicht mehr zu stehen wußte. Da sah er einen Schusterladen, trat ein und fragte den Schuster, ob er sich nicht ein paar Minuten auf einen Hocker setzen und schlafen dürfe.
„Kommen Sie, Herr Pfarrer! Es tut mir leid, daß ich Sie mit meinem Hämmern störe."
„Nein, Sie stören mich nicht." Er setzte sich neben eine Schuhmacherbank und schlief von halb vier bis fünf Uhr. Als er aufwachte, blickte er sich um und sah eine Uhr.
„O je! Warum habt Ihr mich nicht geweckt?"
„Mein Lieber", antwortete der gute Mann, „Sie haben so fest geschlafen. Das wäre ja Unrecht gewesen, Sie zu wecken. So gut möchte ich auch schlafen können."

Achtundzwanzigstes Kapitel:

Ein halbes Dutzend Werkstätten

Zu Beginn des „Hospitzes", wie Don Bosco sagte – heute würde man es Jugendwohnheim nennen –, nahm er vor allem jugendliche Arbeiter auf, die nach dem ersten, der bei strömendem Regen an die Tür klopfte, nach Buzzetti und Gastini, kamen. Jedes Jahr kamen einige Dutzend. Es gab solche, die drei Jahre blieben, andere zwei Monate, und wieder andere blieben ihr ganzes Leben. Erst ab 1856 machten die Studenten die Mehrzahl der Heimbewohner aus.

Der Vorzug, den er den jungen Arbeitern gab, beruhte auf deren elenden Lebensbedingungen. Der Arbeiter, vor allem der junge, war isoliert, der Willkür seines Meisters ausgeliefert. Es gab keine Gewerkschaften. Carlo Alberto hatte nur mit Widerwillen die „Gesellschaft zur gegenseitigen Hilfe" zugelassen. Die Liberalen lehnten sogar diese ab.

Don Bosco suchte für seine Buben gute Arbeitgeber, schützte sie mit Verträgen, besuchte sie jede Woche am Arbeitsplatz. Hielt sich ein Lehrherr nicht an den Vertrag, zog Don Bosco die Lehrlinge zurück.

Nachdem 1853 das neue Gebäude fertiggestellt war, entschied sich Don Bosco, in seinem Haus die ersten Werkstätten einzurichten.

Zwei Schusterbänke für den Anfang

Im Herbst 1853 richtete Don Bosco die Werkstatt der Schuster und die der Schneider ein. Die Schuster wurden in einem schmalen Raum untergebracht. Zwei Schusterbänke hatte er und vier Dreibeinhocker. Er setzte sich an eine Bank und besohlte vor den Augen der Buben einen Schuh. Dann lehrte er sie, mit Pfriem und Schusterzwirn umzugehen. Wenige Tage danach überließ er seinen Platz Domenico Golfi, dem Pförtner des Oratoriums.

Die Schneiderwerkstatt wurde in der bisherigen Küche eingerichtet, während die kleinen Öfen und die Töpfe ins neue Gebäude kamen. Die ersten „Schneidermeister" waren Mama Margherita und Don Bosco, der Nähen und Zuschneiden lehrte, wie er es in Castelnuovo bei Giovanni Roberto gelernt hatte.

In den ersten Monaten des Jahres 1854 eröffnete Don Bosco – es schien fast ein Scherz zu sein – eine Buchbinderwerkstatt. Keiner seiner Buben kannte dieses Handwerk. Eines Tages stellte er sich mit ihnen um einen Tisch, legte die Druckbogen seines letzten Buches darauf und zeigte auf einen Buben. „Du machst jetzt den Buchbinder!"

„Wer – ich? Ich weiß nicht einmal, was das ist."
„Das ist ganz einfach. Schau mal zu. Diese großen Blätter sind Druckbogen. Sie müssen auf die Hälfte gefaltet werden, dann noch mal auf die Hälfte, dann wieder auf die Hälfte und dann noch einmal auf die Hälfte. Komm, wir versuchen das."
Mit Hilfe all der Buben, die um den Tisch standen, wurden alle Bogen gefaltet. Don Bosco legte die gefalteten aufeinander.
„Schaut, das ist das Buch. Jetzt muß es genäht werden." Mama Margherita wurde zu Hilfe gerufen. Mit einer kräftigen Nadel und einigen Löchern in den Fingern gelang das Unternehmen. Ein wenig Mehl, mit Wasser angerührt, diente als Leim, mit dem der Umschlag geklebt wurde.
Jetzt fehlten nur noch die letzten Handgriffe: das Schneiden des Randes. Aber wie sollte man es machen? Die Buben gaben ihm Ratschläge: eine Schere nehmen, ein Messer, eine Raspel. Don Bosco ging in die Küche und holte das Wiegemesser, mit dem Zwiebel und Schnittlauch zerkleinert wurden. Mit ein paar kräftigen Hieben schnitt er die Ränder. Die Buben sperrten den Mund auf, dann lachten sie alle. Auch Don Bosco lachte. Damit war die Werkstatt der Buchbinder „eingeweiht". Sie wurde in einem Zimmer des Neubaus untergebracht.
Im Jahr 1854 waren es so viele Lehrlinge, daß sich Don Bosco entschloß, eine Regel aufzustellen. Darin hieß es, daß jugendliche Arbeiter, um aufgenommen zu werden, zwischen zwölf und achtzehn Jahre alt sein müssen, Vater- oder Mutterwaisen, ganz arm und verlassen. Wenn einer Brüder oder einen Onkel hat, der für seine Erziehung sorgen kann, „gehört er nicht in dieses Haus".

Ein Jahr, um eine Buchdruckerei zu haben

Gegen Ende 1856 richtete er die vierte Werkstatt ein, eine Schreinerei. Das war sofort eine ernste Sache. Eine große Gruppe Jugendlicher wurde aus den Werkstätten der Stadt zurückgezogen und in einem großen Raum untergebracht, der mit Bänken, Werkzeug und einer Menge Holz ausgestattet war. Der erste Meister war Herr Corio.
Die fünfte Werkstatt, die Don Bosco am meisten ersehnt hatte, war die Buchdruckerei. Fast ein Jahr mußte er kämpfen, um die Genehmigung zu erhalten. Am 31. Dezember 1861 war es dann soweit.
Die Anfänge waren sehr bescheiden: zwei Walzen, die von Buben mit der Hand bedient wurden. Aber noch zu Lebzeiten Don Boscos war diese Buchdruckerei groß und modern geworden und konnte mit den besten der Stadt konkurrieren. Die Maschinen ließ er von Würzburg kommen, weil sie die besten waren.
Seine sechste Werkstatt, die Eisenschmiede, eröffnete Don Bosco 1862. Sie war ein Vorfahr der heutigen mechanischen Werkstätten.

Vier Versuche, um das Richtige zu finden

Don Bosco begegnete vielen Schwierigkeiten, bis seine Werkstätten funktionierten. Er probierte nacheinander verschiedene Möglichkeiten aus.

Anfangs nahm er Meister zum normalen Lohn. Die Folge war, daß diese sich mehr um die Arbeit als um den Fortschritt der Lehrlinge und den Fortgang des Oratoriums sorgten.

Dann vertraute er den Handwerksmeistern die gesamte Verantwortung an mit der Auflage, sich die Arbeit selbst zu suchen, als ob sie die Besitzer wären. Die Folge war, daß die Buben als Hilfsarbeiter behandelt und der Autorität Don Boscos entzogen wurden.

In einem dritten Versuch übernahm Don Bosco die volle verwaltungsmäßige Verantwortung der Werkstätten und überließ den Handwerksmeistern nur die berufliche Ausbildung der Lehrlinge. Auch hier ergab sich noch eine negative Konsequenz: Aus der Befürchtung heraus, daß die Tüchtigsten besser werden könnten als sie selber, brachten sie ihnen nur wenig bei und ließen sie faulenzen.

Das richtige Konzept fand er, als es ihm gelang, Handwerksmeister auszubilden, die ganz an ihn gebunden waren: die salesianischen Laienbrüder, Ordensleute wie die Priester, aber für die beruflichen Schulen zuständig.

Neunundzwanzigstes Kapitel:
Studenten in Militärmänteln

Am 1. November 1851 kam Don Bosco in Castelnuovo d'Asti an, um die Allerseelenpredigt zu halten.
Unter den Ministranten war einer, der ihn zur Kanzel begleitete. Dort blieb er stehen und ließ Don Bosco während der ganzen Predigt nicht mehr aus den Augen. Nachher rief Don Bosco ihn.
„Mir scheint, du hast mir irgend etwas zu sagen, oder nicht?"
„Ja, ich möchte mit Ihnen nach Turin gehen, um zu studieren und Priester zu werden."
„Gut, dann komm nach dem Abendessen mit deiner Mutter ins Pfarrhaus."
Es war Giovanni Cagliero. Seine Mutter war Witwe. Nach dem Abendessen kamen sie beide.
„So", scherzte Don Bosco, „ist es wahr, Teresa, daß Ihr mir Euren Sohn verkaufen wollt?"
„Nein, nein", antwortete die Mutter. „Bei uns verkauft man Kälber. Die Söhne verschenkt man."
„Noch besser. Richtet ihm etwas Wäsche zusammen. Morgen nehme ich ihn dann mit."
Am nächsten Tag war Giovanni Cagliero bei Sonnenaufgang in der Kirche. Er diente bei der Messe, frühstückte mit Don Bosco, verabschiedete sich von seiner Mutter und sagte, sein Paket unter dem Arm, ungeduldig:
„Nun, Don Bosco, gehen wir?"

„... den lassen wir im Brotkorb schlafen"

Den langen Weg machten sie zu Fuß. Giovanni machte ihn eigentlich zweimal, denn während er mit Don Bosco sprach, lief er voraus, verfolgte die Spatzen auf dem Feld und sprang über Gräben. Seine Erinnerung daran berichtete er: „Unterwegs stellte mir Don Bosco tausend Fragen, und ich gab ihm tausend Antworten. Von da an hatte ich kein Geheimnis mehr vor ihm. Er hörte sich meine Streiche an und sagte scherzend, daß ich jetzt braver werden müßte. Endlich kamen wir nach Turin.
Es war am Abend des 2. November. Wir waren müde. Don Bosco stellte mich seiner Mutter vor und sagte:
‚Mutter, ich habe Euch einen Sohn aus Castelnuovo mitgebracht.' Margherita antwortete:

‚Ja, du tust nichts anderes als Buben suchen. Und ich weiß nicht, wo ich sie alle unterbringen soll.'

‚Der ist so klein', sagte Don Bosco verschmitzt lächelnd, ‚den lassen wir im Brotkorb schlafen. Mit einem Strick ziehen wir ihn nach oben unter die Balken, wie einen Vogelkäfig.'

Mama Margherita lachte und suchte nach einem Platz für mich. Es war wirklich kein Winkel mehr frei. So mußte ich diese Nacht am Fußende des Bettes eines Kameraden schlafen.

Am nächsten Tag sah ich, wieviel Armut in diesem Haus war. Unsere Schlafräume im Erdgeschoß waren schmal, und unsere Fußböden waren mit Pflastersteinen bedeckt. In der Küche gab es wenige Zinnschüsseln mit den dazugehörigen Löffeln, Gabeln und Messern. Servietten gab es viele Jahre später. Der Speisesaal war im Dachgeschoß. Don Bosco teilte mittags das Essen aus, half uns, den Schlafsaal zu ordnen, reinigte und flickte unsere Kleidung und machte die allergewöhnlichsten Arbeiten.

Wir hatten alles gemeinsam, fühlten uns weniger in einem Internat als in einer Familie unter der Leitung eines Vaters, der uns liebte, der nur unser größtes geistiges und materielles Wohl wollte."

Giovanni Cagliero zeigte sich von Anfang an als lebendig, humorvoll, fröhlich. Er hatte einen unbändigen Spieldrang.

Michele Rua wohnte noch bei seiner Mutter. Aber am Morgen stellte er sich an die Spitze der kleinen Gruppe von Studenten und ging zusammen mit ihnen zu Professor Bonzanino. Rua war von Don Bosco mit der „Assistenz" beauftragt, hatte zu sorgen, daß niemand die Schule schwänzt. Selten gelang es Michele, Cagliero im Zaum zu halten. Kaum war dieser aus dem Oratorium, rannte er einen anderen Weg, blieb vor Jahrmarktbuden und Zauberern stehen. Dann rannte er zur Schule. Wenn die anderen ankamen, war er schon da, verschwitzt, aber glücklich. Michele schaute ihn ernst an.

„Warum kommst du nicht mit uns?"

„Weil ich gern eine andere Straße gehe. Ist das schlimm?"

„Du mußt folgen."

„Tu ich das nicht? Ich muß zur Schule gehen, und ich gehe. Ich muß pünktlich sein und bin es. Was geht das dich an, daß ich gern Gauklerspiele sehe?"

Er wurde der erste Salesianer-Bischof und -Kardinal. Neben Don Rua war er eine der solidesten Säulen der Salesianischen Kongregation. Aber dem Temperament nach waren Rua und Cagliero immer totale Gegensätze. Fleißig, beständig, überlegt Michele; extravertiert, begeistert, überschwenglich Giovanni. Beide waren bereit, für Don Bosco durchs Feuer zu gehen.

„Du wirst das Rote Meer und die Wüste durchqueren"

Es war der 22. September 1852. Michele Rua trat endgültig als interner Schüler ins Oratorium ein. Am folgenden Tag brach er mit Don Bosco, Mama Margherita und sechsundzwanzig Kameraden zu Fuß nach Becchi auf. Don Bosco hatte während der Novene zum Rosenkranzfest in Castelnuovo zu predigen. Die Buben waren Gäste bei seinem Bruder Giuseppe.

Vor dem Abmarsch hatte Don Bosco Michele zu sich gerufen und gesagt: „Das nächste Jahr mußt du mir helfen, den Karren voranzuziehen. Am 3. Oktober ist das Fest der Madonna vom Rosenkranz. Der Pfarrer von Castelnuovo wird nach Becchi kommen und dir in der Kapelle den schwarzen Rock der Kleriker geben. Nach der Rückkehr ins Oratorium wirst du Assistent und Lehrer deiner Kameraden werden. Einverstanden?"

„Einverstanden."

Am Abend dieses Festes, so erinnert sich Don Rua, saßen sie auf dem Wagen, der sie nach Turin brachte. Don Bosco unterbrach das Schweigen und sagte zu ihm: „Mein lieber Rua, jetzt beginnst du ein neues Leben. Aber denk daran, bevor du ins Gelobte Land einziehst, mußt du das Rote Meer und die Wüste durchqueren. Wenn du mir hilfst, werden wir ruhig hinüberkommen ins Gelobte Land."

Michele dachte ein wenig nach. So richtig verstanden hatte er es nicht. Jetzt brach er das Schweigen und fragte:

„Denken Sie noch an unsere erste Begegnung? Sie haben Medaillen verteilt, und für mich war keine mehr übrig. Dann haben Sie eine eigenartige Geste gemacht, so als wollten Sie mir die Hälfte Ihrer Hand geben. Was wollten Sie damit sagen?"

„Hast du es immer noch nicht verstanden? Ich wollte sagen, daß wir beide halbe-halbe machen. Alles, was mir gehört, wird dir gehören, einschließlich der Schulden, der Verantwortung, der Sorgen." Don Bosco lächelte.

„Aber es gibt auch Schönes, du wirst es sehen. Und am Ende kommt das Schönste von allem: der Himmel."

Garantie für fünfzig Jahre

Es war am Ostermittwoch 1853. Der Himmel über Turin hing voll schwarzer Wolken. Giovanni Francesia und Michele Rua, Schulkameraden und dicke Freunde, wiederholten zusammen die italienische Lektion. Michele aber war zerstreut, abwesend wie es schien, als würde ihn etwas schwer belasten. Nachdem Francesia ihn zweimal gefragt hat, schließt er unwillig das Buch und platzt heraus:

„Was hast du denn heute bloß?"

Michele beißt sich auf die Lippen, um nicht zu weinen. Dann sagt er leise:

„Mein Bruder Giovanni ist gestorben. Der nächste bin ich."
Es war sein letzter Bruder zu Hause. Jetzt würde die Mutter in der Wohnung der Waffenfabrik allein sein. Don Bosco erfuhr davon. Um Michele abzulenken, nahm er ihn mit in die Stadt. Er hatte etwas zu erledigen in der Marienkirche am Po. Sie gingen schnell, sprachen vom Oratorium. In diesen Tagen wurde die achte Fünfzig-Jahr-Feier des „Sakramentswunders" begangen. Don Bosco hatte dazu ein kleines Buch veröffentlicht, das im Nu vergriffen war. Plötzlich blieb er stehen und sagte langsam:
„In fünfzig Jahren wird zum neunten Mal die Fünfzig-Jahr-Feier des Wunders begangen. Ich werde dann nicht mehr da sein. Aber du wirst noch da sein. Denk daran, mein Buch neu drucken zu lassen."
Michele stellte sich das ferne Datum vor: 1903. Er schüttelte den Kopf.
„Sie sagen leicht, daß ich dann noch am Leben bin. Ich aber habe Angst, daß mir der Tod bald einen schlimmen Streich spielen wird."
„Keinen Streich, keinen schlechten und keinen guten", unterbricht ihn Don Bosco. „Ich garantiere dir, daß du in fünfzig Jahren noch am Leben bist. Laß dann das Büchlein wieder drucken, verstanden?" Tatsächlich lebte Don Rua 1903 noch als Nachfolger Don Boscos und Oberhaupt der Salesianischen Kongregation. Er war sechsundsechzig Jahre alt und ließ das Büchlein neu drucken.

Kleine Herren und arme Schlucker

Während sich Don Bosco um die Arbeiterjugend sorgte, vernachlässigte er die Studenten nicht. Er wollte sich Mitarbeiter vorbereiten, Priester, die ihn in seinen Werken unterstützen würden. Auch für die Diözese wollte er Priester vorbereiten, weil es immer weniger gab.
Die ersten vier, die er vorbereitet hatte, hatten ihn ein wenig enttäuscht. Aber Rua, Cagliero und Francesia würden seine Hoffnung voll erfüllen. Und mit ihnen zusammen wuchsen Angelo Savio, Rocchietti, Turchi, Durando, Cerruti auf.
So entsteht das Studentenheim in aller Stille. Aber es hat eine gewaltige Entwicklung: zwölf Studenten waren es 1850, fünfunddreißig im Jahr 1854, dreiundsechzig 1855 und hunderteinundzwanzig 1857 . . .
Die Schüler der drei Lateinjahre gingen zum Unterricht zu Bonzanino. Von hier aus kamen sie in die Klassen für das humanistische Studium und die Rhetorik zu Don Matteo Pocco, der seinen Unterricht in der Nähe der Consolata-Kirche erteilte.
Diese beiden Privatschulen wurden von Söhnen gutsituierter Eltern aus Turin besucht und waren sehr teuer. Die Buben Don Boscos hingegen wurden kostenlos angenommen.

Die „kleinen Herren" machten sich über die „armen Schlucker" lustig, die mit alten Militärmänteln zur Schule kamen und wie Karikaturen aussahen. Diese Mäntel hatte Don Bosco zusammen mit Soldatenmützen vom Ministerium erhalten. Sie sahen eher nach Decken aus als nach Kleidung, erinnerte sich Don Lemoyne, doch sie schützten vor Regen und Schnee. Bonzanino aber duldete keine Scherze.
„Den Wert eines Schülers", sagte er ernst, „kann man nach seinen Aufgaben messen und nicht nach der Farbe des Mantels." Und durch gute Noten gingen oft aus „armen Schluckern" bedeutende Söhne hervor. Die Buben Don Boscos lernten. Seine Liebe verstand zu fordern. Er duldete keine Faulenzer. Im Jahre 1863 wird Professor Priere von der Universität Turin erklären: „Bei Don Bosco wird studiert, wirklich studiert."

Ein „Professor" mit siebzehn Jahren

Der Weg zur Stadt und zurück war für Don Bosco nicht das Ideale. Bald konnten die Klassenzimmer von Bonzanino und Picco die Studenten des Oratoriums nicht mehr fassen.
Kaum hatte Giovanni Francesia seine Lateinschule exzellent abgeschlossen, wurde ihm die dritte Klasse Gymnasium (heute 8. Schuljahr) anvertraut. Es war im November 1855.
Im darauffolgenden Jahr begann man auch mit der ersten und zweiten Klasse. Sie wurden von einem Freund Don Boscos, Professor Biachi, geleitet.
Die Schüler Don Boscos waren umgeben von einer tief religiösen Atmosphäre. Sie waren der zarte Same der künftigen Priesterberufe, und Don Bosco wollte, daß sie sich in einem Klima sakramentaler, marianischer, kirchlicher Religiosität entwickeln konnten.
Die Beichte war gewöhnlich wöchentlich oder vierzehntägig für alle. Jeden Tag hörte Don Bosco drei bis vier Stunden Beichte, vor Festen auch den ganzen Nachmittag. Von ihm galt, daß er fähig war, „die Sünden zu lesen". Das gab allen Vertrauen. Einige Jahre nach der Gründung des Schülerheimes empfingen viele Buben täglich die Kommunion. Wenige gingen nicht einmal jede Woche.
Die Verehrung der Gottesmutter war spürbar. Am größten war sie in den Jahren, als Domenico Savio im Oratorium war, und während der Zeit, als die große Mariahilf-Basilika erbaut wurde.
Die Liebe zum Papst hatte stets ihren festen Platz in der christlichen Mentalität Don Boscos. Das waren nicht leere Worte. Um dem Wunsch des Papstes zu gehorchen, verzehrte sich Don Bosco in den letzten Jahren seines Lebens. Die Buben übernahmen diese Haltung.

Dreißigstes Kapitel:

Wir werden Salesianer heißen

Es war am 26. Januar 1854. Turin litt unter eisiger Kälte. Aber in der Kammer Don Boscos war es angenehm warm. Don Bosco sprach, und vier junge Leute verfolgten seine Worte mit Begeisterung.
„Ihr seht, daß Don Bosco tut, was er kann. Aber er ist allein. Doch wenn ihr mir helft, können wir zusammen Wunder wirken. Tausende armer Buben warten auf uns. Ich verspreche euch, daß die Muttergottes uns helfen wird, große, geräumige Oratorien, Kirchen, Häuser, Schulen und Werkstätten zu bauen und viele Priester zu bekommen, die bereit sind, uns zu unterstützen. Und dies in Italien, Europa und auch in Amerika. Ich sehe unter euch schon eine Bischofsmitra."
Die vier Jugendlichen schauten sich verblüfft an. Sie glaubten zu träumen. Aber Don Bosco war es ernst, und er schien die Zukunft zu kennen:
„Die Muttergottes will, daß wir eine Kongregation gründen. Ich habe lange darüber nachgedacht, wie wir sie nennen könnten. Jetzt habe ich entschieden, daß wir uns Salesianer nennen."
Diese vier Jugendlichen sind die Grundsteine der Salesianischen Kongregation. Am Abend schrieb Michele Rua in sein Notizbuch: „Wir haben uns im Zimmer Don Boscos versammelt: Rocchietti, Artiglia, Cagliero, Rua. Uns wurde vorgeschlagen, mit der Hilfe Gottes und des hl. Franz von Sales eine Probe praktischer Übung der Nächstenliebe zu machen. Anschließend werden wir ein Versprechen ablegen und dann, wenn es möglich ist, ein Gelübde. Denen, die diese Probezeit machen und sie in Zukunft machen werden, wird der Name Salesianer gegeben."

Die Rosenlaube

Die Blicke in die Zukunft, wie sie Don Bosco an jenem Abend seinen Buben kundtat, sind ihm einige Jahre vorher gefährlich geworden. Ihretwegen sollte er in die Irrenanstalt eingeliefert werden.
Don Bosco aber wiederholte mit einer Sicherheit, wie Don Borel sagte: „Ich sehe es im Traum."
Im Jahre 1847 hatte er einen „grundlegenden Traum", der ihm als Programm diente – so seine Worte –, die Dinge, die zu tun sind, zu ordnen. Er erzählte ihn erst 1864 in seinem Vorzimmer den ersten Salesianern, unter ihnen Don Rua, Don Durando und Don Barberis.

„Eines Tages im Jahr 1847, als ich viel darüber nachgedacht hatte, wie man Gutes tun könnte für die Jugend, erschien mir die Himmelskönigin (eine seltene Ausdrucksweise Don Boscos). Sie führte mich in einen herrlichen Rosengarten. Dort war ein schöner Laubengang, von dem sich Pflanzen mit dichten Blättern und Blumen herunterrankten. Dieser ging in eine wundervolle Laube über, die ganz eingehüllt war von herrlichen Rosen in voller Blüte. Auch der Boden war ganz mit Rosen bedeckt. Die heilige Jungfrau sagte zu mir: ‚Geh unter der Rosenlaube durch. Das ist die Straße, die du durchlaufen mußt.' Ich begann zu gehen. Viele Zweige hingen von oben herunter wie Girlanden. Ich sah nichts als Rosen an den Seiten. Rosen oben, Rosen vor meinen Schritten. Meine Füße verhängten sich in den Zweigen, die auf der Erde lagen, und wurden verletzt; ich nahm einen Zweig, der quer lag, und stach mich so, daß ich blutete. Unter den Rosen war eine große Menge Dornen versteckt. Alle, die mich so sahen, sagten: ‚Don Bosco geht auf Rosen! Bei ihm geht alles gut!' Sie sahen die Dornen nicht, die mich an Armen und Beinen stachen. Viele Kleriker, Priester und Laien, die ich eingeladen hatte, folgten mir. Sie waren von der Schönheit der Blumen angelockt. Aber dann merkten sie, daß sie über Dornen gehen mußten, und begannen zu schreien: ‚Wir sind betrogen worden!' Nicht wenige kehrten um. Ich blieb praktisch allein. Nun begann ich zu weinen. ‚Ist es möglich', sagte ich, ‚daß ich diese ganze Straße allein gehen muß?' Bald aber wurde ich getröstet. Ich sah neben mir eine Schar von Priestern, Klerikern, Laien, die zu mir sagten: ‚Wir sind die Deinen. Wir sind bereit, dir zu folgen.' Ich ging ihnen voran und machte mich auf den Weg. Nur einige verloren den Mut und blieben stehen. Ein großer Teil von ihnen gelangte mit mir zum Ziel.

Nachdem ich die Rosenlaube durchschritten hatte, befand ich mich in einem herrlichen Garten. Meine wenigen Nachfolger waren abgemagert, zerzaust, blutend. Dann erhob sich eine leichte Brise, und dabei wurden sie heil. Nun blies ein Wind, und wie durch einen Zauber sah ich mich von einer ungeheuren Anzahl Jugendlicher und Kleriker, Laienbrüder und auch Priester umgeben, die sich daranmachten, mit mir zu arbeiten, und diese Jugend anführten. Einige kannte ich vom Gesicht her, viele waren mir noch unbekannt.

Dann fragte mich die heilige Jungfrau, die meine Führerin war: ‚Weißt du, was das bedeutet, was du vorher gesehen hast?'

‚Nein.'

‚Du mußt wissen, daß die Straße, die du entlanggingst zwischen Rosen und Dornen, die Sorge bedeutet, mit der du dich der Jugendlichen annehmen mußt. Die Dornen bedeuten die Hindernisse, Leiden, Unannehmlichkeiten, die dir begegnen. Aber verliere nicht den Mut! Mit Liebe und Entsagung wirst du alles überwinden und zu den Rosen ohne Dornen gelangen.'

Kaum hatte die Muttergottes aufgehört zu sprechen, kam ich wieder zu mir und war in meinem Zimmer.

Ich habe euch das erzählt", schloß Don Bosco, „damit jeder von euch die Sicherheit hat, daß die Muttergottes es ist, die unsere Kongregation will, und wir uns deshalb anspornen müssen, mehr zur Ehre Gottes zu arbeiten."
Von dieser ruhigen Sicherheit geführt, warf Don Bosco täglich „die Netze aus" unter seinen Jugendlichen, um die Zahl seiner Salesianer für die Zukunft zu mehren. So „zufällig" sagte er: „Würdest du mir nicht helfen, für die Jugend zu arbeiten? Weißt du, wenn ich hundert Priester und hundert Kleriker hätte, hätte ich für alle Arbeit. Wir könnten in die ganze Welt hinausgehen."

„Und wie sieht's mit der Vergütung aus?"

In Avigliano gab es einen Priester, der drei Jahre älter als Don Bosco war. Er hieß Vittorio Alasonatti. Don Bosco ist ihm oft bei den geistlichen Exerzitien in S. Ignazio begegnet. Sie sind Freunde geworden. Don Alasonatti war in Avigliano Grundschullehrer, und er konnte gut mit Buben umgehen. Er besaß eine gewisse Strenge, verlangte gutes Benehmen, aber er hatte sie sehr gern. Don Bosco hänselte ihn oft ein wenig.
„Wie viele Buben hast du denn? Dreißig? Und du schämst dich nicht. Ich habe sechshundert. Wie machst du denn das, nur für dreißig Buben zu arbeiten? Komm doch zu mir nach Turin und hilf mir."
„Und wie sieht's mit der Vergütung aus?"
„Brot, Arbeit und den Himmel. Lire bringe ich nicht viele zusammen. Aber im Traum könnte ich dir zurücklegen, soviel du willst."
Scherz hin, Scherz her. Don Alasonatti begann im Ernst, darüber nachzudenken. Don Bosco bemerkte es, und in den ersten Monaten 1854 schrieb er ihm einen Brief, in dem er sagte: „Komm, hilf mir, das Brevier zu beten!"
Am 14. August, nachdem er alle seine Sachen in Ordnung gebracht hatte, kam Don Alasonatti im Oratorium an. Er trug ein Köfferchen und hatte das Brevier unter dem Arm, umarmte Don Bosco und sagte:
„Da bin ich. Wohin soll ich gehen zum Brevierbeten?"
Don Bosco führte ihn in das Zimmer, in dem die Registratur und die Buchführung untergebracht waren.
„Da schau, das ist dein Reich. Du hast so viele Rechnen gelehrt, und mit dem Zusammenzählen und Abziehen kommst du sicher zurecht."
Don Alasonatti war es ernst:
„Von jetzt an befiehlst du, und ich gehorche dir. Und erspar mir nichts, denn den Himmel möchte ich mir schon verdienen."
Nach diesen Tagen wurde Don Alasonatti der milde und etwas ernste Schatten Don Boscos. Er nahm ihm jede Arbeit ab, die er konnte: die gesamte Verwaltung des Hauses, die Assistenz, die Bibliothek, die Registratur, die trockene und oft heikle Korrespondenz.

Als er müde wurde, als seine Gesundheit schon schwächer war, las er ein Blatt, das er einst als Lesezeichen in sein Brevier gelegt hatte: „Vittorio, wozu bist du gekommen?" Darunter hatte er einen Satz geschrieben, den Don Bosco oft gebraucht hatte, wenn er seine Salesianer überarbeitet sah: „Im Himmel werden wir ausruhen."

Am Tag nach seiner Ankunft hatte Don Alasonatti seine Aufgabe in Valdocco in ungewöhnlicher Weise begonnen: Er wurde gerufen, einem Cholerakranken beizustehen. In Turin war die Cholera ausgebrochen.

Der Tod auf den Straßen der Dora-Vorstadt

Die schreckliche Nachricht erreichte Turin im Juli. Die Cholera hatte Ligurien heimgesucht. In Genua zählte man dreitausend Opfer. Die ersten Fälle traten in Turin am 30. Juli auf. Der König, die Königin, der ganze Hof flohen in geschlossenen Wagen zum Schloß Caseletti, wo die Täler von Lanzo und Susa zusammenlaufen.

Der Herd der Epidemie war die Dora-Vorstadt, wenige Schritte von Valdocco entfernt. Dort, in den armen Häusern und Baracken, sammelten sich die Einwanderer. Die Menschen waren schlecht ernährt, hatten keine Möglichkeit für Hygiene. In einem Monat wurden achthundert krank, fünfhundert davon starben.

Bürgermeister Notta erließ einen Aufruf an die Stadt: Es bedarf mutiger Leute, die den Kranken beistehen, sie in Lazarette bringen, damit sich die Seuche nicht ausbreite wie ein Ölfleck.

Am 5. August, dem Fest Maria Schnee, sprach Don Bosco zu seinen Buben. Er begann mit einem Versprechen:

„Wenn ihr euch alle in den Stand der Gnade versetzt und keine schwere Sünde begeht, dann versichere ich euch, daß niemand von der Cholera angesteckt wird."

Dann folgte eine Einladung:

„Ihr wißt, daß der Bürgermeister einen Aufruf erlassen hat. Man braucht Krankenpfleger und Helfer für die Cholerakranken. Viele von euch sind noch zu klein. Aber wenn einige der größten den Mut haben, mit mir in die Krankenhäuser und die Wohnungen zu gehen, würden wir zusammen ein gutes Werk tun, das Gott wohlgefällig wäre."

Am selben Abend trugen sich vierzehn in die Liste ein. Wenige Tage später gelang es weiteren dreißig, Don Bosco die Erlaubnis abzuringen, sich den ersten anzuschließen, auch wenn sie sehr jung waren.

Es waren Tage harter Arbeit und keineswegs angenehme. Die Ärzte rieten, den Kranken die Beine zu massieren und einzureiben, um das Schwitzen anzuregen. Die Buben waren in drei Gruppen eingeteilt: Die ältesten gingen in die

Lazarette und Wohnungen der Kranken. Eine zweite Gruppe zog durch die Straßen, um aufzuspüren, ob es neue Erkrankte gibt, und die dritte, die Kleinsten, blieben im Oratorium und hielten sich bereit, einzugreifen, sobald sie gerufen wurden.
Don Bosco verlangte jede Vorsicht. Jeder trug eine Flasche Essig mit sich. Nachdem er die Kranken berührt hatte, mußte er sich waschen.
„Oft kam es vor", erzählt Don Lemoyne, „daß den Kranken Bettücher fehlten." Dann kamen die Buben zu Mama Margherita. Sie gab ihnen aus der Garderobe das Wenige, das sie hatte. Nach einigen Tagen war der Schrank leer. Da kam ein junger Krankenpfleger und erzählte, daß ein Kranker auf seinem elenden Bett lag und sich nicht bedecken konnte. Mama Margherita dachte nach. Dann ging sie in die Kirche, nahm das Altartuch ab und gab es dem Buben. „Bring es deinem Kranken, ich denke, der Herr beklagt sich nicht darüber."

Große Gestalten mit traurigem Gesicht

Giovanni Cagliero, sechzehn Jahre alt, fühlte sich eines Abends Ende August, als er vom Lazarett zurückkam, krank. Vielleicht hatte er bei der Hitze dieser Tage verdorbenes Obst gegessen. Der Arzt, den Don Bosco sofort gerufen hatte, stellte die schlimme Diagnose: Typhus.
Das Fieber quälte ihn den ganzen September. In den letzten Tagen, er war nur noch Haut und Knochen, glaubte er zu sterben. Die beiden Ärzte, die gerufen wurden, erklärten den Fall als aussichtslos. Sie rieten, ihm die Sterbesakramente zu spenden.
Don Bosco war tief beunruhigt. Wie gern mochte er doch diesen Buben. Er hatte nicht die Kraft, ihm diese traurige Nachricht zu bringen, und bat Giuseppe Buzzetti, es ihm schonend beizubringen. Inzwischen ging er in die Kirche, um die Kommunion zu holen.
Kaum hatte Giuseppe Buzzetti mit Giovanni gesprochen, als auch schon Don Bosco mit dem Ziborium eintrat. Aber etwas hinderte ihn weiterzugehen. Er blieb stehen und fixierte einige Sekunden das Gesicht des Giovanni, so, als würde er etwas sehen, was die anderen nicht sehen konnten. Dann ging er auf das Bett zu und war wie umgewandelt. Die Traurigkeit und Unruhe, die er kurz zuvor noch gezeigt hatte, waren von ihm gewichen. Er lächelte. Giovanni flüsterte: „Ist das meine letzte Beichte? Muß ich wirklich sterben?"
Don Bosco antwortete mit sicherer Stimme:
„Es ist noch nicht Zeit für den Himmel. Es gibt noch viel zu tun. Du wirst das Gewand des Klerikers tragen, Priester werden ... und dann ... und dann mit dem Brevier unter dem Arm fortziehen ... Und das Brevier wirst du vielen anderen bringen müssen ... Und weit wirst du fortgehen, weit."

Nachdem er dies gesagt hatte, brachte Don Bosco das Ziborium in die Kirche zurück.
Wenige Tage später fiel das Fieber plötzlich, und Giovanni konnte für lange Zeit nach Castelnuovo in Erholung gehen.
Immer wieder fragten sich Buzzetti und Cagliero, was Don Bosco „gesehen" haben könnte, als er das Zimmer betrat. Die Antwort gab ihnen Don Bosco später: „Ich setzte meinen Fuß über die Schwelle, als ich plötzlich ein großes Licht sah. Eine weiße Taube, die einen Ölzweig trug, senkte sich auf das Bett des Kranken nieder. Sie verweilte ein paar Zentimeter über dem blassen Gesicht Caglieros und ließ den Zweig über seiner Stirn fallen. Sofort danach kam es mir vor, als würden die Zimmerwände verschwinden und sich ein weiter und geheimnisvoller Horizont auftun. Um das Bett herum erschien eine Menge eigenartiger primitiver Menschen. Sie schienen wild zu sein und waren sehr groß. Einige hatten eine dunkle Hautfarbe, waren tätowiert mit geheimnisvollen rötlichen Zeichen, und zwei dieser großen Gestalten mit dem wilden und traurigen Gesicht beugten sich über den Kranken und flüsterten zitternd: ‚Wenn er stirbt, wer wird uns dann zu Hilfe kommen?'
Das Gesicht dauerte wenige Augenblicke, aber ich empfand die absolute Sicherheit, daß Cagliero gesund wird."

Einunddreißigstes Kapitel:
Neue Hoffnung

Mit den ersten Regenfällen im Herbst wurden die Cholerakranken deutlich weniger. Auch wenn einige Erkrankungen noch im Winter auftraten, so wurde doch der 21. November als das Ende des „Notstandes" erklärt. Vom 1. August bis 21. November wurden zweitausendfünfhundert Erkrankungen mit tausendvierhundert Todesfällen registriert.
Die Buben Don Boscos, von denen keiner krank geworden war, konnten den Schulbesuch wieder ruhig aufnehmen. Einige machten zu Hause kurz Ferien. Don Bosco ging wie jedes Jahr nach Becchi zum Rosenkranzfest. Während er dort war, besuchte ihn ein ehemaliger Kamerad vom Seminar, Don Cugliero. Er war Lehrer an der Grundschule in Mondonio.
„Hör mal", sagte er nach der Begrüßung, „man hat mir gesagt, daß du außer den kleinen Strolchen auch talentierte Buben aufnimmst, die Hoffnung geben, Priester zu werden. Ich habe in Mondonio einen Buben für dich. Er heißt Domenico Savio. Besonders gesund ist er nicht, aber was seinen Charakter betrifft, möchte ich wetten, daß du noch keinen solchen Buben gekannt hast."
„Das dürfte gut übertrieben sein", lächelte Don Bosco. „Auf jeden Fall ist er wichtig für mich. Ich bleibe noch einige Tage. Schau, daß ich ihn mit seinem Vater treffen kann. Dann werden wir miteinander sprechen und sehen, aus welchem Stoff er ist."

Acht Minuten für eine Seite

Am 2. Oktober 1854 fand die Begegnung in dem kleinen Hof vor dem Haus von Giuseppe statt. Don Bosco war so beeindruckt, daß er sie in ihren kleinsten Einzelheiten erzählte, so, als hätte er sie damals niedergeschrieben. Die Sprache ist die des 19. Jahrhunderts, aber das Ganze ist so lebendig, daß man glaubt, ihn zu sehen.
„Es war der erste Montag im Oktober, als ich am frühen Morgen einen Buben sah, der, von seinem Vater begleitet, sich mir näherte, um mit mir zu sprechen. Sein fröhliches Gesicht, sein lächelnder, aber respektvoller Ausdruck zogen meine Blicke an.
‚Wer bist du?' fragte ich. ‚Woher kommst du?'
‚Ich bin', antwortete er, ‚Savio Domenico, von dem Don Cugliero mit Ihnen gesprochen hat. Wir kommen aus Mondonio.'
Nun rief ich ihn zur Seite, und wir stellten Überlegungen an über die Schule, die er bisher besucht, und wie er bisher gelebt hat. Wir sind zu vollem Vertrauen

gekommen, er zu mir und ich zu ihm. Ich erkannte in diesem Buben eine Haltung, die ganz auf Gott ausgerichtet war, und war ein wenig erstaunt darüber, was die Gnade in so zartem Alter gewirkt hatte.

Nach einer längeren Überlegung, noch bevor ich den Vater rief, sagte er mir diese bestimmten Worte:
‚Also, wie scheint es Ihnen? Bringen Sie mich nach Turin, um zu studieren?'
‚Ja, mir scheint, daß es ein guter Stoff ist.'
‚Und wozu kann dieser Stoff dienen?'
‚Um ein Gewand daraus zu machen und es dem Herrn zu schenken.'
‚Also, ich bin der Stoff, Sie sind der Schneider. Sie nehmen mich also mit, um ein schönes Gewand für den Herrn zu machen.'
‚Aber, wenn du die Lateinschule beendet hast, was gedenkst du dann zu tun?'
‚Wenn der Herr mir die Gnade schenkt, habe ich den großen Wunsch, Priester zu werden.'
‚Ist gut. Jetzt will ich eine Probe machen, ob du die Fähigkeit zum Studieren hast. Nimm dieses Heft (es war eines der Letture Cattoliche), und lern heute diese Seite. Morgen kommst du dann zurück und sagst sie mir auf.'
Als ich dies gesagt hatte, ließ ich ihn frei zum Spielen und deutete ihm an, daß ich mit seinem Vater sprechen wollte. Es waren nicht mehr als acht Minuten vergangen, als er lachend zurückkam und sagte:
‚Wenn Sie wollen, sage ich Ihnen die Seite jetzt auf.'
Ich nahm das Buch und war überrascht, daß er nicht nur die Seite wörtlich auswendig konnte, sondern auch den Sinn des Geschriebenen verstanden hatte.
‚Tüchtig', sagte ich, ‚du hast deine Lektion vorzeitig gelernt, und ich sage dir auch die Antwort vorzeitig. Ich werde dich mitnehmen nach Turin, und ab jetzt gehörst du zu meinen lieben Söhnen; fang auch du gleich an, Gott zu bitten, daß er mir und dir hilft, seinen heiligen Willen zu tun.'
Da er nicht wußte, wie er seine Freude und Dankbarkeit besser ausdrücken könnte, nahm er meine Hand, drückte und küßte sie und sagte endlich:
‚Ich hoffe, mich so zu verhalten, daß Sie sich über mich nicht zu beklagen brauchen.'"

Eine rätselhafte Tafel

Während der Tage, als Giovanni Cagliero in Castelnuovo war, handelte er unvernünftig. Es war Erntezeit, und er aß sehr viele Trauben, so daß das heftige Fieber wiederkam. Don Bosco erfuhr es und kam, ihn zu besuchen.
Er begegnete der verzweifelten Mutter:
„Mein Giovanni ist nicht mehr ganz bei Sinnen. Er redet davon, daß er Priester wird, und dabei rafft ihn das Fieber hinweg."

„Nein, meine gute Teresa, Euer Bub phantasiert nicht. Richtet ihm ruhig das Kleriker-Gewand her. Im November wird er es im Oratorium anziehen. Das Fieber bringt ihn nicht um. Er muß noch viel tun auf dieser Welt."
Es war wirklich so. Am 22. November, dem Fest der hl. Cäcilia, war Giovanni Cagliero vollkommen wiederhergestellt und erhielt das Kleid des Klerikers.
Der Rektor des Priesterseminars von Turin, der Kanonikus Vogliotti, erlaubte dem Kleriker Cagliero, die Schule des Seminars zu besuchen und bei Don Bosco zu wohnen.
Am 29. Oktober war inzwischen Domenico Savio ins Oratorium eingetreten. Er kam mit seinem Vater in das Büro Don Boscos und sah sofort an der Wand eine große Tafel: „Da mihi animas, cetera tolle."
Als sein Vater abgereist war und er die ersten Hemmungen überwunden hatte, fragte er Don Bosco, was diese Worte an der Wand heißen. Don Bosco half ihm beim Übersetzen: „Herr, gib mir Seelen, alles andere nimm." Es war das Motto, das Don Bosco sich für sein Apostolat gewählt hatte. Als Domenico verstanden hatte (Don Bosco selbst erzählt das), hielt er einen Augenblick in Gedanken inne. Dann sagte er: „Ich habe verstanden. Hier treibt man nicht mit Geld Handel, sondern mit Seelen. Ich hoffe, daß meine Seele in diesen Handel eingeschlossen ist."
So begann für Domenico der Alltag. Vielleicht zog er auch den Militärmantel an und ging jeden Morgen mit der von Rua angeführten Gruppe zur Schule von Bonzanino. Seine Tage waren die etwas grauen eines kleinen Schülers: Aufgaben, Unterricht, Bücher, Kameraden. Don Bosco, der ihn Tag für Tag begleitete, schrieb über ihn:
„Vom Tag seines Eintritts an zeigte er in der Pflichterfüllung eine Genauigkeit, die kaum übertroffen werden könnte."

Bunte Lampions an den Ufern des Po

Ende November herrschte im Oratorium ein besonderes „Klima". Die Novene zum Immaculatafest begann. Es war das Jahr 1854. Pius IX. hatte von Rom aus angekündigt, daß am 8. Dezember das Dogma von der Unbefleckten Empfängnis Mariens feierlich verkündet wird. In der ganzen katholischen Welt belebte sich die Liebe zur Muttergottes wieder. Großartige Feste wurden vorbereitet.
Don Bosco, der sich von Maria „an der Hand geführt" fühlte, sprach jeden Abend während der Novene davon zu seinen Buben. Wenn er in seinem Büro oder im Hof mit ihnen redete, fragte er, was sie der Muttergottes zu ihrem Fest „schenken" wollten. Domenico Savio antwortete: „Ich will einen unerbittlichen Krieg gegen die Todsünde führen und will Gott und die Gottesmutter bitten, mich lieber sterben als in eine Sünde fallen zu lassen."

Es war die Wiederholung eines Vorsatzes, den er bei seiner Erstkommunion gefaßt hatte: „Den Tod, aber keine Sünde." Das war nicht von ihm erfunden, sondern die letzten Worte des Reuegebets, das man zu dieser Zeit im Beichtstuhl nach dem Sündenbekenntnis sprach. Viele Jugendliche hielten diesen Vorsatz nach ihrer ersten Begegnung mit dem eucharistischen Christus. Sogar die Königin empfahl ihn dem Kronprinzen Umberto von Savoyen (dem späteren Umberto I.), der zwei Jahre jünger war als Savio. Die meisten vergaßen ihn, Domenico hielt ihn bis zu seinem Tod.

Am 8. Dezember proklamierte Papst Pius IX. vor einer großen Menge von Kardinälen und Bischöfen das Dogma, daß Maria vom ersten Augenblick ihrer Existenz an nie mit der „Erbsünde" befleckt war.

Während einer Pause an diesem Festtag ging Domenico Savio in die Kirche des hl. Franz von Sales, kniete sich vor dem Muttergottesaltar nieder, zog ein Blatt aus der Tasche, auf das er einige Zeilen geschrieben hatte. Es war seine Weihe, ein kurzes Gebet, das in der ganzen salesianischen Familie berühmt wurde: „Maria, ich schenke dir mein Herz. Mach, daß es immer dir gehört. Jesus und Maria, seid meine Freunde für immer. Aber um Gottes willen, laß mich sterben, bevor mir das Unglück zustoßen würde, auch nur eine einzige Sünde zu begehen."

An diesem Abend leuchtete ganz Turin in einer großartigen Illumination. Tausende von Lampions strahlten in den Fenstern, auf den Terrassen, an den Ufern des Po. Die Leute gingen auf die Straße, eine große Prozession bewegte sich zum Marienheiligtum der Consolata. Auch die Buben von Valdocco zogen zusammen mit Don Bosco singend durch die Straßen der Stadt.

Der kleine Waisenbub von San Domenico

Dieses für Don Bosco sehr ereignisreiche Jahr endete besonders traurig. Bei der San-Domenico-Kirche mußte die Gemeinde dringend ein provisorisches Waisenhaus eröffnen für etwa hundert Kinder, die durch die Cholera ihre Eltern verloren hatten. Zu Beginn der ersten Kälte wandte sich der Bürgermeister Notta an die katholischen Institute mit der Bitte, einige Kinder aufzunehmen. Don Bosco nahm zwanzig. Einer der kleinsten hieß Pietro Enria. Er selbst erinnert sich an diese Zeit:

„Eines Tages kam Don Bosco an. Ich hatte ihn noch nie gesehen. Er fragte mich nach meinem Namen und sagte dann:

‚Willst du mit mir kommen? Wir würden für immer Freunde sein.' Ich antwortete: ‚Ja, mein Herr.'

‚Und dieser Kleine neben dir, ist das dein Bruder?'

‚Ja, mein Herr.'

‚Sag ihm, er soll auch mitkommen.'

Ein paar Tage später wurden wir mit einigen anderen Buben ins Oratorium gebracht. Meine Mutter war an Cholera gestorben, und mein Vater war zu dieser Zeit noch daran erkrankt. Ich erinnere mich, daß die Mutter Don Boscos ihn schimpfte:
‚Du nimmst immer neue Buben auf. Aber wie soll man sie denn ernähren und kleiden?'
Ich mußte nach meiner Ankunft wirklich ein paar Nächte auf einem Berg Laub schlafen und hatte nichts anderes auf dem Leib als eine Decke. Don Bosco und Mama Margherita flickten am Abend unsere zerrissenen Hosen und Jacken, denn wir hatten jeweils nur eine."
Für diese kleinen Waisen richtete Don Bosco einen Teil des Neubaus ein. Für mehr als ein Jahr gab er ihnen Unterricht, zuerst allein, dann mit Hilfe von Klerikern und Freunden. Die anderen des Oratoriums nannten sie die „Unterklasse", weil diese Schüler so klein waren.
Pietro Enria blieb sein ganzes Leben bei Don Bosco. Er stand ihm in seiner letzten Krankheit wie ein eigenes Kind bei und schloß ihm die Augen.
Die Cholera hatte neben den vielen Übeln, die sie der Stadt gebracht hatte, dem Oratorium, wie man später feststellen konnte, auch Gutes gebracht. Der großmütige Beistand, den die Jugendlichen den Cholerakranken geleistet hatten, machte sie bei den Bürgern bekannt und geschätzt. Ein öffentliches Lob des Bürgermeisters verschaffte ihnen Achtung bei der Autorität. Die schier unglaubliche Tatsache, daß keiner der Buben Don Boscos, die ja direkt inmitten der Epidemie tätig waren, angesteckt wurde, überzeugte viele, daß sie die Worte des „verrückten" Don Bosco doch ernst nehmen sollten.

Zweiunddreißigstes Kapitel:
Die kleinen „Übeltäter" der „Generala"

Im Jahre 1855 kam es erneut zu einem Zusammenstoß zwischen Staat und Kirche. Im Oktober 1852 war Camillo Cavour Ministerpräsident geworden. Dieser unruhige und reiche Abkömmling einer Adelsfamilie rüttelte das noch schlummernde Piemont auf. Unter ihm erreichte das Eisenbahnnetz eine Länge von 850 Kilometern, das ist doppelt soviel wie im ganzen übrigen Italien. In Ligurien entstanden der Industriekomplex Ansalda (der größte Italiens) und die Schiffswerften von Orlando. In Vercelli wurde die Kanalisation eingeleitet. Die Landwirtschaft erhielt Auftrieb durch die Abschaffung der Getreidesteuer.
Gegen Ende 1854 wurde vom Minister Urbano Rattazzi der Abgeordnetenkammer unter dem Deckmantel der wirtschaftlichen Lenkung ein Gesetzentwurf vorgelegt, der ein deutliches Zeichen dafür war, daß der Einfluß der Kirche zurückgedrängt werden sollte. Der Entwurf schlug die Aufhebung der kontemplativen Orden vor, das heißt der Orden, die sich weder dem Unterricht, noch der Predigt oder dem Krankendienst widmen, und forderte die Einziehung ihrer Güter durch den Staat, „um für die ärmsten Pfarreien sorgen zu können". Das war eine grobe Einmischung in die Rechte der Kirche, vor allem auch deswegen, weil der Entwurf die Gesetze der Trennung von Staat und Kirche verletzte, die Cavour als Grundlage seiner Politik bezeichnete.
Es war vorauszusehen, daß trotz der starken katholischen Opposition die Kammer das Gesetz verabschieden würde. Allein der König hätte es verhindern können.

„Große Trauerfeiern am Hof"

An einem eiskalten Dezembertag – die Zeugen erinnern sich, daß Don Bosco alte und zerrissene Handschuhe trug und in der Hand ein Bündel Briefe hielt – erzählte Don Bosco einigen seiner Mitarbeiter, darunter Rua, Cagliero, Buzzetti, einen eigenartigen Traum. Er befand sich inmitten des Hofes und sah plötzlich einen rotgekleideten Pagen des königlichen Hofes hereinreiten, der rief: „Große Trauerfeier am Hof, große Trauerfeier am Hof!" Don Bosco sagte seinen Klerikern, daß er sofort nach dem Erwachen den König von dem Traum in Kenntnis gesetzt habe.
Fünf Tage danach wiederholte sich der Traum. Der rotgekleidete Page ritt in den Hof und rief: „Melde: Nicht große Trauerfeier, sondern große Trauerfeiern bei Hof!" Sogleich schrieb Don Bosco dem König einen zweiten Brief, in

dem er ihn bat, unter allen Umständen das Gesetz zur Aufhebung der kontemplativen Orden zu verhindern.

Am 5. Januar 1855 erkrankte die Königinmutter schwer. Die Krankheit verschlimmerte sich, und am 12. Januar verstarb sie mit vierundfünfzig Jahren. Sie wurde in der Krypta der Savoyer auf der Superga bei Turin am 16. Januar beigesetzt.

Am 20. Januar, siebzehn Tage nach der Geburt des Kindes, empfing Königin Adelaide die Sterbesakramente. Noch am selben Tag starb sie mit nur dreiunddreißig Jahren.

Die Kleriker, die vom Traum und Brief Don Boscos wußten, waren bestürzt, daß sich seine Vorhersage im Verlauf eines Monats erfüllt hatte.

Zweimal, so berichtet Don Francesia, war der König nach Valdocco gekommen, um Don Bosco zu treffen. Dabei wurde er wütend, aber es änderte sich nichts.

Das Gesetz wurde vom Senat angenommen und am 29. Mai vom König unterzeichnet. Damit wurden 334 Ordenshäuser mit 5456 Mitgliedern aufgehoben. Rom drohte mit der Exkommunikation gegen die Urheber und Befürworter der Gesetze.

Am 17. Mai starb der letzte Sohn des Königs, Vittorio Emanuele Leopolo, mit kaum vier Monaten.

War Don Bosco ein Prophet? Leider hatte er recht mit seiner Vorhersage.

Mut und Beziehungen ...

Die Karikaturisten jener Jahre zeigten Camillo Cavour als Katze mit langen Schnurrhaaren und Urbano Rattazzi, den Innenminister, als große Maus.

Zu Rattazzi hatte Don Bosco, obwohl er entschieden gegen dessen Politik war, freien Zutritt. Der sozialistische Minister schätzte ihn, weil er „zum Wohle der Menschen arbeitete" und weil er armen Buben half und so der Regierung eine Menge Ärger und Sorgen ersparte.

Im Jahre 1845 war in Turin ein Gefängnis eröffnet worden. Es hieß „La Generala" und war eine Art „Besserungsanstalt". Es faßte dreihundert Jugendliche, die hauptsächlich wegen Diebstahls und Streunens verurteilt waren. Don Bosco besuchte die Buben regelmäßig, um sie als Freunde zu gewinnen.

Die Jugendlichen waren in drei Gruppen gegliedert: Die „besonders aufsässigen", die nachts in die Zelle eingesperrt wurden, die „allgemein überwachten" und die „gefährdeten", die sich nur dort befanden, weil jemand sie wegen Herumstreunens der Polizei ausgeliefert hatte. Sie arbeiteten auf den Feldern und in den internen Werkstätten.

Während der Fastenzeit 1855 gab Don Bosco allen Gefangenen einen sorgfältig vorbereiteten Religionsunterricht. Am Ende hielt er ihnen drei Tage geistliche Exerzitien, die mit der Beichte schlossen, die alle ablegten.

Don Bosco war so überwältigt von ihrem guten Willen, daß er ihnen „etwas Außergewöhnliches" versprach. Er ging zum Gefängnisdirektor und schlug ihm vor, mit den Jugendlichen, die durch den Gefängnisaufenthalt sehr depremiert waren, einen schönen Ausflug zu machen.

„Sie sprechen doch nicht im Ernst, Hochwürden", sagte dieser erschrocken.

„Mit dem größten Ernst der Welt."

„Wissen Sie, daß ich für diejenigen verantwortlich bin, die flüchten?"

„Es wird keiner flüchten. Darauf gebe ich Ihnen mein Wort."

„Hören Sie, es ist zwecklos, darüber zu sprechen. Mir ist das Risiko zu hoch. Wenn Sie eine solche Erlaubnis wollen, wenden Sie sich direkt an den Minister."

Don Bosco ging zu Rattazzi und legte ihm in aller Ruhe sein Vorhaben dar.

„Gut", sagte der Minister, „ein Spaziergang wird den jungen Gefangenen sicher guttun. Ich werde die nötigen Anweisungen geben, damit sich in ausreichender Anzahl Polizisten in Zivil auf dem Weg befinden."

„O nein", unterbrach ihn Don Bosco entschieden. „Die einzige Bedingung ist, daß kein Aufsichtspersonal uns ‚beschützt'. Sie müssen mir Ihr Ehrenwort geben. Ich nehme das Risiko auf mich. Wenn einer flüchtet, stecken Sie mich ins Gefängnis."

Beide lachten. Dann sagte Rattazzi ernst:

„Don Bosco, nehmen Sie Vernunft an. Ohne Polizei werden Sie keinen einzigen zurückbringen."

„Ich hingegen sage Ihnen, daß ich alle zurückbringen werde. Wetten wir!"

Rattazzi überlegte kurz. Dann sagte er:

„Gut, ich willige ein. Ich vertraue Ihnen. Und ich vertraue auch der Polizei, daß sie im Fall einer Flucht nicht lange brauchen wird, um die Ausreißer zurückzubringen."

Ein Tag der Freiheit

Don Bosco kehrte zum Gefängnis zurück und kündete den Spaziergang an. Die jungen Gefangenen waren außer sich vor Freude. Als einen Augenblick Stille eintrat, fuhr Don Bosco fort:

„Ich habe mein Wort verpfändet, daß ihr euch vom ersten bis zum letzten gut benehmen werdet und nicht versucht zu fliehen. Der Minister hat mir sein Wort gegeben, daß er keine Polizisten schickt, weder in Uniform noch in Zivil. Aber jetzt müßt auch ihr mir euer Wort geben. Wenn ein einziger flüchtet, macht ihr mir große Unehre. Sie werden mir dann sicher nicht mehr erlauben, hierher zu kommen. Kann ich mich auf euch verlassen?" Sie tuschelten ein wenig untereinander. Dann sagten die Größeren:

„Wir geben Ihnen unser Wort. Wir werden alle zurückkommen und uns gut benehmen."

Am nächsten Morgen, es war ein lauer Frühlingstag, wanderten sie über die Feldwege. Sie sprangen, rannten, schrien. Don Bosco ging inmitten einer kleinen Gruppe. Er scherzte, erzählte. Allen voran ging ein Esel, mit Proviant bepackt.

Am Ziel, einer kleinen Ortschaft, feierte Don Bosco die Messe. Dann verzehrten alle auf der Wiese ihr Mittagsbrot, machten Wettkämpfe und Spiele am Fluß entlang. Sie besuchten den Park und das Königsschloß, aßen ihr Vesperbrot, und bei Sonnenuntergang kehrten sie zurück. Der Esel war seiner Last entledigt. Don Bosco war müde. Deshalb trugen ihn die Größeren auf dem Rücken. Fröhlich singend kamen sie zurück. Der Direktor zählte sofort die Gefangenen. Alle waren zurückgekehrt.

Vor dem Gefängnistor gab es einen traurigen Abschied. Don Bosco sagte jedem einzeln auf Wiedersehen. Schweren Herzens kehrte er nach Hause zurück. Einen einzigen Tag lang hatte er ihnen Freiheit schenken können.

Als der Minister über den Spaziergang unterrichtet wurde, äußerte er größte Zufriedenheit.

„Warum gelingt es Ihnen, so etwas fertigzubringen und uns nicht?" fragte er eines Tages Don Bosco.

„Weil der Staat befiehlt und straft. Er kann nicht anders. Ich aber habe diese Jugend gern. Und als Priester verfüge ich über eine moralische Kraft, die Sie nicht verstehen können."

Neun Seiten, um sein „System" zu erklären

Oft wurde Don Bosco gebeten, in einem Buch sein „Erziehungssystem" zu erläutern. Ihm fehlte es jedoch an Zeit und Ruhe, um ein wissenschaftliches Werk zu hinterlassen.

Erst 1876 raffte er sich auf und skizzierte auf neun Seiten seine Erziehungsmethode „zum Gebrauch in den Salesianerhäusern". Wir bringen davon nur einen Auszug:

„Dieses System stützt sich auf die Vernunft, die Religion und die Liebenswürdigkeit. Es schließt jede harte Strafe aus und sucht, selbst leichte Strafen zu vermeiden.

Der Direktor und der Assistent sind wie liebende Väter: Sie sprechen und dienen als Leiter, geben Ratschläge und ermutigen auf liebenswürdige Art.

Der zu Erziehende fühlt sich nicht erniedrigt, wird zugänglich, sieht im Assistenten einen Wohltäter, der ihm helfen will, gut zu werden, sich von Unannehmlichkeiten zu befreien, Strafen und Schande zu vermeiden.

Der Erzieher hat, wenn er das Herz seines Schützlings erobert hat, selbst dann noch Einfluß auf ihn, wenn dieser erwachsen ist.
Die Ausübung dieses ‚Systems' beruht ganz auf den Worten des hl. Paulus, der sagt: ‚Die Liebe ist gütig und geduldig; sie erträgt alles, sie hofft alles, und hält alles aus.' Deshalb kann sich nur der Christ dieses Präventivsystem aneignen.
Vernunft und Religion sind die Mittel, die der Erzieher ständig gebrauchen soll.
Der Direktor muß ganz für die zu Erziehenden dasein, auch in der Freizeit."

Dreiunddreißigstes Kapitel:
Abschied von einer Mutter und einem Buben

Am ersten Sonntag im April 1855 hielt Don Bosco seinen Buben eine Predigt über die Heiligkeit. Mancher rümpfte die Nase. Domenico Savio aber hörte aufmerksam zu, ihm schien, daß die Predigt für ihn gehalten würde. Zur Heiligkeit gelangen wie der hl. Aloisius, der große Missionar Franz Xaver, wie die Märtyrer der Kirche!
Am 24. Juni, dem Namenstag Don Boscos, wurde im Oratorium ein großes Fest gefeiert, wie alle Jahre. Um die Zuneigung der Buben zu erwidern, bot Don Bosco ihnen an: „Jeder soll auf einen Zettel das Geschenk schreiben, das er sich von mir wünscht. Ich versichere euch, daß ich tun werde, was ich kann."

Nur sechs Worte

Als Don Bosco die Zettel las, fand er ernstgemeinte und gut überlegte Wünsche, aber auch ausgefallene, über die er lachen mußte. Einige wünschten sich hundert Kilogramm Nougat, „um für das ganze Jahr etwas zu haben". Auf dem Zettel von Domenico Savio stand: „Helfen Sie mir, heilig zu werden."
Don Bosco nahm diese Worte ernst. Er rief Domenico und sagte zu ihm: „Ich will dir das Rezept für die Heiligkeit schenken. So heißt es: Erstens: Frohsinn. Das, was dich beunruhigt und dir den Frieden nimmt, stammt nicht von Gott. Zweitens: Deine Schul- und Gebetspflichten. Aufmerksamkeit in der Schule, Fleiß beim Lernen, Bemühen beim Gebet, und zwar nicht aus Ehrgeiz, sondern aus Liebe zu Gott. Drittens: Den anderen Gutes tun. Hilf deinen Kameraden immer, auch wenn es dich Opfer kostet. Darin liegt die Heiligkeit."
Domenico bemühte sich redlich. Im ‚Leben des Domenico Savio', das Don Bosco sofort nach dessen Tod schrieb, sind viele einfache und ergreifende Episoden erzählt. Wir bringen hier nur eine davon:
Eines Tages hatte ein Bub eine Zeitschrift ins Oratorium mitgebracht, auf der wenig schickliche Gestalten zu sehen waren. Sofort versammelten sich fünf oder sechs Kameraden um ihn. Sie schauten und lachten. Auch Domenico näherte sich, nahm ihm die Zeitschrift aus der Hand und zerriß sie. Die anderen protestierten lautstark, aber auch Domenico protestierte entschieden: „Schöne Dinge bringst du ins Oratorium mit! Don Bosco strengt sich den ganzen Tag an, damit wir anständige Menschen und gute Christen werden, und du kommst mit diesem Zeug! So etwas hat hier nichts zu suchen."

Die Schulferien 1855 vergingen rasch. Als die Buben im Oktober ins Oratorium zurückkamen und Don Bosco Domenico Savio sah, war er besorgt.
„Hast du dich nicht erholt in den Ferien?"
„Doch. Warum, Don Bosco?"
„Du bist blasser als sonst, wie kommt das?"
„Vielleicht von der Fahrt her", sagte er und lächelte.
Aber es war keine vorübergehende Müdigkeit. Seine eingefallenen und glänzenden Augen, sein blasses, abgemagertes Gesicht waren deutliche Zeichen, daß es um seine Gesundheit schlecht stand. Don Bosco entschloß sich, Maßnahmen zu ergreifen.
„Dieses Jahr gehst du nicht zur Schule in die Stadt. Bei Regen und Schnee fortzugehen, könnte dir schaden. Geh in die Schule von Don Francesia hier im Haus. So kannst du am Morgen länger schlafen. Und überanstrenge dich nicht beim Lernen! Die Gesundheit ist eine Gabe Gottes, und wir dürfen sie nicht ruinieren!"
Domenico gehorchte. Aber schon nach einigen Tagen sagte er zu Don Bosco, so als würde er vorhersehen, daß ihm Schweres zustoßen würde: „Helfen Sie mir, schnell heilig zu werden!"

Das „Immaculata-Bündnis"

Domenico hat sich inzwischen mit Michele Rua und Giovanni Cagliero besonders angefreundet, auch wenn beide vier bzw. fünf Jahre älter waren als er. Seine anderen Freunde waren anständige Jungen, die in diesen Jahren ins Oratorium kamen, unter ihnen spätere Salesianer.
Zu Beginn des Jahres 1856 wohnten im Oratorium einhundertdreiundfünfzig Jugendliche. Davon waren dreiundsechzig Studenten, die anderen neunzig Handwerker.
Im Frühjahr hatte Domenico eine Idee: Warum sollten wir uns nicht zusammenschließen, alle Jungen mit gutem Willen, zu einem „Geheimbündnis", um eine feste Gruppe kleiner Apostel zu werden in der Menge der anderen? Er sprach mit einigen darüber. Die Idee fand Anklang. Man entschloß sich, die Gruppe „Immaculata-Bündnis" zu nennen.
Don Bosco riet, die Dinge nicht zu überstürzen. Sie sollten versuchen, eine kleine Regel auszuarbeiten und sie gemeinsam zu besprechen.
In der ersten Versammlung beschlossen sie, einigen den Vorschlag zu machen, sich einschreiben zu lassen. Es dürften nur wenige sein, solche, auf die man sich verlassen kann, die schweigen können. Sie dachten an Francesia, den jungen Italienischlehrer. Er war ein Freund aller. Dann aber ließen sie diesen Gedanken wieder fallen, denn er redete zuviel, und ihr Geheimnis hätte nur eine kurze Lebensdauer gehabt.

Die Versammlung beauftragte drei eingeschriebene Mitglieder, eine Regel abzufassen: Michele Rua (17), Giuseppe Bongiovanni (18), Domenico Savio (14). Don Bosco wünschte jedoch, daß Domenico sie verfaßt. Die anderen sollten sie dann überarbeiten.

Die kleine Regel umfaßte einundzwanzig Artikel. Die Mitglieder bemühen sich, unter dem Schutz der Gottesmutter und des eucharistischen Christus, sich zu vervollkommnen; Don Bosco zu unterstützen und so mit Klugheit und Diskretion seine kleinen Apostel unter den Kameraden zu werden; Freude und Frohsinn um sich zu verbreiten.

Der Schlußartikel 21 faßte den Geist des Bündnisses zusammen: „Ein aufrichtiges, kindliches, unbegrenztes Vertrauen zu Maria, eine besondere Liebe zu ihr, ihre treue Verehrung werden uns helfen, die Hindernisse zu überwinden, in unseren Entscheidungen beharrlich, uns selbst gegenüber streng, mit dem Nächsten liebenswürdig und in allem gewissenhaft zu sein."

Das Bündnis wurde am 8. Juni 1856 vor dem Altar der Gottesmutter in der Franziskus-Kirche gegründet. Jeder versprach, seinen Verpflichtungen treu zu sein.

An diesem Tag hatte Domenico sein Hauptwerk vollbracht. Es blieben ihm nur noch neun Monate seines Lebens, aber sein Immaculata-Bündnis hatte eine Lebensdauer von hundert Jahren (genau bis 1967). In allen Salesianerhäusern und in Oratorien regte es einsatzbereite Jugendliche und künftige Salesianerberufungen an.

Die Mitglieder dieses Bündnisses wählten ganz bestimmte Jungen aus, die sie besonders „betreuen" wollten, und nannten sie in ihrer Geheimsprache „Klienten": Es waren die undisziplinierten, solche, die leichtfertige Reden führten und schnell handgreiflich wurden. Jedes Mitglied befaßte sich mit einem dieser Jungen und machte sozusagen seinen „Schutzengel", bis er auf einem guten Weg war. Die zweite Gruppe von „Klienten" waren die Neuankömmlinge. Ihnen, die noch keine Kontakte hatten, noch keine Spiele kannten, die nur den Dialekt ihres Dorfes sprachen und Heimweh hatten, halfen sie, die ersten Tage in Frohsinn zu verbringen und sich gut einzugewöhnen.

Mama Margherita nimmt Abschied

Am 15. November 1856 erkrankte Mama Margherita an einer tödlichen Lungenentzündung. Sie war achtundsechzig Jahre alt, abgearbeitet und verbraucht. Im Oratorium schien das Leben stillzustehen. Wie wird es weitergehen ohne sie? Um ihr Sterbebett standen die Kleriker und die größeren Jugendlichen. Wie oft waren sie zu ihr in die Küche gegangen und hatten gesagt: „Mama, gib mir einen Apfel!"

„Mama, ist die Suppe fertig?"
„Mama, ich habe kein Taschentuch mehr."
„Mama, meine Hose ist zerrissen."
Mama Margherita hatte sich verzehrt durch all die Arbeit im Oratorium. Bei diesen unscheinbaren, aber sehr schweren Tätigkeiten bewies sie eine Kraft, die nie ermüdete, weil sie aus dem Glauben an die göttliche Vorsehung wirkte. Während sie Kartoffeln schälte und Polenta umrührte, lehrte sie die Buben die Glaubenswahrheiten. In ihnen kamen der praktische Sinn und die milde Güte einer Mutter zum Ausdruck.

Don Bosco hat von ihr seine Erziehungsmethode gelernt. Er wurde als erster erzogen mit Vernunft, Religion und Liebenswürdigkeit. Die Salesianische Kongregation ist aufgewachsen auf den Knien Mama Margheritas, die jetzt dabei ist, sich wie eine Kerze zu verzehren.

Aus Becchi kommt Giuseppe mit seinem ältesten Sohn. Don Borel, ihr Beichtvater, bringt ihr die Wegzehrung.

Sie nimmt ihre letzten Kräfte zusammen, um zu ihrem Giovanni zu sprechen: „Gib acht, denn viele suchen statt der Ehre Gottes ihren eigenen Nutzen. Bei dir sind einige, die die Armut bei den anderen lieben, nicht bei sich. Das, was man von den anderen fordert, muß man zuerst selbst tun."

Sie möchte nicht, daß ihr Sohn sieht, wie sie leidet, denkt an die anderen bis zum letzten Augenblick.

„Geh, Giovanni . . . du leidest zu viel, wenn du mich so siehst. Bedenk, daß dieses Leben im Leiden besteht. Die wahren Freuden wird es im ewigen Leben geben . . . Jetzt geh fort, ich bitte dich darum . . . Bete für mich, Gott behüte dich!"

Bei der alten sterbenden Mutter bleiben Giuseppe und Don Alasonatti. Am 25. November um 3 Uhr morgens haucht sie ihr Leben aus. Giuseppe geht ins Zimmer Don Boscos. Beide umarmen sich und weinen.

Zwei Stunden danach ruft Don Bosco Giuseppe Buzzetti. Er ist sein Freund in den bittersten Stunden und der einzige, vor dem er sich nicht schämt zu weinen. Dann geht er in die Unterkirche der Consolata, um für seine Mutter eine Messe zu feiern. Nachher knien sie vor dem Bild Mariens nieder, und Don Bosco flüstert:

„Jetzt sind ich und meine Kinder ohne Mutter auf Erden. Bleibt zusammen, seid euch gegenseitig Mutter."

Einige Tage danach geht Michele Rua zu seiner Mutter, Frau Giovanna Maria: „Seit Mama Margherita gestorben ist", sagt er, „wissen wir nicht mehr, was wir tun sollen. Es ist niemand mehr da, der uns das Essen kocht, unsere Strümpfe stopft. Mama, willst nicht du zu uns kommen?"

Mit sechsundfünfzig Jahren folgt Frau Giovanna Maria ihrem Sohn und wird die zweite Mutter des Oratoriums. Und sie wird sie zwanzig Jahre lang bleiben.

Ein Bub, mit dem Gott spricht

Es war im Dezember. Auf den Straßen Turins liegt schon etwas Schnee. Es ist Nacht, und die Straßenlaternen brennen. Wie jeden Abend sitzt Don Bosco über seinen Tisch gebeugt vor einem Stoß Briefe, die beantwortet werden wollen. Es dauert bis Mitternacht. Da vernimmt er ein leises Klopfen an der Tür.
„Herein! Wer ist da?"
„Ich bin es", sagt Domenico Savio. „Schnell, kommen Sie mit mir, es ist ein Werk der Nächstenliebe zu tun."
„Jetzt, mitten in der Nacht? Wohin willst du mich denn führen?"
„Machen Sie schnell, Don Bosco, machen Sie schnell!"
Don Bosco zögert zuerst. Aber als er Domenico anschaut, bemerkt er, daß sein Gesichtsausdruck, der gewöhnlich heiter war, sehr ernst ist. Auch seine Worte sind befehlend. Don Bosco steht auf, nimmt seinen Hut und folgt ihm.
Domenico steigt rasch die Treppe hinunter, geht in den Hof hinaus, nimmt entschlossen die Straße zur Stadt. Er spricht nicht und bleibt nicht stehen. Im Labyrinth der engen Straßen geht er sicher voran. Jetzt öffnet er eine Haustür, steigt die Treppe hoch. Don Bosco folgt ihm. Im dritten Stock hält Domenico an, klopft. Bevor jemand kommt, um zu öffnen, sagt er zu Don Bosco: „Hier müssen Sie eintreten." Dann kehrt er nach Hause zurück.
Die Tür öffnet sich. Eine Frau mit zerzaustem Haar erscheint, sieht Don Bosco und ruft aus:
„Sie hat der Herrgott geschickt. Schnell, schnell, sonst ist es zu spät. Mein Mann hatte unglücklicherweise vor vielen Jahren seinen Glauben verloren. Jetzt liegt er im Sterben und bittet, beichten zu können."
Don Bosco nähert sich dem Kranken. Er findet einen armen, aufgeschreckten, völlig verzweifelten Menschen. Nun hört er seine Beichte, gibt ihm die Lossprechung, und wenige Minuten darauf stirbt der Mann.
Einige Tage vergehen. Don Bosco ist noch beeindruckt vom Vorgefallenen. Wie konnte Domenico von diesem Kranken wissen? In einem Augenblick, da niemand ihn hören konnte, näherte er sich ihm.
„Domenico, vor einigen Tagen hast du am Abend an meiner Tür geklopft und mich gerufen. Wer hat dir von dem Kranken etwas gesagt? Wie konntest du das wissen?"
Jetzt geschah etwas, was Don Bosco nicht erwartet hatte: Der Junge schaute ihn traurig an und begann zu weinen. Don Bosco wagte nicht, ihm weitere Fragen zu stellen; denn er verstand, daß es in seinem Oratorium einen Buben gab, mit dem Gott sprach.

„Kann ich vom Himmel aus meine Kameraden sehen?"

Im Februar 1857 war der Winter in Turin sehr kalt. Domenico Savio wurde blasser. Er war von einem schweren Husten geplagt, und seine Kräfte nahmen rapide ab. Don Bosco war besorgt, rief die besten Ärzte, damit sie ihn untersuchten. Professor Vallauri sagte nach einer gründlichen Untersuchung: „Der zarte Körperbau und die ständige geistige Anstrengung nagen an seiner Gesundheit."
„Was kann ich denn für ihn tun?" drängte Don Bosco.
Vallauri zuckte traurig die Schultern.
„Schicken Sie ihn in seine Heimat. Die Landluft wird ihm guttun."
Als Domenico davon erfuhr, fügte er sich zwar, aber es fiel ihm schwer, die Schule, die Kameraden, vor allem Don Bosco zu verlassen.
„Aber warum möchtest du nicht bei deinen Eltern sein?"
„Weil ich lieber im Oratorium sterben möchte."
„Sprich nicht so. Jetzt gehst du zuerst einmal nach Hause, wirst gesund, und dann kommst du zurück."
„Nein." Domenico lächelte, schüttelte den Kopf. „Ich gehe weg und komme nicht mehr zurück. Don Bosco, es ist das letzte Mal, daß wir miteinander sprechen können. Sagen Sie mir: Was kann ich noch tun für Gott?"
„Ihm oft deine Leiden aufopfern."
„Und was noch?"
„Ihm auch dein Leben aufopfern."
„Kann ich vom Himmel aus meine Freunde und meine Eltern sehen?"
„Ja", flüsterte Don Bosco und versuchte, seine Erschütterung zu verbergen.
„Und werde ich kommen können und Sie besuchen?"
„Wenn Gott es will, kannst du kommen."
Es war Sonntag, der 1. März. Der herzlichste Gruß galt den Freunden des „Bündnisses". Dann kam die offene Kutsche seines Vaters an, die ihn nach Mondonio bringen sollte. An der Straßenbiegung hob er noch einmal die Hand, um das Oratorium, seine Freunde, „seinen" Don Bosco zu grüßen, die ihm schmerzlich nachblickten. Sein bester Schüler war abgereist, ein kleiner Heiliger, den die Muttergottes seinem Oratorium für drei Jahre geschenkt hatte.
Er starb fast unerwartet am 9. März 1857 im Beisein seines Vaters. Mit letzter Kraft flüsterte Domenico:
„Auf Wiedersehen, Papa... Der Pfarrer sagte mir... aber ich weiß nicht mehr ... Was sehe ich Schönes!"
Pius XII. sprach ihn am 12. Januar 1954 heilig. Der erste Heilige mit fünfzehn Jahren.
Tatsächlich „besuchte" Domenico 1876 strahlend weiß gekleidet Don Bosco im Traum und sagte:

„... Siehst du die zahlreichen Jugendlichen, die mir folgen? Sie sind von dir oder deinen Priestern gerettet worden. Aber es wären viel mehr, wenn du mehr Vertrauen auf Gott gehabt hättest ..."
Nach der Zukunft der Kongregation befragt, antwortete Domenico:
„... Gott bereitet ihr eine große Zukunft. Aber sorge du, daß deine Salesianer nicht vom rechten Weg abweichen, den du ihnen gewiesen hast ..."
Don Bosco wollte noch seine Hand drücken, aber er griff ins Leere.

Vierunddreißigstes Kapitel:

Gründung der Salesianischen Kongregation

Eines Tages im Sommer 1857 wurde Don Bosco von Minister Rattazzi empfangen. Man sprach über die Oratorien, die der Minister sehr schätzte, besonders nach dem Einsatz der Jungen für die Cholerakranken und dem geglückten Ausflug mit den Strafgefangenen.

„Ich wünsche Ihnen", sagte der Minister, „ein langes Leben. Aber auch Sie müssen einmal sterben. Was wird dann aus Ihren Jungen werden?"

„Ich gebe die Frage zurück, Herr Minister. Was könnte ich tun, damit mein Werk weiterlebt?"

„So wie ich es sehe, müßten Sie unter den Laien und Priestern einige Ihres Vertrauens auswählen und eine Gemeinschaft gründen, die von Ihrem Geist durchdrungen ist. Vorerst werden sie Ihnen helfen, dann werden sie Ihre Nachfolger sein."

Don Bosco mußte lächeln.

„Aber gerade Sie haben vor zwei Jahren ein Gesetz durchgebracht zur Unterdrückung vieler Ordensgemeinschaften. Und jetzt raten Sie mir, eine solche Gemeinschaft zu gründen. Wird die Regierung sie überleben lassen?"

„Ich kenne das Gesetz. Sie müssen eben eine Gemeinschaft gründen, die kein Staat aufheben kann."

„Und wie denn?"

„Sehen Sie, ein Staat kann keine Gemeinschaft anerkennen, die nur der Kirche untersteht ... Es muß eine Gemeinschaft sein, die die Gesetze des Staates anerkennt, in der jeder seine bürgerlichen Rechte behält und Steuern zahlt. Da kann der Staat nichts dagegen haben. Es ist eine Gemeinschaft freier Bürger, die sich für einen guten Zweck zusammenschließen. Wenn die Mitglieder darüber hinaus auch die Autorität des Papstes anerkennen, kann das dem Staat gleichgültig sein."

Don Bosco dankte dem Minister und versicherte ihm, darüber nachzudenken. Rattazzi tat übrigens nichts anderes, als die Ideen Don Boscos, die dieser schon lange in sich trug, klar zu formulieren.

Der erste Versuch

Das Gespräch mit Rattazzi (bei dem der Minister wiederholt hatte, was er öffentlich in der Abgeordnetenkammer gesagt hatte) war für Don Bosco eine

„plötzliche Erleuchtung". Jetzt verstand er, wie er das Ordensleben den neuen politischen Verhältnissen anpassen konnte.
Am 9. März hatte Don Bosco die erste Audienz bei Pius IX. Der Papst verbarg seine Bewunderung für die enorme Aktivität des Turiner Priesters nicht. Er war mit dem Plan Don Boscos einverstanden, fügte nur einige Empfehlungen an. Das Wichtigste ist, wie er sagte, daß sich die Mitglieder nicht durch „Versprechen", sondern durch „Gelübde" binden. Dann versicherte er Don Bosco, daß auch er darüber nachdenken werde.
Durch viele Überlegungen und weitere Audienzen reifte der Plan immer mehr.

Eine Woche, um über das Leben zu entscheiden.

Am 9. Dezember 1859 hielt Don Bosco den Augenblick für gekommen, von der Gründung einer Kongregation zu sprechen. Zu den neunzehn vertrauten Mitarbeitern, die in seinem Zimmer versammelt waren, sagte er: „Seit langem denke ich daran, eine Kongregation zu gründen. Jetzt ist der Augenblick dafür gekommen. Der Heilige Vater Pius IX. hat mich dazu ermutigt. Und nun entsteht diese Kongregation. Eigentlich bestand sie schon durch die Regeln, die ihr immer als Tradition beobachtet habt. Jetzt geht es darum, einen Schritt weiter zu gehen, die Kongregation in aller Form ins Leben zu rufen. Ihr sollt aber wissen, daß nur die aufgenommen werden, die vorhaben, nach einer ernstlichen Überlegung die Gelübde der Armut, der Keuschheit und des Gehorsams abzulegen. Ich lasse euch eine Woche Zeit zum Nachdenken."
Nach den Ausführungen Don Boscos herrschte ungewöhnliches Schweigen. Als dann einige zu reden begannen, zeigte sich, daß Don Bosco recht hatte, langsam und klug vorzugehen. Einige brummten vor sich hin, daß Don Bosco sie zu Ordensleuten machen wolle. Cagliero schritt den Hof mit langen Schritten ab, um mit seinen Gefühlen fertig zu werden.
Bei der nächsten Konferenz am 18. Dezember fehlten nur zwei der neunzehn. Die übrigen waren mit dem Vorschlag Don Boscos einverstanden.

„Was willst du im Oratorium tun?"

Die salesianische Kongregation war geboren. Die Freude Don Boscos war groß. Aber eine Enttäuschung spürte er schmerzlich: Unter den siebzehn fehlte Giuseppe Buzzetti. Als dieser bei der ersten Lotterie für das Oratorium die Gegenstände zu bewachen hatte, hantierte er mit einer Pistole. Dabei verletzte er sich so schwer, daß ihm der linke Zeigefinger amputiert werden mußte. Zur damaligen Zeit wurde dies als Hindernis für den Priesterberuf verstanden. Buzzetti akzeptierte es.

Aber er widmete seine ganze Zeit und Kraft „seinem" Don Bosco. Er hielt das Haus instand, machte Assistenz im Speisesaal, deckte die Tische, sorgte für Sauberkeit, hielt Religionsunterricht, arbeitete in der Verwaltung und verschickte die „Letture Cattoliche". Bis 1860 leitete er die Gesangschule. Dann wurde er von Giovanni Cagliero abgelöst. Buzzetti war die Seele aller Lotterien, suchte Arbeitsplätze für die Buben, machte Besorgungen. Er begleitete Don Bosco, wenn er Gefahr witterte, ging ihm abends entgegen.

Seine Brüder, die Maurer geworden waren, fragten ihn öfters: „Wenn du nicht Priester werden willst, was tust du dann im Oratorium? Wenn Don Bosco stirbt, hast du kein Handwerk gelernt, und wie geht es dann weiter?"

„Don Bosco hat mir garantiert, daß ich auch nach seinem Tod bleiben kann." Aber gerade dieser junge Mann, er war jetzt siebenundzwanzig Jahre alt, der für Don Bosco sein Leben hingegeben hätte, war nicht bereit, die Gelübde abzulegen. Der erste Laienbruder wurde 1860 aufgenommen.

Die Krise Buzzettis

Am 14. Mai 1862 legten die ersten zweiundzwanzig Salesianer die Gelübde ab. Unter ihnen waren zwei Laien. Es ist verständlich, daß in den folgenden Jahren die Versuchung auftrat, die Laienmitbrüder als die „Diener" des Hauses zu betrachten, als Mitglieder zweiter Ordnung.

Giuseppe Buzzetti ahnte, daß sich durch die Regeln etwas ändern würde. Es war nicht mehr Don Bosco allein, der seine Familie leitete. Die Leitung des Hauses, die ursprünglich Buzzetti anvertraut war, ging nach und nach in die Hände von Klerikern über. Traurigkeit und Entmutigung führten ihn dazu, sich in der Stadt Arbeit zu suchen. Aufrichtig, wie er war, sagte er Don Bosco, daß er nun sowieso das fünfte Rad am Wagen geworden sei und denen gehorchen müßte, denen er, als sie noch Kinder waren, zeigte, wie man sich die Nase putzt. Es war ihm sehr schwer, das Haus zu verlassen, das er von den Anfängen her hatte wachsen gesehen.

Don Bosco erwiderte nicht: „Läßt du mich allein? Was tu ich ohne dich?" Ihm ging es um seinen liebsten Freund. „Hast du einen guten Platz gefunden? Bekommst du einen anständigen Lohn?" waren seine Fragen. Er öffnete die Schreibtischschublade. „Du kennst sie besser als ich. Nimm dir, was du brauchst. Und wenn es nicht reicht, dann sag es mir, daß ich es dir besorgen kann. Ich will nicht, daß du meinetwegen etwas entbehren mußt." Dann blickte er ihn an mit der ganzen Liebe, die er nur für seine Jugendlichen hatte. „Wir haben uns immer gern gehabt. Ich hoffe, daß du mich nicht vergißt." Jetzt brach Buzzetti in Tränen aus. Er weinte lange. Dann sagte er: „Nein, ich will Sie nicht verlassen, ich bleibe bei Ihnen."

Der „Laienbruder", wie Don Bosco ihn wollte

Vielleicht war es gerade dieses Ereignis, das Don Bosco dazu brachte, die Gestalt des „Laienbruders" besser zu definieren. Am 31. Mai 1878 führte Don Bosco in einer „Gute-Nacht"-Ansprache für die Handwerker aus, worin die Berufung des salesianischen Laienbruders besteht. „Merkt euch, daß es zwischen den Mitgliedern der Kongregation keine Unterschiede gibt. Sie werden alle gleich behandelt, Handwerker, Kleriker, Priester. Wir verstehen uns als Brüder!"
Giuseppe Buzzetti entschloß sich 1877, in die Salesianische Kongregation einzutreten. Seine Anfrage wollte Don Bosco selbst dem „Obernkapitel" vorlegen. Es bestand fast ganz aus den „Buben", denen Giuseppe „gezeigt hatte, wie man sich die Nase putzt". Er wurde einstimmig aufgenommen. Sicher war das einer der schönsten Tage für Don Bosco.
Inzwischen gab es viele Laien-Mitbrüder. Sie alle arbeiteten mit den Priestern zusammen im Apostolat: Sie hielten Religionsunterricht, waren Assistenten und Erzieher.
Die „Versuchung", von der bereits die Rede war, tauchte in den letzten Lebensjahren Don Boscos erneut auf. Beim dritten „Generalkapitel" der Kongregation, das 1883 stattfand, sagten einige: „Man muß die Laienbrüder niedrig halten. Sie sollen eine getrennte Gruppe bilden." Don Bosco reagierte entschieden: „Nein, nein! Die Laienbrüder sind wie alle anderen." (Das war für die kirchlichen Orden neu.) Im selben Jahr sprach er mit diesen Mitbrüdern und betonte mit allem Nachdruck: „Ihr dürft nicht die sein, die selber arbeiten . . ., sondern die leiten. Ihr müßt wie die Besitzer über die Arbeiter sein, nicht ihre Diener . . . Das ist die Idee des Salesianischen Laienbruders. Ich könnte viele brauchen, die mir auf diese Weise helfen. Ich bin froh, wenn ihr angemessen und sauber gekleidet seid, wenn ihr Betten und Räume habt, die euch zukommen; denn ihr seid nicht die Diener eurer Herren, nicht Untergebene, sondern Vorgesetzte."
Don Braido, der sich mit diesem Problem befaßte, behauptet: Die Idee des Laienbruders entstand im Geist Don Boscos nicht plötzlich als eine neue originelle Schöpfung, sondern schrittweise, unter Schwankungen und Unsicherheiten.
Wir wagen zu behaupten, daß vielleicht die „ideale Figur" des Laienbruders, wie Don Bosco sich ihn vorstellte, viele Jahre hindurch Giuseppe Buzzetti war: vertrauensvoll, demütig, immer bereit in schwierigen Momenten. Er betrachtete das Oratorium als seine eigene Familie, in der er sich selbst verwirklichen konnte, weil diese „seine Familie" Wirklichkeit geworden war.

Fünfunddreißigstes Kapitel:

Wanderungen durch Monferrato und Leben im Oratorium

Jedes Jahr nach dem Rosenkranzfest ging Don Bosco mit seinen Jungen auf Wanderung. In den ersten Jahren waren es um die zwanzig Teilnehmer, später wuchs die Zahl, und ab 1858 waren es gegen hundert.
Das Rosenkranzfest war am ersten Sonntag im Oktober. Anschließend brach man auf mit Musik und Gesang. Jeder trug ein Bündel Wäsche, einige Brote, Käse und Obst.
Von Giuseppe wurden sie in Becchi immer herzlich aufgenommen. Er drückte beide Augen zu, wenn sich die Jungen im Weinberg selbst bedienten. Um so weniger mußte er sich bei der Ernte plagen, meinte er.
Ab 1859 wurden die Wanderungen weiter ausgedehnt. Man durchstreifte das Hügelland des Monferrato.
Don Bosco hatte die Wanderungen gut vorbereitet. Pfarrer und Wohltäter waren bereit, die hungrige und müde Meute aufzunehmen. Über Feldwege, Hügel und Weinberge zog man in Gruppen, sang, schlug das Tamburin, trieb den Esel an, der die Kulissen und die Ausrüstung für das Theater trug. Dahinter kam Don Bosco, von einer größeren Gruppe umgeben. Er wurde nie müde, die Geschichte des Dorfes zu erzählen, durch das sie kamen.
Tauchte ein Dorf auf, sammelten sich alle und stellten sich auf. Mit der Musikkapelle voraus marschierten sie feierlich ein. Die Bewohner öffneten die Fenster, kamen zum Teil heraus. Die Bauern ließen die Arbeit liegen, um Don Bosco zu sehen. Mütter streckten ihm ihr Kind entgegen. Es war Brauch, zuerst in die Kirche zu gehen, die sich immer schnell füllte. Don Bosco stieg auf die Kanzel und richtete ein paar Worte an die Leute. Darauf folgte der eucharistische Segen. Anschließend setzten sich alle in Gruppen auf die Wiese und verzehrten ihre Brote. Die Leute verteilten Obst, Bauernbrot, Käse und ließen den Wein herumreichen. Man schlief in Schuppen oder in großen Scheunen auf Strohsäcken.

Ein Fünfjähriger: Filippo Rinaldi

Die Wanderungen dehnten sich immer weiter aus. Im Herbst 1864 kam man sogar bis Genua. Dabei machte man auch einmal in Mornese Rast. Später gab es eine Reihe erheblicher Schwierigkeiten, so daß die Wanderungen auf Becchi und Mondonio, den Heimatort von Domenico Savio, beschränkt wurden.

Für die Buben waren diese Wanderungen unvergeßliche Ereignisse und für Don Bosco eine Möglichkeit, sein Werk in der weiteren Umgebung bekanntzumachen und manche Buben als spätere Salesianer zu gewinnen.
Als Don Bosco 1861 nach Lu kam, sah er vor dem Haus der Rinaldi neun Buben wie die Orgelpfeifen stehen. Der achte von ihnen zählte fünf Jahre und hieß Filippo. Entzückt schaute er auf den Priester, der mit einem Handzeichen die Musikband zum Spielen brachte, und am Schluß klatschte er voller Begeisterung. Eine halbe Stunde später sah Don Bosco diesen Buben wieder neben seinem Vater, der ihm ein Fuhrwerk lieh, um nach San Salvadore zu kommen. Vor der Abfahrt grüßte Don Bosco noch besonders freundlich die Rinaldikinder. Lange schaute er den kleinen Filippo an, der später sein dritter Nachfolger werden sollte.

Ein gewagtes Versprechen

Im August 1862 kam Don Bosco nach Montemagno, wo es seit drei Monaten nicht mehr geregnet hatte. Die Weintrauben vertrockneten langsam. Don Bosco, der das Triduum für das Fest der Aufnahme Mariens in den Himmel hielt, verkündete bereits am ersten Tag seiner Predigt:
„Wenn ihr euch in diesen drei Tagen mit Gott versöhnt durch eine gute Beichte und am Festtag die hl. Kommunion empfangt, verspreche ich euch, daß ein ausgiebiger Regen fallen wird."
Als er von der Kanzel heruntersteig, fiel ihm der ernste Blick des Pfarrers auf: „Sie sind vielleicht gut", sagte er. „Da gehört Mut dazu."
„Wozu denn?"
„Öffentlich den Regen für den Festtag zu versprechen."
„Hab ich das getan?"
„Das haben wir alle gehört. Solche Dinge gefallen mir nicht."
Die Leute glaubten es. Stundenlang verbrachte Don Bosco diese drei Tage im Beichtstuhl.
Die „Weissagung" verbreitete sich rasch in der Umgebung. Die einen waren neugierig, die anderen skeptisch.
Am Festtag war der Himmel strahlend blau, wolkenlos. Nicht einmal der Schatten einer Wolke tauchte am Nachmittag auf.
Während die Leute in die Kirche strömten zur Vesper, sprachen sie über den versprochenen Regen. Der Schweiß rann ihnen in Perlen über die Stirn, obwohl sie nicht weit gehen mußten. In der Sakristei angekommen, bemerkte Graf Fassati, der zusammen mit den anderen Leuten gekommen war:
„Diesmal, Don Bosco, gibt es ein Fiasko. Sie haben den Regen versprochen, aber es kommt alles andere als Regen."
Nach der Vesper zog Don Bosco den Chorrock an, legte die Stola um und stieg

auf die Kanzel. Während er das Ave Maria vor der Predigt betete, wurde es dunkler. Nach wenigen Minuten sah man die ersten Blitze und hörte den Donner. Don Bosco unterbrach die Predigt. Dichter Regen schlug gegen die Kirchenfenster. Nun stimmte Don Bosco einen Dankhymnus an Maria an.

Maria Mazzarello, eine junge Frau aus Mornese

Auf dem letzten großen Herbstausflug 1864 kam Don Bosco auch nach Mornese. Es war schon Nacht, als die Kolonne der Jungen mit Musik einmarschierte. Als die Leute die Musik hörten, kamen sie aus den Häusern und gingen Don Bosco entgegen. An der Spitze waren der Pfarrer Don Valle und der Kaplan Don Pestarino. Auch in Mornese gingen alle zuerst in die Kirche. Anschließend aßen sie zu Abend.
Ermuntert durch den Applaus, den sie erhalten hatten, gaben die Jungen ein kurzes Konzert. In vorderster Reihe der Zuschauer stand eine junge Frau mit siebenundzwanzig Jahren, Maria Mazzarello. Am Ende seiner Begrüßungsworte sagte Don Bosco: „Wir alle sind müde, und meine Jungen gehen gern schlafen. Morgen werden wir dann länger miteinander sprechen."
Am nächsten Morgen stellte Don Pestarino Don Bosco seine „Töchter der Immaculata" vor. Die Gruppe bestand seit etwa zehn Jahren. Don Bosco war beeindruckt von diesen jungen Frauen und Mädchen. Er sprach kurz zu ihnen, ermunterte sie, weiterzumachen. Maria Mazzarello wurde später Mitgründerin der Don Bosco-Schwestern.
Die sicher nicht bescheidene Ernte dieser Wanderungen waren drei bedeutende Berufe: ein späterer Generaloberer der Salesianer, ein Bischof und Missionar, die Mitgründerin und erste Generaloberin der zweiten Familie Don Boscos.

Vierhundert Brote in einem leeren Korb

Am 22. Oktober 1860 kam Francesco Dalmazzo als Fünfzehnjähriger ins Oratorium. Von Don Bosco hatte er bereits gehört, daß er dort seine Schulausbildung beenden könnte.
Nach drei Wochen aber wollte er wieder nach Hause. An das einfache Leben und die Gewohnheiten des Internats konnte er sich nicht gewöhnen. Daher schrieb er seiner Mutter, daß er absolut wieder nach Hause wolle. Sie solle kommen und ihn abholen.
Am 11. November kam sie. Vor der Heimfahrt wollte Francesco noch bei Don Bosco beichten und wartete, bis er an die Reihe kam.
Während dieser Zeit kamen Jungen, die das Frühstück austeilen sollten, und sagten zu Don Bosco, daß kein Brot mehr da sei.

„Was soll ich tun", antwortete Don Bosco. „Geht zum Bäcker, und laßt euch eines geben."

„Da waren wir schon, aber wir bekommen keines, weil die Rechnung immer noch nicht bezahlt ist."

„Dann müssen wir überlegen. Aber laßt mich jetzt beichthören. Francesco konnte das Flüstern gut verstehen. Jetzt kam er an die Reihe und begann mit der Beichte. Da kamen die Jungen schon wieder.

„Don Bosco, es ist nichts mehr da für das Frühstück."

„Laßt mich beichthören. Dann sehen wir schon. Schaut mal in die Vorratskammer. Etwas werdet ihr schon finden."

Als sie weggegangen waren, fuhr Francesco mit der Beichte fort. Kaum war er fertig, kam einer der Jungen zum dritten Mal.

„Wir haben alles zusammengesucht. Es sind nur ein paar Brote."

„Legt sie in den Korb. Ich werde sie selbst austeilen. Jetzt aber laßt mich in Frieden beichthören."

Francesco ging zur Kirchentür und sah den Korb. Er hatte schon von Wundern Don Boscos gehört. Jetzt packte ihn die Neugier. Er stellte sich an einen Platz, von wo aus er Don Bosco gut beobachten konnte. Hier sah er seine Mutter, die auf ihn wartete:

„Komm, Francesco", sagte sie.

Er aber machte ihr ein Zeichen, daß er ein paar Minuten warten wolle. Da erschien Don Bosco und nahm ein Brot aus dem Korb. Es waren fünfzehn bis zwanzig Stück drinnen. Francesco kam näher, um besser sehen zu können. Don Bosco teilte aus. Die Buben hatten sich der Reihe nach aufgestellt und freuten sich, daß sie ihr Brot von Don Bosco selbst bekamen. Jeder erhielt eines und dazu ein paar nette Worte von Don Bosco.

Nun hatten alle Schüler, etwa vierhundert, ihr Brot. Als das Austeilen beendet war, wollte Francesco sehen, ob noch etwas im Korb war. Er war verblüfft. Es lagen so viele Brote drinnen wie vorher. Jetzt lief er zu seiner Mutter und sagte: „Ich komme nicht mit, ich bleibe hier. Entschuldige, daß ich dich kommen ließ." Er erzählte ihr, was er gesehen hatte, und sagte dann: „Einen Heiligen wie Don Bosco will ich nicht mehr verlassen." Später wurde er Salesianer, war acht Jahre lang im Kolleg von Valsalice und sieben Jahre Generalprokurator der Salesianischen Kongregation beim Heiligen Stuhl.

Sechsunddreißigstes Kapitel:
Der Traum vom großen Heiligtum

Im Oktober 1844 hatte Don Bosco zwei Träume gehabt. Den einen haben wir bereits im siebzehnten Kapitel berichtet. Es war der Traum vom großen Marienheiligtum. Jetzt müssen wir darauf zurückgreifen und ausführlicher berichten. Den ersten Traum entnehmen wir der Lebensbeschreibung Don Boscos.
„Die Hirtin forderte mich auf, nach Süden zu schauen. Dort sah ich ein großes Feld. ‚Schau noch einmal', sagte sie. Da erblickte ich eine herrliche Kirche . . . In ihrem Innern war ein weißes Band zu sehen, auf dem in großer Schrift zu lesen war: ‚Hic domus mea inde gloria mea' (Hier ist mein Haus, von hier wird mein Ruhm ausgehen)."

Der Traum von den drei Kirchen

„Mir schien, als wäre ich auf einer großen Ebene, die von einer ungeheuren Schar Jugendlicher bevölkert war. Die einen rauften, die anderen fluchten. Ein wahrer Steinhagel ging nieder, als sich zwei Gruppen bekämpften. Ich war im Begriff wegzugehen, als eine Frau neben mir sagte:
‚Geh unter diese Jugendlichen, und unternimm etwas!'
Ich ging, aber was sollte ich tun? Ich sah keinen Platz, wohin ich hätte gehen können. Darum wandte ich mich um zu der Frau. Sie sagte mir:
‚Da ist Platz.' Dabei zeigte sie mir eine Wiese.
‚Aber hier ist doch nichts als eine Wiese', sagte ich. Sie darauf:
‚Mein Sohn und die Apostel hatten nichts, wohin sie ihr Haupt legen konnten.'
Ich begann, auf dieser Wiese zu arbeiten, zu mahnen, zu predigen, Beichte zu hören. Mir schien die Mühe vergeblich zu sein, wenn ich nicht einen eingezäunten Platz fände mit einigen Gebäuden, wo ich die Buben versammeln könnte. Nun sagte mir die Frau: ‚Schau!'
Ich schaute und sah eine kleine niedrige Kirche, ein Stück Hof und viele Jugendliche. Ich nahm die Arbeit wieder auf. Aber weil die Kirche zu klein war, wandte ich mich erneut an die Frau. Daraufhin zeigte sie mir eine größere Kirche, neben der ein Haus stand. Dann führte sie mich zu einem bebauten Feld, das fast vor der Fassade der zweiten Kirche lag, und sprach:
‚An diesem Ort, wo zwei Turiner das Martyrium erlitten haben, will ich, daß Gott auf besondere Weise geehrt wird.' Dabei stellte sie einen Fuß auf den bezeichneten Ort. Auch ich wollte ihn markieren, damit ich ihn wiedererkenne. Ich erinnere mich noch genau an die bezeichnete Stelle.

Inzwischen war ich von einer großen und stets wachsenden Anzahl von Jugendlichen umgeben. Aber als ich die Frau ansah, vermehrten sich die Gebäude. Ich sah eine große Kirche mit einem Denkmal davor genau an dem Ort, an dem die Märtyrer der tebäischen Legion starben." Don Bosco verlor das im Traum geschaute Feld nicht mehr aus den Augen. Sobald es ihm möglich war, kaufte er es. Das war 1850. Bereits vier Jahre später mußte er es wieder verkaufen, um einige dringende Schulden begleichen zu können. Es wurde 1863 wieder sein Eigentum. In den letzten Monaten dieses Jahres bahnte sich etwas Neues an.

„Sie wird die Mutterkirche unserer Kongregation werden"

Eines Abends im Dezember 1862 teilte Don Bosco dem neunzehnjährigen Paolino Albera, der in diesem Sommer in die Kongregation aufgenommen worden war, im Vertrauen etwas mit. Es war ein Samstag, und Don Bosco hatte bis 23 Uhr im Beichtstuhl gesessen. Jetzt nahm er mit Paolino das Abendbrot ein. Eine Sache ging ihm dabei nicht aus dem Kopf: „Ich habe viel beichtgehört, aber ich war eigentlich nicht bei der Sache. Mich beschäftigte eine Idee. Sie zerstreute mich, riß mich immer wieder fort. Ich dachte, unsere Kirche ist zu klein. Wir müssen eine andere, größere, schönere bauen. Wir werden ihr den Titel ‚Maria Hilfe der Christen' geben. Ich habe zwar keinen Soldo in der Tasche. Woher wir das Geld bekommen, weiß ich nicht, aber das ist auch nicht wichtig. Wenn Gott die Kirche will, dann bauen wir sie." Kurz darauf sprach er mit Giovanni Cagliero darüber.

„Jetzt", sagte er, „begehen wir das Immaculatafest. Aber die Gottesmutter will, daß wir sie unter dem Titel ‚Hilfe der Christen' ehren. Die Zeiten sind traurig, und wir haben es wirklich nötig, daß Maria uns hilft, den christlichen Glauben zu bewahren und zu verteidigen. Und weißt du, warum noch?"

„Ich denke", antwortete Giovanni, „sie wird die Mutterkirche unserer Kongregation werden."

„Du hast es erraten", sagte Don Bosco. „Maria ist die Gründerin unseres Werkes, und sie wird es auch erhalten."

Gerade in dieser Zeit, in der der Streit um den Kirchenstaat besonders heftig aufflammte, geschahen in einer Marienkirche in Spoleto zwei Wunder. Der Erzbischof wollte nun dieser Kirche, die bisher „Maria vom Stern" hieß, den Namen „Hilfe der Christen" geben. Don Bosco las seinen Jungen die Schrift des Erzbischofs mit Genugtuung vor.

Den Auftrag zum Entwurf der Kirche in Valdocco gab Don Bosco dem Ingenieur Antonio Spezia. Mit dem Plan unter dem Arm ging Don Bosco ins Rathaus, um die Genehmigung zu erhalten. Gegen den Plan selbst hatte man nichts einzuwenden. Don Bosco erhielt allerdings nur eine mündliche Zusage.

Die von Don Bosco erbaute Basilika „Maria Hilfe der Christen",
die Mutterkirche der salesianischen Familie

Es wurden ihm sogar 30 000 Lire Beihilfe bewilligt, die die Stadtverwaltung für jeden Neubau einer Kirche bereitstellte.
Was aber beanstandet wurde, war der Titel. Er erinnerte an Spoleto, klang nach Protest.
„Warum haben Sie sich denn für diesen seltsamen Titel entschieden? Können Sie die Kirche nicht Maria vom Rosenkranz oder vom Frieden oder vom Karmel . . . nennen? Maria hat doch so viele Titel!"
Don Bosco lächelte.
„Ihr braucht mir nur den Plan zu genehmigen. Über den Titel werden wir uns dann schon einig."
Aber er versuchte gar nicht, sich zu einigen. Er ließ den Titel, wie er war.

Acht Soldi für den Anfang

Nachdem er die Baugenehmigung erhalten hatte, vertraute er das Unternehmen dem Baumeister Carlo Buzzetti, dem Bruder von Giuseppe, an.
„Aber Don Bosco", meinte dieser, „wie sollen wir das denn machen. Es handelt sich schließlich nicht um eine Kapelle, sondern um eine große Kirche, die viel kosten wird. Heute früh hatten Sie nicht einmal soviel Geld für Briefmarken, um einen Brief fortzuschicken."
„Beginn mit den Aushebungen", antwortete Don Bosco gelassen. „Wann haben wir denn schon einmal ein Werk begonnen und das nötige Geld gehabt? Man muß der göttlichen Vorsehung auch etwas überlassen."
Die Aushebungen wurden teilweise im Herbst 1863 durchgeführt und im März 1864 wieder aufgenommen. Ende April kam auf Einladung des Baumeisters Don Bosco, begleitet von zahlreichen Priestern und Lehrlingen, zur Grundsteinlegung. Nach der Funktion wandte er sich an Buzzetti:
„Ich will dir gleich eine Anzahlung machen." Dabei zog er seine Geldbörse hervor und leerte sie in dessen Hand. Buzzetti war nicht wenig schockiert, als er sah, daß es acht Soldi, also nicht einmal eine halbe Lira, waren. Sofort fügte Don Bosco beschwichtigend hinzu: „Sei ganz ruhig, die Muttergottes wird für das nötige Geld sorgen." Sie tat es zwar, aber sie bediente sich auch der Mühe und des Schweißes Don Boscos.
Wenn man die beiden großen Turiner Heiligen betrachtet, die fast gleichzeitig gelebt haben, Don Cottolengo und Don Bosco, beeindruckt ihr Unterschied. Beide lebten täglich von der göttlichen Vorsehung und konnten sie geradezu mit Händen greifen. Während aber Don Cottolengo sagte: „Die göttliche Vorsehung hat das Geld für uns schon bereit. Warten wir, bis es ankommt", sagte Don Bosco: „Die göttliche Vorsehung hat das Geld für uns schon bereit. Gehen wir es suchen."

Don Albera, der zweite Nachfolger Don Boscos, der zur damaligen Zeit bei ihm war, sagte später: „Nur wer Zeuge war, kann sich eine Vorstellung von den Opfern bilden, die unser Vater während dieser Jahre auf sich genommen hat, um die Mariahilf-Basilika bauen zu können. Von vielen wurde es als ein gewagtes Unternehmen bezeichnet, das die Kräfte des armen Priesters erheblich übersteigt.

Don Bosco setzte sein ganzes Ansehen ein, um die Hilfsbereitschaft der Öffentlichkeit zu animieren. Eine Flut von Rundbriefen kam über Turin und Piemont. Er rief zu Spendenaktionen auf, erbat die Hilfe der „Großen" von Turin, Florenz, Rom. Er organisierte eine bedeutende Lotterie. Die Gaben kamen, aber nicht immer in ausreichender Menge. Im Mai 1866 schrieb er an Ritter Oreglia: „Die vierzig Arbeiter für die Kirche wurden auf acht reduziert, weil die Mittel fehlen. Für mich ist das ein unglücklicher Augenblick."

Die Muttergottes bettelt für Don Bosco

Wenn es dem „armen Don Bosco" gelang, alle diese Schwierigkeiten zu überwinden, dann verdankte er dies der Helferin der Christen, die selbst für ihn ausgiebig Almosen sammelte. Schnell verbreitete sich in Turin und darüber hinaus, welche Gnaden, große und kleine, die Muttergottes denen schenkte, die zum Bau der Kirche beitrugen.

Die „aufsehenerregendste" Gnade war vielleicht die, die der Bankier und Senator Giuseppe Cotta erhielt. Er war bereits ein Wohltäter Don Boscos. Mit dreiundachtzig Jahren wurde er krank. Die Ärzte hatten die Hoffnung aufgegeben. Da kam Don Bosco zu ihm. Der Kranke vermochte nur noch zu flüstern: „Noch ein paar Minuten, dann geht's ab in die Ewigkeit."
„Nein, Herr Senator", gab Don Bosco zurück. „Die Muttergottes braucht Sie noch in dieser Welt. Sie müssen leben, um mir beim Bau der Kirche zu helfen."
„Es gibt keine Hoffnung mehr . . .", hauchte der Alte.
Der Glaube Don Boscos verbündete sich mit einer ruhigen, fast humorvollen Kühnheit:
„Was würden Sie tun, wenn die Muttergottes Sie heilen würde?"
Der Senator lächelte, nahm alle seine Kräfte zusammen und zeigte mit zwei Fingern auf Don Bosco.
„2000 Lire. Wenn ich geheilt werde, gebe ich sechs Monate lang zweitausend Lire für den Bau der Kirche in Valdocco."
„Gut", sagte Don Bosco. „Ich gehe jetzt und lasse meine Buben beten und warte auf Ihre Heilung."
Drei Tage danach kam der Senator gesund zu Don Bosco.
„Ich bin hier", sagte er. „Die Muttergottes hat mich geheilt, und nun bin ich gekommen, meine erste Rate zu zahlen."

Der Taglöhner von Alba

Ein armer Mann war zu Fuß von Alba gekommen. Einen Tag und eine Nacht war er auf den Beinen gewesen. In Turin beichtete er und empfing die Kommunion. Dann stellte er sich Don Bosco vor und erzählte, daß er schwer krank und von den Ärzten aufgegeben war. Nun versprach er, der Muttergottes das ganze Geld zu geben, das er besaß. Sofort war er gesund. Nun zog er eine in Papier gewickelte Lire aus der Tasche und gab sie Don Bosco.
„Das ist alles, was ich besitze, mein ganzer Reichtum."
„Was seid Ihr von Beruf?"
„Taglöhner."
„Und wie kommt Ihr nach Hause zurück?"
„Zu Fuß, so wie ich gekommen bin."
„Seid Ihr nicht müde?"
„Ein wenig schon. Der Weg war lang."
„Seid Ihr noch nüchtern?"
„Sicher. Ich wollte zur Kommunion gehen. Vor Mitternacht habe ich ein Stück Brot gegessen, das ich in der Tasche hatte."
„Und jetzt zum Frühstück, was habt Ihr da?"
„Nichts."
„Dann machen wir es so. Ihr bleibt bei mir, ich gebe Euch Frühstück und Abendessen. Morgen, wenn Ihr wollt, geht Ihr nach Hause zurück."
„Das wäre schön! Ich bringe Ihnen eine Lire, und Sie geben mir Essen für zwei oder drei Lire."
„Jetzt hört zu: Ihr habt der Muttergottes Eure Gabe gebracht. Und nun gibt Euch Don Bosco seine Gabe: etwas Suppe und ein Glas Wein."
„Ich sage nein. Ich weiß, daß Don Bosco und die Muttergottes dieselbe Geldbörse haben. Also, ich gehe jetzt zu Fuß nach Hause. Wenn ich Hunger habe, werde ich um ein Almosen bitten. Wenn ich müde bin, setze ich mich unter einen Baum. Und am Abend läßt mich sicher jemand im Heu schlafen. Ich will mein Versprechen im Ernst halten. Ich grüße Sie, beten Sie für mich."
Dann ging er fort.

Siebenunddreißigstes Kapitel:
Mornese wie Valdocco

Am 24. Juni 1866 wurde, wie immer im Oratorium, der Namenstag Don Boscos gefeiert. Diesmal waren auch die Direktoren der ersten beiden Salesianerhäuser Mirabello und Lanzo eingeladen.
Don Lemoyne, der Direktor von Lanzo, ging ins Zimmer Don Boscos hinauf und schaute mit ihm zum Fenster hinunter auf die fröhlich-festliche Schar. Die Fenster waren mit Lämpchen in bunten Gläsern illuminiert. In der Mitte des Hofes gab die Musikband ein Konzert. Don Bosco lächelte. „Plötzlich", so erzählte Don Lemoyne, „rief ich aus:
‚Don Bosco, erinnern Sie sich noch an die alten Träume? Da sind die Jugendlichen, die Priester, die Kleriker, die Ihnen die Muttergottes einst versprochen hatte. Zwanzig Jahre sind seitdem vergangen, und nie hat das Brot gefehlt.'
‚Wie gut ist doch Gott', antwortete Don Bosco. Dann schwiegen wir wieder. Nach einiger Zeit begann ich ein zweites Mal:
‚Meinen Sie nicht, Don Bosco, daß etwas fehlt, um Ihr Werk zu vervollständigen?'
‚Was denn?'
‚Wollen Sie für die Mädchen wirklich nichts tun? Meinen Sie nicht, daß eine von Ihnen gegründete Schwesternkongregation die Krönung Ihres Werkes wäre? Was könnten die Schwestern doch alles für die armen Mädchen tun, wie Sie es für die Buben tun?'
Don Bosco überlegte kurz. Dann erwiderte er:
‚Ja, auch das wird gemacht. Wir werden Schwestern haben, aber nicht sofort, etwas später.'
Ausschlaggebend dafür waren die Begegnungen Don Boscos mit zwei Personen: Don Pestarino und Maria Domenica Mazzarello.

Der Typhus

Im Sommer 1860 war in Mornese der Typhus ausgebrochen. Ein Jahr vorher erst waren im zweiten Unabhängigkeitskrieg viele Familienväter gefallen. Jetzt verbreitete der Typhus, der aus einem stehenden und unsauberen Wasser dieser Brunnen kam, seinen Schrecken im Gebiet von Alessandria.
Die Familien, die an Typhus erkrankten, wurden von allen verlassen. Die Gesunden verriegelten ihre Häuser von innen.
Eine Familie, die den Nachnamen Mazzarello hatte, war unter den ersten Erkrankten. Don Pestarino besuchte sie und sah, daß sie dringend Hilfe

brauchte. Sofort ging er zu Maria Mazzarello. Sie war dreiundzwanzig Jahre alt und kräftig. Im Haus ihres Onkels aber lagen zwei Personen am Sterben.
„Bist du bereit, hinzugehen?" fragte er.
Es folgte eine lange Pause. Maria hatte Angst, wie alle. Don Pestarino wartete. Dann sagte Maria leise:
„Wenn mein Vater es erlaubt, gehe ich."
Der Vater erklärte sich einverstanden, wenn Maria bereit wäre. Und sie ging, putzte, wusch und kochte. Während aber die Familie wieder genas, erkrankte Maria am Typhus. Der Arzt schüttelte den Kopf und verschrieb ihr einige Medikamente.
„Danke", sagte Maria, „laßt mich nicht so viele Pillen schlucken. Ich warte darauf, daß Gott mich holt."
Aber ihre Stunde war noch nicht gekommen.

Eine vertrauliche Mitteilung

Maria genas wider Erwarten. Sie bekam auch wieder Farbe. Mancher junge Mann machte ihr einen Heiratsantrag. Sie wäre sicher eine gute Frau und Mutter geworden, aber sie hatte anderes vor.
Don Pestarino hatte in Mornese eine Mariengruppe gegründet, die „Töchter der Immaculata". Maria war ihr beigetreten. Es war die Zeit, in der das Dogma von der Unbefleckten Empfängnis Mariens verkündet wurde, und daher entstanden viele solcher Gruppen. Bei der Gründung am 9. Dezember 1855 war Maria achtzehn Jahre alt. Die Vereinigung sollte geheim bleiben.
Aber ihrer Freundin Petronilla teilte Maria dies doch mit.
Nachdem sie durch ihre Typhuserkrankung die Feldarbeit nicht mehr leisten konnte, sagte sie eines Tages zu Petronilla:
„Ich habe mich entschlossen, Schneiderin zu werden. Wenn ich mein Handwerk gut erlernt habe, mache ich eine kleine Nähschule auf und lehre arme Mädchen das Nähen. Würde dir das nicht auch gefallen? Wir könnten zusammenarbeiten und wie in einer Familie leben."
Jahre vergingen. Maria und Petronilla eröffneten am Rand des Dorfes eine kleine Nähschule. Etwa zehn größere Mädchen kamen täglich zu ihnen. Da ergab sich unerwartet etwas Neues.

Vier ängstliche Augen

Es ist Winter 1863. Die Mädchen sind eben nach Hause gegangen, als jemand an die Tür pocht. Maria und Petronilla öffnen. Draußen steht ein ambulanter Händler, ein Witwer mit zwei Kindern. Er fragt, ob sie seine beiden Kinder nicht nur bei Tag, sondern auch nachts nehmen würden. Er könne nicht zu

Hause bleiben. So wären die Kinder allein. Die beiden Kleinen schauen ängstlich auf Maria und Petronilla. Diese faßt das ältere an der Hand, und Maria nimmt die Kleine in den Arm. Sie zünden das Feuer im Herd an.
Ohne einen vorher gefaßten Plan verwandelt sich die kleine Nähstube in ein Heim. Maria geht mit ihrer Freundin ins Dorf und fragt, ob sie zwei Betten zu leihen bekämen und etwas Maismehl, um Polenta zu kochen.
Kaum hat sich im Dorf herumgesprochen, daß die beiden jetzt Waisenkinder aufgenommen haben, kommen viele Leute und bringen ein Bündel Holz, Decken, einen Sack Mehl. Aber auch Kinder bringen sie, die kein Zuhause haben. Nach kurzer Zeit sind es sieben.
Bevor die Kinder zu arbeiten beginnen, betet Maria mit ihnen ein Ave Maria. Sonntags möchte sie „allen Mädchen im Dorf Gutes tun". So entsteht eine Art Sonntagsoratorium.

Don Pestarino

Als junger Priester lernte Don Pestarino Don Bosco flüchtig in Genua kennen. Aber die entscheidende Begegnung fand im Zug statt. Don Bosco erzählte vom Oratorium in Valdocco, und Don Pestarino war begeistert. Er wollte am liebsten zu ihm gehen. Aber er wurde für eine andere Aufgabe gebraucht.
In Mornese baten weitere Mädchen der Mariengruppe, mit Maria und Petronilla arbeiten zu dürfen. Don Pestarino wurde gefragt. „Warum nicht", meinte er.
Daß 1864 Don Bosco mit seinen Buben nach Mornese kam, haben wir bereits berichtet. Fünf Tage blieb er dort. Maria hörte die Konferenzen, die er der Mariengruppe hielt, und die „Gute-Nacht"-Ansprache jeden Abend für die Buben. Begeistert rief sie aus: „Don Bosco ist ein Heiliger, das spüre ich!"
An einem dieser Abende eröffnete Don Bosco den Dorfbewohnern, daß er auf dem Hügel eine Internatsschule für Buben bauen wollte und seine Salesianer dort hinschicken würde. Die Begeisterung war groß. Alle halfen fleißig mit, setzten Kräfte und Mittel ein. Drei Jahre später war die Kapelle fertig. Don Bosco kam zur Einweihung.
Am 24. April 1871 erklärte Don Bosco beim Obernkapitel in Valdocco: „Viele haben mich wiederholt ermuntert, auch für die Mädchen das wenige Gute zu tun, das wir für die Buben tun. Wenn ich nach meiner Neigung gehen würde, würde ich mir diese Art Apostolat nicht aufbürden. Aber ich fürchte, ich würde dann gegen den Plan der göttlichen Vorsehung handeln. Ich bitte euch, vor Gott zu überlegen, damit wir eine Entscheidung treffen können, die zur größeren Ehre Gottes gereicht und zum größeren Nutzen der Jugendlichen. Während dieses Monats wollen wir Gott um Erleuchtung für diese wichtige Angelegenheit bitten."

Wenn das Mehl für die Polenta fehlte

Oft kam es vor, daß kein Mehl mehr im Hause war oder das Holz zum Kochen fehlte. Dann ging Maria mit einigen Mädchen ins Dorf, um bei ihren Angehörigen zu betteln. Holz holte sie im Wald. Nach Hause zurückgekehrt, bereitete sie Polenta zu und trug sie auf einem Teller in den Hof. Dort stellte sie diesen auf die Erde. Dann lud sie alle zum Mahl ein. Es fehlten Teller, Bestecke, aber der Appetit und die Fröhlichkeit fehlten nie.

Ende Mai 1871 versammelte Don Bosco noch einmal das Kapitel und fragte jeden einzelnen, was er von seinem Plan halte. Alle waren dafür, auch etwas für die Mädchen zu unternehmen. Don Bosco schloß die Versammlung:

„Es ist gut, wir können es für sicher erachten, daß Gott will, daß wir uns auch der Mädchen annehmen. Ich schlage vor, daß dafür das Haus bestimmt wird, das Don Pestarino kürzlich in Mornese vollendet hat." Mitte Juni wurde Don Pestarino dringend zu Don Bosco gerufen. Es mußte etwas Schwerwiegendes geschehen sein, denn Maria und Petronilla stellten fest, daß Don Pestarino, der stets überglücklich von Don Bosco zurückkam, diesmal nachdenklich, bestürzt, traurig war.

„Don Bosco trug seinen Wunsch vor, auch an die christliche Erziehung der Mädchen zu denken", führte Don Pestarino aus. „Und er erklärte Mornese als den angemessensten Ort, weil dort die ‚Töchter der Immaculata' sind. Von ihnen könne er die auswählen, die berufen sind, ein gemeinsames Leben zu führen, und daraus das Institut der Töchter Mariä Hilfe der Christen gründen." Er hat Don Bosco geantwortet: „Wenn Don Bosco die Leitung übernimmt, bin ich bereit. Ich bin in seinen Händen."

Don Pestarino war über zwei Dinge beunruhigt: Diese Mädchen oder jungen Frauen hatten nie den Wunsch geäußert, Schwestern zu werden. Außerdem wird es eine Rebellion im Dorf geben, wenn das ursprünglich für die Buben gebaute Internat nun von den Mädchen bezogen würde. Er konnte der Bevölkerung nicht sagen, daß Don Bosco von der Diözese nicht die Erlaubnis erhalten hatte, ein Internat für Buben zu eröffnen.

Trotz Unzufriedenheit des Dorfes

Der Papst war mit dem Vorschlag Don Boscos einverstanden. Am 29. Januar versammelte Don Pestarino auf Anordnung Don Boscos die siebenundzwanzig Töchter Mariä Hilfe der Christen, um ihre Oberin zu wählen. Einundzwanzig Stimmen fielen auf Maria Mazzarello, die sich heftig wehrte. Man wollte es Don Bosco überlassen, und das beruhigte sie, denn Don Bosco wußte doch, daß sie nicht fähig wäre dazu. Aber Don Bosco wußte, daß sie es war.

Das erste Haus der Don Bosco-Schwestern in Mornese. Hier fand am 5. August die erste Einkleidung und Profeß statt. Heute ist es nicht mehr das Mutterhaus, aber immer noch das geistliche Zentrum dieser weltweiten Kongregation

Jetzt brauchten die neuen Schwestern eine bleibende Unterkunft. Aber was sollte man tun, ohne das ganze Dorf rebellisch zu machen? Ein Zwischenfall kam zu Hilfe. Das Pfarrhaus drohte einzustürzen. Der Gemeinderat beschloß, es abzureißen, und bat Don Pestarino, inzwischen sein Haus neben der Kirche, in dem die Nähschule untergebracht war, dem Pfarrer zu überlassen. „Und die Gruppe, die Nähschule hielt, und die Kinder, wo soll man sie unterbringen", wandte er ein.
Der Gemeinderat dachte nach und regte an, sie inzwischen in das neue Gebäude auf dem Hügel umzuquartieren. Das Erdgeschoß war fertig. Da hätten sie schon Platz.
Der Umzug geschah nachts. Aber kaum hatte sich im Dorf herumgesprochen, daß die „Schwestern", deren Zahl ständig wuchs, dort wären, um ein neues Ordensinstitut zu gründen, gab es einen allgemeinen Aufruhr. „Das ist Verrat!" schrien die Leute. Den Schwestern brachte man Unverständnis, ja fast Gehässigkeit entgegen. Am 5. August 1872 erhielten die ersten fünfzehn Töchter Mariä Hilfe der Christen das Ordenskleid. Elf davon legten die dreijährigen Gelübde ab. Unter diesen war Maria Mazzarello. Don Bosco wohnte der Feier bei, die der Bischof von Acqui vollzog.

Der Tod pochte an die Tür

Am 29. Januar 1874 starb eine junge Schwester, Maria Poggio. Sie war fröhlich gewesen, immer hilfsbereit. Im letzten Winter litt sie viel durch Hunger und Kälte. Die Beerdigung dieser jungen Schwester schuf wieder Gemeinsamkeit im Dorf. „Viele weinten", erzählte Petronilla. Es war der Augenblick, da die Bewohner von Mornese Frieden schlossen mit den ausgezehrten jungen Schwestern, die, den Rosenkranz betend, an der Beerdigung teilnahmen. Noch einmal meldete sich der Tod. Am 15. Mai las Don Pestarino den Schwestern eine Seite vor über die Kürze des Lebens. Um 11 Uhr, während er arbeitete, fiel er zu Boden. Nach wenigen Stunden starb er mit siebenundfünfzig Jahren.

Neueröffnungen

Am 9. Februar 1876 begannen die Abreisen. Die ersten drei Schwestern fuhren nach Vallecrosia in Ligurien, um eine Schule für Mädchen zu eröffnen. Es folgten weitere, die für Turin bestimmt waren. Neben dem Oratorium von Valdocco begannen sie ein Oratorium und eine Schule für Mädchen. Dieses Haus sollte für mehr als vierzig Jahre das Zentrum der Kongregation sein. Weitere Häuser wurden in verschiedenen Orten von Monferrato eröffnet.

Schwer war es für Maria Mazzarello, als auf Anordnung Don Boscos das Mutterhaus von Mornese nach Nizza verlegt wurde. Sie mußte ihre alten Eltern und all die liebgewonnenen Orte verlassen.

Maria Mazzarello stirbt

Im Januar 1881 verschlechterte sich der Gesundheitszustand Maria Mazzarellos erheblich.

Der Zusammenbruch kam, als sie eine Gruppe Missionarinnen, die nach Südamerika fuhren, zum Hafen nach Genua begleitete. Nachts befiel sie heftiges Fieber. Zunächst gelang es ihr nicht, am Morgen aufzustehen. Dann aber, nach einigen Stunden, begleitete sie die Schwestern zum Hafen. „Brustfellentzündung" diagnostizierte der Arzt. Das Fieber fiel zwar wieder, aber der Arzt gab ihr nur noch wenige Monate. Blaß und entkräftet kehrte sie nach Nizza zurück.

Das Ende kam im Frühjahr. Vom Fenster aus konnte sie das Grün und die Blumen sehen. Sie freute sich wie immer über den Lärm der spielenden Kinder im Hof. Nun wollte sie noch mit ihren Schwestern sprechen.

„Habt euch gern. Haltet immer zusammen. Ihr habt die Welt verlassen, baut euch nicht eine andere hier drinnen auf. Denkt daran, warum ihr in die Kongregation eingetreten seid."

Sie wollte sich nicht anmerken lassen, wie elend ihr war, damit keine traurig würde. Sogar zu singen strengte sie sich an. Am 14. Mai bei Sonnenuntergang verschied sie. Es gelang ihr nur noch zu sagen: „Auf Wiedersehen im Himmel!" Sie war vierundvierzig Jahre alt geworden. Bei ihrem Tod zählte die Kongregation dreihundertneunzig Schwestern und etwa einhundert Novizinnen in fünfzig Häusern – und das neun Jahre nach der Gründung.

Achtunddreißigstes Kapitel:

Mitarbeiter: Die Salesianer in der Welt

Ab 1863 erhielt Don Bosco viele Bittschriften um Eröffnung, nicht eines Oratoriums, sondern eines Schülerheimes. Er akzeptierte unter der Bedingung, daß neben dem Schülerheim auch ein Oratorium entstehen kann. Es blieb die Hauptaufgabe der Salesianer.

Aber Don Bosco hat gemerkt, daß es für die Kinder des Volkes wichtig ist, gute, qualifizierte Schulen zu haben, die einen gediegenen und christlichen Unterricht garantieren, gerade wegen der Abkehr des Staates von der Kirche. Nun tritt der Wendepunkt ein: Vom Gewirr im Oratorium gehen immer mehr Salesianer in die geordneten Verhältnisse der Schule über. Was bleibt, ist die Ausrichtung auf die arme Jugend.

Das war auch die Empfehlung, die Don Bosco am Abend des 7. März 1869 nach seiner Rückkehr aus Rom von Pius IX. überbrachte: „Haltet euch immer an die arme Jugend des Volkes. Erzieht die arme Jugend, und eröffnet nie Studentenheime für die Reichen und Vornehmen. Haltet euren Pensionspreis niedrig, und erhöht ihn nie. Übernehmt nicht die Verwaltung reicher Häuser. Wenn ihr die Armen erzieht, wenn ihr arm seid, läßt man euch in Ruhe, und ihr werdet Gutes tun können."

Jetzt braucht Don Bosco immer dringender Mitarbeiter, Laien, die an die Salesianische Kongregation gebunden sind, auf die er sich verlassen kann, daß sie in seinem Geist arbeiten.

In den siebziger Jahren nahm dieser Plan für die Salesianischen Mitarbeiter konkrete Züge an. Wie alle Ideen Don Boscos war auch diese nicht plötzlich entstanden. Ihre Anfänge lagen weit zurück.

„Kaum hatte ich das Werk der Oratorien 1841 begonnen", so schreibt Don Bosco, „kamen mir einige eifrige Priester und Laien zu Hilfe bei der Ernte, die gerade unter den gefährdeten Jugendlichen reich war. Diese Mitarbeiter waren zu jeder Zeit die Stütze der Werke, die die göttliche Vorsehung uns in die Hände legte."

Abschied von Don Borel

Als erstes dachte Don Bosco an die Priester, denen er im Laufe seiner Jugendarbeit begegnet war, die ihm zur Seite standen, zuerst im wandernden Oratorium, dann in Valdocco. Sie unterschieden sich durch ihre „verrückten" Ideen, ihre „politische" Haltung. Aber ihre konkrete Liebe zur Jugend ließ sie diese Hindernisse überwinden. Don Borel wird wie Don Cafasso und manche

andere immer mit dem Salesianischen Werk verbunden bleiben als treuer und opferbereiter Mitarbeiter Don Boscos.
Der „kleine Pater" starb am 9. September 1873. Don Bosco weinte an seinem Sterbebett. „Er schien ein unbedeutender Priester zu sein", sagte er, „aber zehn gute Priester hätten nicht all das Gute tun können, das dieser große Arbeiter Gottes getan hat."
Beim Sterben besaß er nicht einmal soviel, wie für die Beerdigungskosten nötig war. Aber Don Bosco hatte nicht vergessen, wie oft dieser seine Geldbörse in seine Hände geleert hatte, ohne sich zu kümmern, ob es Kleingeld oder Goldstücke waren. Die Salesianerobern, die von Don Bosco zur Beerdigung gerufen wurden, trugen die Bahre auf ihren Schultern. Die Kleriker, die Jugendlichen, die Band des Oratoriums begleiteten ihn zum Friedhof. Es waren die Priester, die Kleriker, die Jugendlichen, von denen Don Bosco zu Don Borel 1844 gesagt hatte: „Und doch gibt es sie, denn ich sehe sie."

Männer und Frauen guten Willens

Neben die Priester traten die Laien. Einige gehörten Adelsfamilien an, wie der Graf Cays (der in fortgeschrittenem Alter Salesianer wurde), der Markgraf Fassati di Montemagno und weitere Grafen. Andere waren einfache Arbeiter und Händler. Mit großer Dankbarkeit erinnerte sich Don Bosco an den Kurzwarenhändler Giuseppe Gagliardi, der seine ganze freie Zeit und alle seine Ersparnisse für die Jugendlichen des Oratoriums opferte.
Die Mitarbeit dieser Laien war sehr verschieden. Don Bosco bat vor allem um ihre Bereitschaft, sonntags und an den Werktagen der Fastenzeit „Religionsunterricht" zu erteilen. Einige halfen ihm auch in der Abendschule, bei der Assistenz der Jugendlichen. Andere suchten einen guten Arbeitsplatz für die Jungen, besonders für die Strafentlassenen.
Es handelte sich nicht nur um Männer. Wir wissen von den Müttern, die im Oratorium arbeiteten; nicht nur Mama Margherita, die Mutter Don Ruas und die Michele Magones. Auch die Schwester von Mama Margherita und die Mutter des Kanonikers Gastaldi halfen.
Die letztere hat die Aufgabe übernommen, die Wäsche der Jungen zu waschen und sie jeden Samstag auszuteilen. „Das war wirklich notwendig", meinte Don Bosco, „unter diesen armen Jungen waren solche, die nie den Lumpen von Hemd hätten wechseln können, den sie trugen und der so schmutzig war, daß kein Meister ihn anstellen wollte."
Am Sonntag versammelte „Madam" Gastaldi die Buben und inspizierte „wie ein General des Heeres" genauestens die Kleidung eines jeden, auch ob sie sich gewaschen hatten und ihr Bett gemacht war.

Viele trugen nicht durch ihre Tätigkeit, sondern durch ihr Geld bei. Ein Priester gab für die armen Buben alles, was er von seinen wohlhabenden Eltern bekommen hatte. Ein Bankier zum Beispiel überwies regelmäßig eine Pension, so als ob er bei Don Bosco wohnen würde. Ein Handwerker brachte regelmäßig seine Ersparnisse.

„Externe Salesianer": abgelehnt

Don Bosco überzeugte sich nach und nach, daß es zweckmäßig wäre, diese Mitarbeiter in einer Vereinigung zu sammeln.
Den ersten Versuch machte er bereits 1850. Er probierte es mit sieben Männern seines Vertrauens. Aber es war ein Mißerfolg.
Den zweiten Versuch unternahm er 1864. Als er die Regel seiner Gesellschaft in Rom vorlegte, hatte er ein „Kapitel" eingefügt, bei dem die Herren im Vatikan die Nase rümpften. Es sprach von „externen Salesianern". Jede beliebige Person, auch wenn sie in einer Familie lebt, hätte Salesianer werden können. Sie hätte kein Gelübde abgelegt, sondern mit den Salesianern zusammengearbeitet für die arme Jugend. Im Artikel 5 zog er direkt in Betracht, daß jeder Salesianer, der aus „vernünftigen Gründen" aus der Kongregation austritt, „externes Mitglied" werden könnte.
Das Kapitel wurde abgelehnt. Don Bosco nahm es mit seinem piemontesischen Dickkopf wieder auf, zuerst verändert, dann im Anhang. Es wurde nicht angenommen. Um die Approbation seiner Regeln zu erlangen, mußte er es streichen. Heute wäre dies vielleicht als eine „geniale Intuition" betrachtet worden.
Nachdem der Plan der „externen Salesianer" verworfen war, machte sich Don Bosco sofort daran, etwas Ähnliches auszuarbeiten. Er zeichnete 1874 die großen Linien einer Vereinigung vom hl. Franz von Sales. Die von ihm befragten Direktoren waren wenig begeistert. Ihnen kam das vor wie eine der vielen Bruderschaften. Don Bosco schüttelte den Kopf.
„Ihr versteht mich nicht. Seht doch, diese Vereinigung wird die Stütze unserer Kongregation sein. Denkt darüber nach."
Die vorrangigen Ziele, die Don Bosco der Vereinigung zuwies, waren drei:
„Sich selbst Gutes zu tun durch die Übung der Liebe zum Nächsten, besonders zu den armen und verlassenen Jugendlichen;
teilzuhaben an den Werken der Frömmigkeit und der Religion, die die Salesianer verrichten;
arme Buben zu sammeln, sie im eigenen Haus zu unterrichten, sie vor Gefahren zu schützen."

Die Salesianischen Mitarbeiter

Die endgültige Form fand Don Bosco 1876. Er nannte sie „Salesianische Mitarbeiter". Schnell schrieb er die Regel für sie und ließ sie drucken. Dann schickte er sie dem Papst zur Approbation. Am 9. Mai 1876 kam ein Schreiben Pius' IX.
Der Zweck war derselbe wie der vorher genannte. Die Mittel waren ähnlich denen, die die Salesianer benützen: Religionsunterricht, geistliche Exerzitien, Unterstützung von Priesterberufen, Verbreitung der guten Presse, Gebete und Spenden.
Letzteres verursachte viele Mißverständnisse. Mehrere Salesianer reduzierten die Tätigkeit der Mitarbeiter auf die finanzielle Hilfe für ihre Werke. Don Bosco schritt energisch ein gegen diese Abwertung der Mitarbeiter.
„Man muß den Zweck dieser Vereinigung gut kennen", sagte er 1882. „Die Salesianischen Mitarbeiter sollen nicht einfach Spenden sammeln für unsere Werke, sondern alle ihnen möglichen Mittel einsetzen, um mitzuhelfen zum Heil ihrer Brüder, besonders der armen Jugend."
Bei seinen Reisen durch Italien und im Ausland tat er viel, um die Zahl seiner Mitarbeiter zu vermehren. Viele gewann er in Genua und Ligurien. In Frankreich wurde Nizza ein wichtiges Zentrum durch die internationale Bedeutung dieser Stadt. Besonders eifrig waren die Mitarbeiter in Marseille.
In Spanien lebte eine der bedeutendsten Gestalten der Mitarbeiter: Doña Dorotea de Chopitea. Sie wurde die „Mutter aller salesianischen Werke" in Spanien. Für sie wurde der Seligsprechungsprozeß eröffnet.

Neununddreißigstes Kapitel:

Gerufen – aber wohin?

Zwischen 1871 und 1872 hatte Don Bosco einen dramatischen Traum. Er erzählte ihn zuerst Pius IX., dann einigen seiner Salesianer. Zwei von ihnen notierten ihn sorgfältig.

„Ich glaubte, mich in einem unbekannten Ödland zu befinden. Es war eine unermeßliche Ebene, in der sich weder Berge noch Hügel erhoben. Erst am äußersten Ende zeichneten sich rauhe Berge ab. Ich sah Stämme von Menschen, die dieses Gebiet durchzogen. Sie waren fast nackt, außerordentlich groß und sahen grimmig aus. Sie hatten lange, borstige Haare und waren dunkelbraun bis schwarz. Bekleidet waren sie nur mit Fellen, die von den Schultern herabhingen. Als Waffen benutzten sie lange Speere und Schleudern.

Diese Stämme boten einen unterschiedlichen Anblick: Einige rannten umher, um wilde Tiere zu jagen. Andere gingen und trugen auf ihren Lanzenspitzen Stücke von blutigem Fleisch. Die einen kämpften untereinander, die anderen kamen an zusammen mit europäisch gekleideten Soldaten. Das Gelände war übersät von Leichen. Ich zitterte bei diesem Anblick.

Da bemerkte ich am Rande der Ebene viele Menschen. Durch ihre Kleidung und die Art ihres Verhaltens erkannte ich, daß es Missionare verschiedener Orden waren. Sie näherten sich, um den Wilden die christliche Religion zu predigen. Ich sah genau hin, kannte aber niemanden. Sie mischten sich unter die Wilden. Diese aber stürzten sich auf sie und töteten sie. Die makabren Trophäen steckten sie auf die Spitzen ihrer langen Spieße."

Eine neue Schar, bereit zum Risiko

„Nachdem ich diese schreckliche Szene beobachtet hatte, sagte ich: ‚Wie kann man denn diese brutalen Menschen bekehren?'

Inzwischen sah ich in der Ferne andere Missionare, die sich mit heiterem Gesicht den Wilden näherten. Vor ihnen her schritt eine Schar Jugendlicher. Ich zitterte bei dem Gedanken: ‚Jetzt kommen sie, um ermordet zu werden.' Es waren Kleriker und Priester. Während ich mich ihnen näherte, bemerkte ich, daß es unsere Salesianer waren. Die ersten waren mir bekannt, und wenn ich auch viele andere, die den ersten folgten, nicht persönlich kannte, war mir doch klar, daß sie salesianische Missionare waren, also die Unsrigen.

‚Wieso das?' fragte ich mich. Ich wollte sie nicht weitergehen lassen, sondern aufhalten; denn ich dachte, daß sie von einem Moment zum andern dasselbe Los treffen würde wie die ersten Missionare.

Da erkannte ich, daß sich die wilden Stämme bei ihrem Anblick freuten. Sie senkten ihre Waffen, ließen von ihrer Grausamkeit ab und empfingen unsere Leute mit allen Zeichen der Höflichkeit. Verwundert dachte ich mir: Schauen wir einmal, wie das endet! Da sah ich, wie sich unsere Missionare den Wilden näherten, sie unterrichteten, und wie diese gern auf sie hörten.
Ich stand da und beobachtete, wie die Missionare den Rosenkranz beteten, die Wilden antworteten. Nach kurzer Zeit traten die Missionare in die Mitte und knieten sich nieder. Die Menschen um sie herum legten ihre Waffen nieder und knieten sich ebenfalls hin. Und siehe, einer der Missionare stimmte das Lied an: ‚Lobet Maria, ihr gläubigen Zungen‘, und die Menge stimmte ein mit einer solch kräftigen Stimme, daß ich davon erwachte."
Dieser Traum hatte großes Gewicht für Don Bosco. Er selbst behauptete: „Danach erwachte mein Verlangen nach der Mission wieder."
Bereits als Student dachte Giovanni Bosco an die Mission in China. Als er in Turin war, nahm sein Interesse für die Glaubensverbreitung stark zu. Er liebäugelte mit dem Gedanken, in die Mission zu gehen.
Beim I. Vatikanischen Konzil (1869–70) wurde der Missionsgedanke weiterentwickelt. Bischöfe aus Amerika und Afrika warben beim Klerus in Italien, der ja verhältnismäßig zahlreich war.
Auch nach Valdocco drangen die Bitten um Missionare. Damals aber dachte Don Bosco noch nicht ernstlich an die Mission.
Ein Jahr später wurde sein altes Verlangen durch den erzählten Traum wieder wach. Von da an suchte er, wo dieses Gebiet liegen könnte, das die göttliche Vorsehung den Salesianern anvertrauen wollte. Immer mehr Bitten um Missionare erreichten ihn, und er prüfte sie mit unterschiedlicher Aufmerksamkeit.

Die Suche nach den zwei Flüssen in einer Ebene

Don Bosco erzählte: „Die dunkelhäutigen Menschen des Traumes hielt ich zunächst für Neger aus Äthiopien. Aber nachdem ich mich erkundigt und einige Bücher gelesen hatte, gab ich diesen Gedanken auf und dachte an Hongkong, später an Australien. Aber die Beschreibungen stimmten nicht mit dem überein, was ich gesehen hatte. Dann erkundigte ich mich über Malabar . . .
Endlich, 1874, sprach der argentinische Konsul in Savoyen mit dem Erzbischof von Buenos Aires über die Salesianer. Beide drückten sofort den Wunsch aus, daß eine Gruppe von ihnen nach Argentinien kommen sollte. Ich besorgte mir Bücher und Landkarten von Südamerika und studierte sie aufmerksam. Ich war überrascht: Hier war genau das beschrieben, was ich im Traum gesehen hatte. Es war Patagonien, im Süden Argentiniens."
Eine Einzelheit war es, die Don Bosco auf den Landkarten geradezu hartnäckig

suchte, um den „von Gott gezeigten Ort" zu entdecken: zwei Flüsse am Rande einer weiten, öden Ebene. Er erkannte, daß sie der Rio Colorado und der Rio Negro waren. Auf dem unteren Teil von Südamerika stand: „Gegend von Patagonien, wo die Bewohner Riesen sind."

Ein Rundbrief, um Freiwillige anzuwerben

Die schriftliche Bitte des Erzbischofs von Buenos Aires traf Ende 1878 bei Don Bosco ein. Darin schlug dieser vor, erst in Buenos Aires eine Pfarrei, die von italienischen Einwanderern bevölkert ist, zu übernehmen und dann ein Internat für Buben zu eröffnen, das vor kurzem in San Nicolàs fertiggestellt worden war. San Nicolàs war ein sehr bedeutendes Zentrum für die Erzdiözese von Buenos Aires.

Don Bosco antwortete dem Erzbischof und brachte dabei seine Vorstellungen zum Ausdruck: Zunächst würde er einige Priester nach Buenos Aires schicken, um eine Basisstelle zu gründen, „vor allem für die arme und verlassene Jugend, mit Religionsunterricht, Schule, Predigten und Sonntagsoratorien".

Etwas später würden die Salesianer auch das Werk von San Nicolà übernehmen. Von diesen beiden Basisstellen aus könnten sie in der Folge „anderswohin eingeladen werden".

In diesen Punkt schloß Don Bosco etwas verschleiert seinen Plan ein, „möglichst bald zu den wilden Stämmen zu gelangen".

Damit war das Vorgehen seiner Missionsarbeit deutlich ausgedrückt: Die Salesianer würden sich nicht sofort unter die noch in keiner Weise zivilisierten Stämme begeben, sondern Basisgruppen in sicheren Regionen schaffen, indem sie unter den zahlreichen italienischen Auswanderern in Argentinien arbeiten würden, die eines religiösen und moralischen Beistandes dringend bedurften. Von dort aus würden sie ihre apostolischen Versuche „in vorderster Linie" unternehmen. Am 27. Januar 1875 erhielt Don Bosco vom Konsul die Mitteilung, daß seine Bedingungen angenommen wurden.

Er handelte sofort. Am 28. Januar, dem Fest des hl. Franz von Sales, versammelte er Handwerker, Studenten, Mitbrüder im Studiensaal, wo eine kleine Tribüne aufgestellt war. Don Bosco und der Konsul Gazzolo in malerischer Uniform, dazu das Obernkapitel und die Direktoren der Salesianerhäuser, bestiegen sie.

Don Bosco verkündete, daß mit Erlaubnis des Papstes die ersten Salesianer in die Mission nach Südargentinien gehen würden. Im Saal war keine Angst vor dem Risiko zu spüren. Vielmehr herrschte grenzenlose Begeisterung unter den Jugendlichen und den Salesianern.

Am 5. Februar konnte Don Bosco allen Niederlassungen die erste Abreise in die Mission verkünden.

Schreibtisch Don Boscos mit der Landkarte von Südamerika,
wohin er seine ersten Missionare sandte

Am 11. November fand in der Mariahilf-Basilika die feierliche Aussendung statt. Nach der Vesper gab Don Bosco den Missionaren das Arbeitsprogramm bekannt: Zuerst sollten sie sich der armen italienischen Familien annehmen, sie lesen und schreiben lehren und vor allem in der Religion unterrichten. Dann sollten sie mit der Evangelisierung Patagoniens beginnen.

Am Ende umarmte Don Bosco die Abreisenden väterlich. Beim Auszug aus der Kirche gab es ein Händeschütteln nach allen Seiten. Als letzter erschien Don Bosco an der Schwelle der Kirchentür. Don Lemoyne näherte sich ihm und sagte:

„Don Bosco, beginnt sich jetzt zu bewahrheiten: ,Von hier wird mein Ruhm ausgehen'?" – „Es ist wahr", sagte Don Bosco zutiefst bewegt.

Noch am selben Abend begleitete Don Bosco die zehn Missionare zum Hafen von Genua. Am 14. schifften sie sich auf der französischen ,Savoie' ein.

Don Cagliero sollte für drei Monate mitziehen, ,bis alle am richtigen Platz' seien. Aus den drei Monaten wurden dreißig Jahre. Ein anderer Priester, der Pioniergeist besaß und mitfuhr, war Don Fagnano, ein ehemaliger Soldat Garibaldis.

Don Cagliero trug als Leiter der Gruppe ein Blatt mit sich, auf das Don Bosco geschrieben hatte: „Tut, was ihr könnt. Gott wird tun, was wir nicht können. Vertraut alles Jesus im Sakrament und Maria Hilfe der Christen an, und ihr werdet erleben, was Wunder sind."

Vierzigstes Kapitel:
Patagonien, das verheißene Land

Die Missionare landeten in Buenos Aires am 14. Dezember 1875. Sofort sahen sie sich von Freunden umringt. Mit dem Erzbischof der Stadt und den Priestern waren zweihundert italienische Einwanderer am Hafen erschienen, die ihr Willkommen laut herausschrien. Sogar eine Gruppe Ehemaliger aus dem Oratorium von Valdocco trafen sie an.

Was sie jedoch völlig überraschte, war, daß sie eine gutmütige Bevölkerung antrafen mit guten Traditionen, Achtung vor Priestern, äußerster Großzügigkeit ihnen gegenüber, aber sehr unwissend und eines religiösen Beistandes dringend bedürftig. In Buenos Aires gab es 30 000 Italiener, in ganz Argentinien 300 000. Es fehlte an italienischen Priestern.

Nach einigen Tagen trennten sich die Salesianer, wie vorgesehen. Don Cagliero und seine Mitarbeiter übernahmen die ihnen zugedachte Pfarrei, zu der die italienischen Einwanderer gehörten. Don Fagnano führte die anderen nach San Nicolàs, um das Internat für Buben zu eröffnen.

In Buenos Aires begann man sofort mit einem Oratorium. In dieser Großstadt entbehrten die Jugendlichen jeglicher Hilfe. Nicht einmal das Kreuzzeichen konnten sie. Sie verstanden gar nicht, was es bedeutet. Dabei waren sie „katholisch". Auf die Frage, ob sie sonntags zur Messe gingen, antworteten sie, sie könnten sich nicht erinnern, sie wüßten auch nicht, wann Sonntag sei, wann nicht.

Überall fehlte es an Schulen. Innerhalb von wenigen Wochen erhielt Don Cagliero eine Menge Anfragen, nicht nur aus Argentinien, sondern auch aus dem nahegelegenen Uruguay. In ganz Uruguay, das halb so groß ist wie Argentinien, gab es kein Priesterseminar, nicht einen Kleriker. In der Hauptstadt existierte keine einzige katholische Kirche.

Aber die Wilden?

Der Gedanke an die Wilden, der viele dazu angespornt hatte, den Ozean zu überqueren, mußte im Augenblick zurückgestellt werden. Die „Mission" war hier, in diesen Städten, die der Evangelisierung dringend bedurften. Don Cagliero faßte drei Werke ins Auge: vor allem eine Berufsschule. „Ein Haus für Kunsthandwerk hätte Aufsehen erregt, wäre ein Ereignis, das in die Geschichte des Landes eingehen würde. Ein solches Werk hätte die ganze Republik in Bewunderung versetzt und unendlich viel Gutes tun können", schrieb er am 5. Februar 1876 an Don Bosco. Weiter benötigte man dringend eine Internatsschule in Montevideo, das erste christliche Institut in der Hauptstadt Uruguays. Endlich müßte man ein Werk haben im ärmsten Stadtviertel von Buenos Aires, das von Italienern bewohnt, aber von Freimaurern beherrscht war.

Auf die Straßen dieses Viertels wagte sich kein Priester. Don Cagliero jedoch ging sofort dorthin, sammelte eine Gruppe Buben um sich und schenkte ihnen Medaillen der Gottesmutter. Es gelang ihm, mit einigen Familien zu sprechen. Als der Erzbischof davon erfuhr, sagte er:

„Sie haben eine große Unklugheit begangen. Ich bin noch nie dort hingegangen und erlaube auch keinem meiner Priester, dort hinzugehen."

„Und doch bin ich versucht, wieder hinzugehen."

Zwei oder drei Tage später tat er es tatsächlich. Die Buben liefen ihm entgegen und schrien im Dialekt von Genua: „Der Medaillenpriester!" Nun wiederholten sich die Szenen, die Don Bosco an der Peripherie von Turin erlebt hatte. „Ich gebe sie dem Bravsten . . . dem Schlimmsten . . . Könnt ihr das Kreuzzeichen machen? . . . ein Gegrüßet seist du Maria beten?" . . .

Männer und Frauen kamen aus den Häusern. Sie wollten den Priester sehen, der sich unter „Verbrecher" wagte und der ihnen einen Hof versprach mit Spielen, Liedern, Musik und Fröhlichkeit.

Aus Valdocco kamen immer wieder Fragen, wie es bei den Wilden sei. Patagonien war ein Wort, das bei den Jugendlichen zündete. Wie viele träumten von Abenteuern unter den Indianern. Don Bosco verstärkte die Begeisterung noch.

In einem Brief vom 10. März 1876 schrieben die Missionare nach Turin: „Die materiellen und geistigen Bedingungen der Indianer, d. h. der Stämme in der Pampa und Patagonien, erwecken in uns tiefe Bitterkeit. Die Kaziken (Häuptlinge) dieser Stämme sind in ständigem Kampf mit den Regierungstruppen. Sie klagen über Quälereien, Gewalttätigkeiten. Sie weichen den Truppen aus, die umherschweifen, sie unterdrücken, ausrauben, die, mit Karabinern bewaffnet, Männer, Frauen und Kinder gefangennehmen, Pferde und Schafe mitnehmen . . .

Die Regierungstruppen bekriegen die Indianer bis aufs Blut, so daß diese immer mehr verbittern und sich gegenseitig aufhetzen. In diesem Zustand aber können die Missionare wenig oder gar nichts tun."

Aus Turin kommen Jungen

Don Bosco hat die Situation verstanden. Buenos Aires ist mit Einwanderern gesättigt. Er denkt an die Buben von Turin, die aus den Tälern kamen, als er junger Priester war.

Nun bereitet er eine zweite Aussendung vor. Damit Don Cagliero die Werke eröffnen könnte, die ihm am dringendsten erschienen, sendet er am 7. November dreiundzwanzig Salesianer nach Amerika. Unter ihnen sind Don Bodrato und Don Lasagna, den er einmal auf einer Herbstwanderung gewonnen hatte. „Diese Aussendung", so schreibt Don Bosco an Don Cagliero, „läßt uns das Wasser bis zum Hals steigen. Aber mit der Hilfe Gottes werden wir wieder herauskommen."

Don Bosco wollte nicht, daß man den ursprünglichen Plan, die Evangelisierung der Indianer, zu lange hinausschiebt. Er stellte einen Plan vor, der aus der Ferne zu funktionieren schien: Schülerheime in den Städten eröffnen, die an das Gebiet der Indianer grenzen, und die Kinder der Eingeborenen dort aufnehmen. Mit ihrer Hilfe könnte man sich dann den Erwachsenen nähern. So werden kirchliche Berufungen entstehen unter den Schülern. Auf diese Weise, so kann man hoffen, wird es Missionare für die Pampa und für Patagonien geben, und die Wilden werden durch ihre Kinder missioniert.

Aber an Ort und Stelle funktionierte der Plan nicht. Don Costamagna, Don Fagnano, Don Lasagna lassen die Missionare viele Kilometer von den Städten aus zurücklegen, aber sie treffen nie mit einem Wilden zusammen. „Städte, die an das Gebiet der Indianer angrenzen", gibt es nicht. Um zu ihnen vorzustoßen, muß man sich den Abenteurern und Kaufleuten anschließen, die mit Karawanen nach Süden ziehen oder mit Segelschiffen Tausende von Kilometern zurücklegen. Dort unten im Süden gibt es Ansiedlungen mit wenigen Hütten, die Städte von morgen.

Im November 1877 sendet Don Bosco eine dritte Gruppe Salesianer aus. Diesmal sind es achtzehn. Von einigen wurde diese Gruppe „Kinderkreuzzug" genannt, denn es waren lauter sehr junge Kleriker. Aber die Ergebnisse gaben recht.

Mit diesen Salesianern fuhr zum erstenmal auch eine kleine Gruppe der Töchter Mariä Hilfe der Christen. Das war eine dieser wie gewöhnlich „unbedeutenden" Dinge, mit denen Don Bosco immer seine riesigen Werke begonnen hat. Hinter diesen Schwestern, die von Mutter Mazzarello zum Schiff begleitet wurden, werden noch Tausende von Missionarinnen den Ozean überqueren.

Der Erzbischof weiß, daß Don Bosco für seine Diözese Dinge tut, die die Grenzen des Möglichen überschreiten. Er will sich dankbar zeigen. Um seinen Wünschen entgegenzukommen, schickt er seinen Vikar und zwei Salesianer auf Exkursion nach Patagonien, dem Land der Indianer. So kann Don Bosco endlich die erwünschten Nachrichten über „seine Wilden" bekommen.

Am 7. März besteigen Don Costamagna, Don Rabagliati und der Vikar den Dampfer, der sie auf dem Paraná direkt nach Süden bringt. Nach tausend Kilometern werden sie an Land gehen und „auf irgendeine Art" ihre Reise fortsetzen bis zum zweihundertfünfzig Kilometer entfernten Rio Negro, der die Pampa von Patagonien trennt. Der Versuch scheiterte. Ein Sturm rüttelte das Schiff drei Tage und zwei Nächte lang. Am Ende mußten sie übel zugerichtet umkehren nach Buenos Aires.

„Das Kreuz hinter dem Schwert, in Gottes Namen!"

Die zweite Expedition ins Land der Indianer begann am 16. April 1879. Julio Roco, der General und Kriegsminister, war dabei, mit achttausend Soldaten nach Süden zu ziehen. Es war eine Expedition zur „Durchkämmung" der Eingeborenenstämme, die ständig Aufruhr und Guerillakriege anzettelten.
Bei der vorhergehenden Expedition wurden nicht wenige Indianer niedergemetzelt. Andere wurden nach Buenos Aires verschleppt und als Sklaven auf verschiedene Familien verteilt. Bei den zurückgebliebenen Stämmen herrschte ein tiefer Haß gegen die Weißen. Man kann sich leicht denken, daß die Indianer es vorzogen, sich vernichten zu lassen, statt sich zu ergeben.
Der Kriegsminister wollte daher „moralische" Mittel versuchen. Er bat den Erzbischof um Priester, die als Militärgeistliche und auch als Missionare bei den Eingeborenenstämmen wirken sollten. Dieser schickte seinen Vikar und die Salesianer Don Costamagna und Don Botta.
Don Costamagna war wenig begeistert. Er schrieb an Don Bosco, er befürchte, daß die Priester, die mit Soldaten kommen, für die Eingeborenen das Evangelium wenig glaubwürdig verkünden könnten. Jedenfalls ist es mehr denn je notwendig zu beten.
Etwa tausenddreihundert Kilometer wurden zu Pferd oder auf schwankenden Wagen nach dem fernen Westen zurückgelegt. Es war die „erste Missionsreise", die zwei Salesianer durchgeführt hatten und die Don Costamagna beschrieb. Hier folgen einige Bruchstücke.
„Mit dem Kriegsminister und vielen Soldaten sind wir von Azul, dem letzten Dorf Argentiniens abgereist. Dahinter beginnt die Pampa, eine große Steppe. ‚Das Kreuz geht hinter dem Schwert einher, in Gottes Namen.' Der Erzbischof hat es akzeptiert, und wir haben uns gefügt. Uns wurden ein Pferd und ein Wagen überlassen, um Altar, Harmonium und Koffer zu transportieren.
Am ersten Tag sahen wir da und dort ‚Toldos', das sind Hütten, die mit Fellen errichtet sind. Hier leben Indianer der Pampa, die schon fast zivilisiert sind. Sie haben eine dunkle Hautfarbe, ein langes und flaches Gesicht. Als wir an ihnen vorbeikamen, grüßten wir sie mit ein paar Worten ihrer Sprache. Dann zogen wir weiter durch die Steppe.
Carhué ist eine Station im Innern der Pampa, die Grenze zwischen Argentinien und dem Land der Indianer. Es gibt dort eine aus Lehm gebaute Festung, etwa vierzig Häuser und Toldos von zwei indianischen Stämmen. Ich ließ mir ein Pferd geben und ritt zu ihnen.

Als ich mich den Dörfern näherte, spürte ich mein Herz klopfen. Was soll ich tun? . . . Da kamen mir die Buben des Kaziken Eripaylà entgegen, die zum Glück Spanisch konnten. Sie empfingen mich herzlich, führten mich zu ihrem Vater und dolmetschten. Der Kazike nahm mich freundlich auf, sagte mir, daß er den großen Wunsch habe, daß alle in der katholischen Religion unterrichtet und getauft würden. Ohne weiteres versammelte ich die Buben und begann mit dem Religionsunterricht. Mit etwas Mühe lernten sie das Kreuzzeichen . . . In Carhué haben wir etwa fünfzig Indianerbuben getauft und gegen zwanzig Kinder von Christen. Wenn Gott es doch gewollt hätte, daß wir uns wenigstens einen Monat hätten aufhalten können! Aber der Kriegsminister bat uns, ihm zu folgen. Schweren Herzens zogen wir ab mit dem großen Wunsch, möglichst bald zurückzukommen . . .
Auf unserem Weg durch die Pampa waren wir nicht nur in Begleitung der Armee, sondern auch eines Teiles der Indianerstämme, die auf Anordnung des Ministers ihre Toldos nach Choele-Choel transportierten, um an der neuen Grenze ein neues Volk zu bilden. Steppe und nichts als Steppe einen weiteren Monat lang . . .
Nachdem wir durch Täler und Berge gezogen waren, über Lagunen und Wildbäche, erreichten wir endlich am 11. Mai den Rio Colorado. Dieser Fluß ist etwa so groß wie unser Po in Turin. An seinem Ufer feierten wir die hl. Messe.
Ich bat, mit der Vorhut weiterziehen zu können, und erhielt die Erlaubnis. Da sie die Wagen zurückließen, erreichten wir eher den Rio Negro. Drei Tage ritten wir durch Wälder und Dorngestrüpp. Am Morgen des 24. Mai erhob ich mich bei Sonnenaufgang. Auf meinem ‚Bett' lag Reif, und ich wärmte mich am Feuer. Dann ging es weiter. Um 16.34, in dem Augenblick, als die Sonne hinter den Cordilleren verschwand, setzte ich meinen Fuß auf die andere Seite des Rio Negro, also auf die Patagoniens. Nun stimmte ich aus ganzem Herzen einen Dankhymnus an Maria Hilfe der Christen an, an diesem Tag ihres Festes . . ."

Jagd auf Menschen

„Am anderen Morgen besuchte ich sofort die in Choele-Choel inhaftierten Kriegsgefangenen, um ihnen Unterricht zu erteilen. Das Elend, das ich dort vorfand, war schmerzlich. Einige waren halbnackt, hatten keine Toldos und schliefen im Freien ohne Schutz. Als sie mich ankommen sahen, umringten sie mich, Männer, Frauen, Buben und Mädchen . . ."
Die Missionare erreichten Patagónes, ein Zentrum mit viertausend Einwohnern, das am Rio Negro lag. Von hier aus kamen sie im Juli wieder in Buenos Aires an.

Aber der Feldzug am Rio Negro dauerte fast zwei Jahre, bis April 1881. Voller Angst und Verzweiflung flohen die Indios in die Anden in Richtung Chile, oder sie kapitulierten. Der stolze Kazike Manuel Namunkurà floh mit kleinen Einheiten indianischer Krieger in die Anden und zog sich in ein hochgelegenes Tal zurück.

Von diesem Augenblick an waren die Indianer keine militärische Einheit mehr. Die verbliebenen Gruppen, die in Angst und Armut lebten, wurden in den folgenden Jahren Opfer einer grausamen Verfolgungsjagd. Man versuchte, sie zu Sklaven zu machen für die Großgrundbesitzer oder sie einfach zu beseitigen. Am 5. April 1879 bot der Erzbischof von Buenos Aires Don Bosco die Mission in Patagonien an. Dieser beauftragte Don Costamagna, mit dem Bischof über die „Eröffnung eines Zentrums für Schwestern und Salesianer zu verhandeln. Ich werde mich um das Personal kümmern und die materiellen Mittel."

Im Neujahrsbrief an die Mitarbeiter verkündete Don Bosco den Beginn der Mission in Patagonien. „Ich habe sie angenommen im Vertrauen auf Gott und Eure Hilfe."

An der Mündung des Rio Negro waren zwei Ballungsgebiete entstanden: Patagónes und Viedma. Am 15. Dezember 1879 reisten zwei kleine Gruppen Salesianer von Buenos Aires ab. Ihnen war die Mission in Patogónes und Viedma anvertraut. Don Fagnano, Pfarrer von Patagónes, war zusammen mit zwei Salesianerpriestern, zwei Laienbrüdern sowie vier Schwestern für alle Kolonien und Stämme zwischen dem Rio Negro und dem Rio Colorado zuständig: ein Gebiet, so groß wie ganz Oberitalien. Don Milanesio, Pfarrer von Viedma, hatte für die Bewohner südlich des Rio Negro im Gebiet Patagonien zu sorgen: ein Gebiet so groß wie vom Po bis Calabrien.

Don Fagnano wandte folgende Taktik an: „So viele Leute als möglich in unser Haus kommen lassen." Innerhalb von zehn Monaten errichtete er zwei Schulen für Buben und Mädchen. Die erste nahm achtundachtzig Buben auf, darunter einige Söhne der Indianer.

Don Milanesio ging anders vor. Sein Motto war: „Hingehen und die Leute aufsuchen, wo sie wohnen." Er bestieg sein Pferd und ging auf Suche nach den Indianern. In kurzer Zeit lernte er ihre Sprache. Es gelang ihm, Freund vieler Stämme zu werden, Gruppen und isolierte Familien vor den Übergriffen der Weißen zu retten. Mit seinem wehenden Bart wurde er zur typischen Gestalt des missionarischen Pioniers. Die Indianer hatten Vertrauen zu ihm und verehrten ihn. Es kam so weit, daß sie seinen Namen wie ein Zauberwort riefen, wenn die Weißen, die sogenannten „Zivilisierten", sie mißhandelten.

Das Vorgehen der beiden großen Missionare war ganz integriert. Viedma und Patagónes bekamen gute Schulen und Schülerheime, in denen eine neue Generation von Bürgern herangebildet wurde: ehrbar, christlich, respektvoll gegenüber den Indianern. Die beiden Orte wurden strategische Punkte, von denen aus die Missionare den Flußläufen folgend vordringen konnten in die

Täler, Hügel und Gebirge, um die Toldos der Eingeborenen und die Gutshöfe der weißen Kolonisten zu besuchen.

Als Manuel Namuncurà, der letzte araukanische Kazike, sich entschloß, über die Kapitulation mit der argentinischen Regierung zu verhandeln, wählte er als Friedensvermittler Don Milanesio. Unter seinem Schutz legte der Kazike die Waffen an der Festung Roca nieder. Es war am 15. Mai 1883. Dafür erhielt er den Titel, die Uniform und das Stipendium eines Oberst des Heeres.

Einundvierzigstes Kapitel:

Und noch mal Blicke in die Zukunft

Im selben Jahr, 1883, Tausende von Kilometern entfernt, sah Don Bosco in einem Traum die Zukunft Südamerikas und seiner Missionare.
„... Ich schaute aus dem Fenster eines großen Eisenbahnwagens, in dem ich mit meinem Begleiter an unterschiedlichsten herrlichen Landschaften vorüberfuhr. Wälder, Gebirge, Ebenen, lange und majestätische Flüsse... Mehr als tausend Meilen sind wir am Rande eines Urwaldes entlanggefahren, der heute noch unerforscht ist..."

„Ich sah ins Innere der Berge"

„Ich hatte die unvergleichlichen Reichtümer dieser Länder vor Augen, die eines Tages entdeckt werden. Ich sah zahlreiche Bergwerke, die kostbares Metall und unerschöpfliche Steinkohle bergen, sah Erdöllager, die so ausgiebig waren, wie man bisher noch nirgendwo eines gefunden hatte.
Der Zug fuhr durch die Pampa und durch Patagonien... Wir kamen zur Magellanstraße und stiegen aus. Vor uns lag Punta Arenas. Der Boden war Tausende von Meilen weit angefüllt mit Steinkohle, Platten, Balken, Holz, Unmengen von Metall, zum Teil unverarbeitet, zum Teil verarbeitet. Mein Begleiter deutete auf diese Dinge und sagte: ‚Das, was heute noch Traum ist, wird eines Tages Wirklichkeit sein.' Ich erwiderte: ‚Ich habe genug gesehen. Jetzt zeig mir meine Salesianer in Patagonien!'
Wir gingen zum Bahnhof zurück und bestiegen erneut den Zug. Nachdem wir eine lange Strecke gefahren waren, hielt die Lokomotive vor einem bemerkenswerten Dorf. Ich stieg aus und fand meine Salesianer...
Ich ging zu ihnen. Es waren viele, aber ich kannte sie nicht. Unter ihnen war keiner meiner alten Söhne. Alle schauten mich verwundert an, als ob ich ein Unbekannter wäre. Nun sagte ich zu Ihnen:
‚Kennt ihr mich nicht? Kennt ihr Don Bosco nicht?'
‚Oh, Don Bosco, den kennen wir wohl, aber nur vom Erzählen her. Gesehen haben wir ihn nur auf Bildern, in Wirklichkeit nicht.'
‚Und Don Fagnano, Don Costamagna, Don Lasagna, Don Milanesio, wo sind sie?'
‚Sie alle haben wir nicht gekannt. Das waren die ersten Salesianer, die vor langer Zeit aus Europa kamen. Sie sind längst gestorben.'
Bei dieser Antwort dachte ich: ‚Träume ich, oder ist es wahr?'
Wir stiegen wieder ein, die Lokomotive pfiff, und weiter ging die Fahrt nach

Norden ... Viele Stunden fuhren wir an einem sehr langen Fluß entlang. Zunächst fuhr der Zug auf dem rechten Ufer, dann auf dem linken. An den Ufern sahen wir viele Stämme von Wilden. Mein Begleiter wiederholte mehrmals:
‚Das ist die Ernte der Salesianer!'"
Während dieses langen und großartigen Traumes eröffnete der geheimnisvolle Begleiter Don Boscos, daß die wilden Völker Südamerikas zum Heil gelangen werden.
„Es wird sein, bevor die zweite Generation vorüber ist. Jede Generation umfaßt sechzig Jahre."
Er zeigte auch, auf welche Weise die Missionare das erreichen werden:
„Mit Schweiß und Blut."

Der letzte Missionstraum Don Boscos

In der Nacht vom 9. zum 10. April 1886 hatte Don Bosco seinen letzten Missionstraum. Er erzählte ihn Don Rua und seinem Sekretär mit einer von Müdigkeit und einer inneren Bewegung gebrochenen Stimme. Dieser Traum ist eine großartige und frohe Vision der Zukunft.
Aus den Notizen, die die Zuhörer sich gemacht hatten, greifen wir die uns wesentlich erscheinenden Punkte heraus:
„... Von einem Gipfel schweifte der Blick zum Horizont. Er sah eine große Menge Jugendlicher, die um ihn herumliefen und sagten:
‚Wir haben dich erwartet, wir haben dich sehr erwartet. Endlich bist du da. Bleib bei uns, und geh nicht mehr fort! ...'
Eine Hirtin, die eine unermeßliche Lämmerherde anführte, sagte zu ihm:
‚Schau! Schaut alle! Was seht ihr?'
‚Ich sehe Gebirge, das Meer, Hügel, neue Gebirge, neue Meere.'
‚Ich lese Valperaiso', sagte ein Kind.
‚Ich lese Santiago', sagte ein anderes.
‚Ist gut', fuhr sie fort. ‚Geh von diesem Punkt aus, und du wirst sehen, was die Salesianer in Zukunft tun werden. Zieh einen Strich und schau!'
Die Jugendlichen schärften ihren Blick und riefen im Chor:
‚Wir lesen Peking.'
‚Jetzt', sagte die Hirtin, ‚zieh eine einzige Linie von einem Ende zum anderen, von Peking nach Santiago, mach ein Zentrum in der Mitte Afrikas, und du hast eine genaue Idee von dem, was deine Salesianer zu tun haben.'
‚Aber wie soll man das alles bewältigen?' rief Don Bosco. ‚Die Entfernungen sind gewaltig, die Plätze schwierig, die Salesianer wenige.'
‚Laß dich nicht stören. Das werden deine Söhne tun, die Söhne deiner Söhne und deren Söhne ... Zieh eine Linie von Santiago zum Zentrum Afrikas. Was siehst du?'

‚Zehn Missionszentren.'
‚Nun gut. Diese Zentren, die du siehst, werden Studienhäuser und Noviziate sein und eine große Anzahl von Priestern für dieses Gebiet ausbilden. Und jetzt wende dich der anderen Seite zu. Hier siehst du nochmals zehn Zentren von der Mitte Afrikas bis nach Peking. Auch dort werden Missionare ausgebildet für alle diese Länder. Hier ist Hongkong, Kalkutta, dort Madagaskar. Diese und andere Orte werden Schulen und Noviziate bekommen.'"
Als Don Bosco starb, arbeiteten in Lateinamerika hundertfünfzig Salesianer und fünfzig Don-Bosco-Schwestern. Sie hatten Niederlassungen in fünf Ländern: Argentinien, Uruguay, Brasilien, Chile, Ecuador. In dreizehn Jahren war ein großes Werk geschaffen worden.

Giovanni Cagliero – Bischof

Nachdem Don Bosco 1877 eine zweite Gruppe Missionare unter Leitung von Don Lasagna und Don Costamagna nach Amerika entsendet hatte, konnte Don Cagliero vorerst nach Turin zurückkehren.
Bereits 1883, als Patagonien zum „Apostolischen Vikariat" erklärt wurde, sollte Don Cagliero wieder nach Argentinien fahren, und zwar als Apostolischer Vikar. Ein römischer Kardinal hatte sich der Ernennung Don Caglieros zum Bischof entgegengestellt. Papst Leo XIII. jedoch entschied sich nach Rücksprache mit Don Bosco, ihn zum Bischof zu ernennen. So bewahrheitete sich, was Don Bosco vor dreißig Jahren gesehen hatte, als er am Krankenbett Caglieros gestanden hatte.
Die Bischofsweihe fand am 7. Dezember 1884 in der Mariahilf-Basilika in Turin statt. Das war ein Fest in Valdocco! Einer der ersten Buben Don Boscos, der mit dreizehn Jahren ins Oratorium gekommen war, wurde mit sechsundvierzig Jahren Bischof über ein riesiges Gebiet.
Im Februar reiste Mons. Cagliero mit achtzehn Salesianern und sechs Don-Bosco-Schwestern nach Argentinien. Im Juli teilte er Don Bosco in einem Brief mit, daß der nördliche Teil Patagoniens, der wichtigste und bevölkertste, inzwischen erforscht sei und von den Salesianern besucht und missioniert wurde. Im selben Jahr stellte sich in seiner Residenz von Patagónes der Kazike Sayuhueque vor und bat ihn, ins Hochtal von Chichinal hinaufzusteigen, um die Erwachsenen dieser Stämme zu unterrichten. „In dem weiten Tal", erzählte Mons. Cagliero, „tauften wir tausendsiebenhundert Eingeborene. Wir hielten täglich drei Stunden Religionsunterricht am Morgen und drei Stunden am Nachmittag." Während seines Aufenthalts wohnte der Bischof in einer aus Baumstämmen und Lehm errichteten Hütte und schlief auf Fellen, die die Eingeborenen ihm mit großem Wohlwollen angeboten hatten.
Zusammen mit Don Milanesio und zwei anderen Salesianern unternahm Mons.

Cagliero 1887 eine neue Missionsreise. Sie brachte ihn tausendfünfhundert Kilometer weit durch das Tal des Rio Negro, die Täler der Anden nach Conceptiòn in Chile. Tausenddreihundert Kilometer ging alles gut. Der Bischof konnte 997 Taufen spenden, 101 Eingeborene empfingen das Ehesakrament und 1513 wurden gefirmt. Nicht zu zählen sind die Stunden, die er mit Erwachsenen und Kindern beim Religionsunterricht verbrachte. Am 3. März geschah ein Unfall. Er war bereits in einer Höhe von zweitausend Metern und hätte nur noch tausend Meter steigen müssen. Der Pfad schlängelte sich an steilen Granitfelsen entlang und fiel dann plötzlich steil ab. Da wurde das Pferd scheu. Don Cagliero rief Maria, die Hilfe der Christen, an und ließ sich vom Sattel gleiten. Ein spitzer Felsbrocken drang durch seine Haut, verletzte zwei Rippen und die Lunge. Halbtot blieb er liegen. Sein Atem ging schwer. Er konnte kaum sprechen, brachte nur noch heraus, daß vermutlich Rippen gebrochen seien. Seine Begleiter nahmen ihn aufs Pferd. Einer von ihnen meinte, daß wir schließlich vierundzwanzig Rippen hätten, so daß man auf einige verzichten könnte. Aber sie mußten umkehren, zwei Flüsse und zwei Gebirgsketten überqueren, bis sie zu einem „Arzt" kamen, der die Leute auf primitive Weise kurierte. Don Cagliero fragte ihn, ob er auch Eisenschmied sei und ihm die Rippen reparieren könne. Einen Monat mußte er dort liegen. Dann aber war er wiederhergestellt.

Jetzt konnte er zusammen mit den anderen die Gebirgsketten noch einmal überqueren. Nachdem sie die dreitausend Meter überwunden hatten, stiegen sie zur chilenischen Ebene ab.

In diesem Jahr hatte er mit seinen Mitbrüdern zu Pferd Südamerika vom Atlantik zum Pazifik durchquert.

Zweiundvierzigstes Kapitel:
Abschied von dieser Welt

Ende August 1887 wurden in Valsalice, in der Nähe von Turin, geistliche Exerzitien für Jugendliche gehalten, die um Aufnahme in die Salesianische Kongregation gebeten hatten. Don Bosco ging dorthin und stellte sich für die Beichten zur Verfügung.
In der zweiten Septemberhälfte fühlte er sich nicht wohl. Fieber und heftige Kopfschmerzen hatten ihn befallen. Einige Tage konnte er keine Messe feiern.
„Aber er war stets fröhlich, arbeitete, empfing Leute, die ihn sprechen wollten, und hatte immer ein Trostwort für andere", so erzählt sein Sekretär Don Viglietti.
Eines Abends gegen Ende September, während er versuchte, im Zimmer zu Abend zu essen, war Don Veronese, ein Direktor, bei ihm. Plötzlich äußerte Don Bosco: „Ich habe nur noch kurze Zeit zu leben. Die Obern der Kongregation lassen sich nicht davon überzeugen. Sie glauben, Don Bosco muß lange leben . . . Ich bedauere es nicht, daß ich sterben muß. Was mir leid tut, ist die Herz-Jesu-Kirche in Rom, die der Papst mir zu bauen anvertraut hat. Wenn ich bedenke, daß noch soviel Geld fehlt! Don Dalmazio ist zwar ein guter Mensch, aber ein geeigneter Verwalter ist er nicht. Was werden meine Söhne sagen, wenn sie solche Schulden zu tragen haben? . . . Bete für mich. Nächstes Jahr zu den Exerzitien werde ich nicht mehr da sein . . ."

Er fühlte die Einsamkeit

Don Paolo Albera, der Provinzial der Salesianerhäuser in Frankreich, mußte abreisen. Er kam, um von Don Bosco Abschied zu nehmen. Dieser schaute seinen „Paolino" liebevoll an und flüsterte mit Tränen in den Augen: „Auch du gehst. Alle verlaßt ihr mich. Ich weiß, daß Don Bonetti heute abend fahren muß. Auch Don Rua wird gehen. Man läßt mich allein."
Er begann leise zu weinen. Nun war er ein armer müder Mann geworden, der nach soviel Arbeit fühlte, wie sich die Einsamkeit langsam seiner bemächtigte. Auch Don Albera war ergriffen, und Don Bosco machte ihm Mut: „Bedauere es nicht. Weißt du, du tust deine Pflicht. Aber ich bin ein armer Alter . . . Bete für mich. Gott möge dich begleiten."
Bevor er nach Valdocco zurückkehrte, wollte er noch kurz bei Don Barberis, dem Direktor von Valsalice, vorbeikommen. Er schaute intensiv auf die Freitreppe und sagte dann:

„Von jetzt ab werde ich hier sein, um dieses Haus zu bewachen ..." Dann, nach einigen Augenblicken: „Laß die Zeichnung anfertigen!"
Don Barberis glaubte, Don Bosco meine den letzten Teil des Hauses, der sich im Bau befand.
„Ich lasse sie machen. Und diesen Winter zeige ich sie Ihnen."
„Nein, nicht diesen Winter, im kommenden Frühjahr zeigst du den Plan Don Rua." Und er fixierte die Treppe weiter.
Auf dem Absatz dieser Freitreppe wurde vier Monate später der Sarg Don Boscos aufgebahrt. Die Zeichnung des kleinen Denkmals, das ihn schmücken würde, legte Don Barberis tatsächlich Don Rua vor. Bei dieser Gelegenheit, es war Frühjahr 1888, erinnerte er sich an jene geheimnisvollen Worte.

Wie eine Kerze, die verlöscht

Am 2. Oktober kam Don Bosco nach Valdocco zurück. Die Jungen empfingen ihn wie immer begeistert, begleiteten ihn mit freudigem Geschrei durch den Hof bis zu dem Haus, in dem sein Zimmer lag. Die größten halfen ihm, die Treppe hinaufzusteigen, Stufe um Stufe. Oben angekommen, grüßte er sie und hielt sich dabei am Geländer fest. Die Jungen winkten und riefen: „Es lebe Don Bosco!"
Er war eine Kerze, die am Erlöschen war. Die hl. Messe feierte er in seiner Privatkapelle, aber immer von einigen Priestern assistiert.
Nun hatte er bereits Mühe zu sprechen. Scherzend sagte er zu seinen Besuchern: „Ich suche zwei Blasebälge zum Auswechseln. Meine funktionieren nicht mehr." Am 4. Dezember ging Don Cerruti, der Verantwortliche für den Fortgang des Oratoriums, zu Don Bosco. Nachdem sie über das Wichtigste gesprochen hatten, meinte Don Bosco:
„Du bist blaß, wie geht es dir gesundheitlich? Achte auf dich. Tu für dich alles, was du für Don Bosco tun würdest."
Don Cerruti war bewegt. Don Bosco fuhr fort:
„Kopf hoch! Im Himmel wird es uns gutgehen."
Die Sekretäre überreichten ihm angekommene Briefe. Er notierte einiges für die Antwort. Persönlich konnte er nicht mehr schreiben. Sein letzter Brief enthielt zwei Zeilen: „Geben wir viel, wenn wir viel erhalten wollen. Gott segne und führe Sie." Während der Messe ging der Atem schwer. Am 4. und 6. Dezember feierte er die Messe, am 11. wollte er es noch einmal versuchen. Es war seine letzte Messe.

Mons. Cagliero kommt!

Am Abend des 7. Dezember kam Mons. Cagliero aus Amerika. Don Rua hatte ihm telegrafiert: „Vater in alarmierendem Zustand." Sofort reiste er ab. Während der Bischof durch den Hof schritt, grüßten ihn die Jungen feierlich. Er aber schaute hinauf zum geschlossenen Fenster, hinter dem Don Bosco sterbenskrank auf einem einfachen Sofa lag. Mons. Cagliero kniete vor ihm nieder, umarmte ihn, legte dessen Stirn auf seine Schulter. Die Kraft und der Mut seines einstigen Buben gaben ihm die Lebensgeister zurück. Er berührte die Brust, die beim Sturz in den Anden verletzt worden war, und fragte: „Geht es dir jetzt gut?"

„Ja, Don Bosco, mir geht es wirklich gut." Seine Augen blickten fest auf Don Bosco. Wie war er doch alt geworden in diesen letzten drei Jahren!

Sie verbrachten den Abend zusammen auf dem Sofa sitzend. Der Bischof erzählte viel aus der Mission, von den Salesianern, den Indianern, die zu Tausenden getauft wurden. Und plötzlich, als wäre er noch der Bub von damals, fragte er: „Don Bosco, kann ich bei Ihnen beichten?"

Die Ratschläge, die Don Bosco ihm an diesem Abend gegeben hat, schrieb der Bischof auf ein Blatt, das er nach Amerika mitnahm. Unter anderem hatte Don Bosco gesagt:

„Ich wünsche, daß du hier bleibst, bis nach meinem Tod alles geregelt ist."

„Sag den Salesianern, daß sie eifrig arbeiten sollen. Arbeit! Arbeit!"

„Liebt euch als Brüder, helft euch, ertragt euch!"

An den folgenden Tagen sprach Don Bosco noch lange mit ihm. Plötzlich sagte er beängstigt:

„Ich bin am Ende meines Lebens. Jetzt ist es an euch zu arbeiten, die Jugend zu retten. Aber ich muß euch noch meine Befürchtungen mitteilen. Ich habe Angst, daß manche von uns die Liebe, die Don Bosco zu den Buben hatte, falsch ausgelegt haben, daß sie meinen, er hätte sich zuviel vom Gefühl leiten lassen, und nimmt dies dann als Rechtfertigung, sich unbedacht an Geschöpfe zu hängen."

„Seien Sie unbesorgt, Don Bosco. Niemand von uns hat Ihre Art, mit den Buben umzugehen, mißverstanden, je mißverstanden. Und was die Angst betrifft, daß einige dies zum Vorwand nehmen könnten, überlassen Sie das mir. Diese Empfehlung wird an alle weitergegeben."

Am 16. Dezember ordnet der Arzt eine Spazierfahrt in der Kutsche an. Die frische Luft wird ihm guttun, meint er. Don Rua und Don Viglietti tragen ihn die Treppe hinunter und begleiten ihn. Bei der Rückkehr, während die Kutsche langsam über den Corso Vittorio Emanuele fährt, sieht Don Viglietti unter dem Portal Kardinal Alimonda stehen. Don Bosco sagt zu ihm:

„Geh und bitte ihn, einen Augenblick zu kommen! Ich möchte mit ihm sprechen, aber ich kann nicht bis dahin gehen."

Der Kardinal kommt schnell, breitet die Arme aus und ruft:
„Don Bosco! Don Bosco!"
Er besteigt die Kutsche, umarmt ihn mit einem Ausbruch der Freude. Don Rua ist inzwischen ausgestiegen. Eine halbe Stunde sprechen der Kardinal und Don Bosco miteinander, während die Kutsche langsam weiterfährt.

Gedanken, die nach Ewigkeit klingen

Am 17. Dezember beginnen die Kräfte ihn völlig zu verlassen. Es ist Samstag. Vor dem Zimmer warten etwa dreißig Jungen, die bei ihm beichten wollen. Don Bosco sagt zu Don Viglietti:
„Ich kann wirklich nicht . . ."
Dann, nach einem Augenblick:
„Aber es ist das letzte Mal, daß ich ihre Beichte hören kann. Es ist das letzte Mal. Laß sie kommen!"
Am 19. Dezember findet Don Viglietti ihn so frisch vor, daß er ihn bittet, ein paar Worte auf einige Bildchen zu schreiben, die er dann an Mitarbeiter schicken wird. Don Bosco ist gern bereit.
Auf ein Tischchen vor dem Sofa gelehnt, schreibt er auf zwei Bildchen:
„O Maria, erlange mir von Jesus die Gesundheit des Leibes, wenn es für die Seele gut ist. Aber sichere mir das ewige Heil!"
„Tut bald gute Werke, denn es könnte Euch die Zeit fehlen."
Dann hielt er inne.
„Also weißt du", sagte er verwundert zu Don Viglietti, „daß ich wirklich nicht schreiben kann? Ich bin zu müde."
Don Viglietti meinte, er solle aufhören. Aber Don Bosco:
„Nein, ich muß weiterschreiben. Dies ist das letztemal, daß ich schreibe."
Langsam schrieb er weiter, Gedanken, die nach Ewigkeit klingen:
„Selig, wer sich in der Jugend für immer Gott hingibt."
„Wer zögert, sich Gott hinzugeben, ist in großer Gefahr, seine Seele zu verlieren."
„Wer gute Werke sät, erntet die Früchte guter Werke."
„Gebt viel den Armen, wenn ihr reich werden wollt."
„Gott segne uns, und die Heilige Jungfrau sei unsere Führerin in allen Gefahren des Lebens."
„O Maria, sei meine Rettung."
„Wer die Armen beschützt, wird vom göttlichen Richter reichlich belohnt werden."
„Wer Gutes im Leben tut, wird Gutes im Tod finden."
„Im Himmel genießen wir alle Güter auf ewig."
Das war der letzte Satz, den er schrieb mit seiner nun fast unleserlichen Schrift.

„Jetzt müßt ihr es zu mir sagen"

Am 23. Dezember mittag schien das Ende gekommen zu sein. Don Bosco flüsterte:
„Jemand soll sich bereit halten, mir die Krankensalbung zu spenden." Don Bonetti setzte sich neben sein Bett. Da ergriff Don Bosco dessen Hand und sagte:
„Sei immer die Stütze Don Ruas!"
Als Mons. Cagliero ankam, nahm er seine ganze Kraft zusammen:
„Sag dem Papst, daß die Kongregation der Salesianer die besondere Aufgabe hat, die Autorität des Heiligen Stuhles zu unterstützen, wo immer sie sich befindet, wo immer sie arbeitet . . . Ihr werdet, vom Papst beschützt, nach Afrika gehen . . . Ihr werdet es durchqueren . . ., nach Asien und anderswohin gehen . . . Habt Glauben!"
Giuseppe Buzzetti ist jetzt neben ihm. Don Bosco spricht nicht mehr, sucht aber trotzdem zu scherzen. Er grüßt ihn militärisch. Dann flüstert er: „O mein Lieber, du bist immer mein Lieber."
Am Abend sitzen neben ihm Don Cassini, der Missionar, der mit Mons. Cagliero gekommen ist. Don Bosco flüstert ihm ins Ohr:
„Ich weiß, daß deine Mutter arm ist. Sprich ganz frei mit mir, ohne daß du irgend jemandem deine Geheimnisse preisgeben mußt. Ich gebe dir alles, was du benötigst."
Pietro Enria pflegt ihn.
„Armer Pietro, habe Geduld mit mir!"
„Don Bosco, ich gäbe für Ihre Genesung mein Leben. Und nicht nur ich, sondern viele, die Sie gern haben."
„Der einzige Schmerz, den ich beim Sterben spüre", antwortet er, „ist, daß ich mich von euch trennen muß."
Es ist schon spät, als Kardinal Alimonda ankommt. Er wurde benachrichtigt, daß dies die letzte Nacht sein könnte. Er umarmt ihn. Don Bosco strengt sich an, ihm noch einige Worte zu sagen:
„Eminenz, beten Sie, daß ich gerettet werde."
„Aber Sie, Don Bosco, brauchen doch vor dem Sterben keine Angst zu haben. Sie haben den anderen so oft empfohlen, bereit zu sein . . ."
„Ja . . ., jetzt habe ich nötig, daß Sie es zu mir sagen."
Am Morgen des 24. empfängt er die Wegzehrung, und Mons. Cagliero spendet ihm die Krankensalbung.
Eine leichte Besserung tritt ein.
Am 26. Dezember kommt Carlo Tomatis, der zu Zeiten Domenico Savios im Oratorium war. Er bringt seinen Sohn mit, daß Don Bosco ihn segne. Aber er dachte nicht, ihn so schwer krank anzutreffen. Vor dem Bett kniet er nieder und bringt nur noch heraus:

„Don Bosco! Don Bosco!" Als er hinausgeht, winkt Don Bosco Don Rua. Dieser beugt sich über ihn.
„Weißt du, daß er sich in großen Schwierigkeiten befindet?" flüstert er.
„Bezahle ihm die Fahrt in meinem Namen."
Noch am selben Tag kommt Madre Caterina Daghero, die Nachfolgerin Mutter Mazzarellos als Generaloberin. Sie bittet um den Segen für alle Schwestern.
„Ja, ich segne alle Häuser der Töchter Mariä Hilfe der Christen. Ich segne die Generaloberin und alle Schwestern . . . Sie sollen viele Jugendliche zu retten suchen."
Der Arzt hat dem Kranken völliges Schweigen verordnet und jeden Besuch verboten. Don Bosco verbringt die Tage im Wechsel von Schlaf und Halbschlaf.
In den letzten Stunden des 29. Dezember läßt er Don Rua und Don Cagliero rufen. Dann nimmt er sie bei der Hand und sagt langsam:
„Man muß lernen zu leben und lernen zu sterben."

„Sagt meinen Buben . . ."

Vom 1. bis 20. Januar ging es Don Bosco unerwartet besser. Am 22. aber schwand jede Hoffnung. Die Ärzte meinten, er könne von einem Augenblick zum andern sterben.
Am 26. Januar kam Mons. Cagliero von einem Ort in Monferrato zurück, wo er das Patrozinium zu halten hatte. Es war ein Ort, der den Salesianern viele Missionare geschenkt hatte.
Sofort begibt er sich ans Krankenbett. Er sieht sogleich, wie es um Don Bosco steht, möchte aber von ihm selber hören, ob es noch eine Hoffnung gibt.
„Ich bin nach Rom gerufen worden; kann ich gehen?" fragte er.
„Du wirst gehen, aber später", antwortet Don Bosco.
Am 28. Januar äußert er in letzter Klarheit Don Bonetti gegenüber, der neben ihm sitzt:
„Sag meinen Buben, daß ich sie alle im Himmel erwarte."
Am nächsten Tag verschlechtert sich der Zustand wieder. In den ersten Nachtstunden ruft Don Bosco plötzlich laut:
„Paolino, Paolino, wo bist du?" Don Paolo Albera, Provinzial der Salesianer in Frankreich (und sein zweiter Nachfolger), war noch nicht angekommen.
Am 31. Januar gegen 2 Uhr nachts spürt Don Rua, daß es jetzt wirklich zu Ende geht. Er legt seine Stola um und betet die Sterbegebete. Die Obern der verschiedenen Häuser, die sich in Valdocco aufhalten, werden gerufen.
Als Mons. Cagliero das Zimmer betritt, gibt ihm Don Rua seine Stola, kniet sich zur Rechten Don Boscos nieder und flüstert ihm ins Ohr:

„Don Bosco, wir sind hier, Ihre Söhne. Wir bitten Sie um Verzeihung für alle Unannehmlichkeiten, die wir Ihnen verursacht haben. Geben Sie uns als Zeichen Ihres Verzeihens noch einmal Ihren Segen. Ich führe Ihre Hand und spreche die Worte."
Don Rua hebt die Rechte Don Boscos und spricht den Segen für die anwesenden und abwesenden Salesianer.
Um 4.30 Uhr wird plötzlich der Atem für einige Augenblicke kurz, dann schien er aufzuhören. Noch drei mühsame Atemzüge mit kurzer Pause. Mons. Cagliero spricht laut die Gebete, die er als Bub von Don Bosco gelernt hatte: „Jesus, Maria und Josef, euch schenke ich mein Herz und meine Seele.
Jesus, Maria und Josef, steht mir bei im Todeskampf.
Jesus, Maria und Josef, möge meine Seele mit euch in Frieden scheiden."
Er nimmt die Stola ab und legt sie über die Schultern Don Boscos, der bereits ins ewige Licht eingegangen ist.

Literatur zu Don Bosco

Leonard von Matt / Henri Bosco
○ **Don Bosco**
Ein Meister der fotografischen Dokumentation zeigt in zahlreichen Bildern das Leben und das Lebenswerk Don Boscos. Der Begleittext ist vom namhaften französischen Schriftsteller Henri Bosco (Verwandter Don Boscos). Taschenbuch!
96 Seiten, 44 Fotos, kart., ISBN 3-7698-0365-5

Teresio Bosco
○ **Don Bosco: sein Lebensweg, sein Lebenswerk**
übersetzt von Dr. Johanna Schepping
3. Aufl., 248 Seiten, 9 Abb., kart., ISBN 3-7698-0571-2

Walter Nigg
○ **Don Bosco**
Ein zeitloser Heiliger
4. Aufl., 140 Seiten, kart., ISBN 3-7698-0291-8

Anton Birklbauer
○ **Don Bosco**
Ein Leben für die Jugend
96 Seiten, 11 SW-/2 Farbfotos, kart., ISBN 3-7698-0566-6

Reinhold Weinschenk
○ **Grundlagen der Pädagogik Don Boscos**
2. erw. Aufl., 240 Seiten, kart., ISBN 3-7698-0578-X

Lothar Krauth
○ **Don Bosco**
Lausbub bis ans Lebensende
60 Seiten, farb. Abb., kart., ISBN 3-7698-0839-8

Edmund Johannes Lutz
○ **Der lachende Engel**
Don Bosco für Kinder
2. Aufl., 92 Seiten, illustriert, geb., ISBN 3-7698-0683-2

Wolfgang Goderski
○ **Ein fantastisches Leben – Don Bosco**
4. Aufl., 216 Seiten, 8 SW-Fotos, kart., ISBN 3-7698-0675-1